大方廣佛華嚴經

八十華嚴講述 7

菩薩問明品

夢參老和尚主講

方廣編輯部整理

目錄

夢參老和尚略傳

夢參老和尚生於西元一九一五年，中國黑龍江省開通縣人。

一九三一年在北京房山縣上方山兜率寺出家，法名為「覺醒」。但是他認為自己沒有覺也沒有醒，再加上是作夢的因緣出家，便給自己取名為「夢參」。

出家後先到福建鼓山佛學院，依止慈舟老法師學習《華嚴經》，該佛學院是虛雲老和尚創辦的；之後又到青島湛山寺學習倓虛老法師的天台四教。

一九三七年奉倓老命赴廈門迎請弘老到湛山寺，夢參作弘老侍者，以護弘老生活起居半年，深受弘一大師身教的啓發。

一九四〇年起赴西藏色拉寺及西康等地，住色拉寺依止夏巴仁波切學習西藏黃教修法次第，長達十年之久。

一九五〇年元月二日即被令政治學習，錯判入獄長達三十三年。在獄中，他經常觀想：「假使熱鐵輪，於我頂上旋，終不以此苦，退失菩提心。」這句偈頌，自我勉勵，堅定信心，度過了漫長歲月。

一九八二年平反，回北京任教於北京中國佛學院。

一九八四年接受福建南普陀寺妙湛老和尚、圓拙長老之請，離開北京到廈門南普陀寺，協助恢復閩南佛學院，並任教務長。

一九八八年旅居美國，並數度應弟子邀請至加拿大、紐西蘭、新加坡、香港、台灣等地區弘法。

二〇〇四年住五台山靜修，農曆二月二日應五台山普壽寺之請，開講《大方廣佛華嚴經》（八十華嚴），二〇〇七年圓滿。

二〇〇九年以華梵大學榮譽講座教授身份來台弘法，法緣鼎盛。

二〇一七年十一月二十七日（農曆丁酉年十月初十申時），圓寂於五台山真容寺，享年一〇三歲。十二月三日午時，在五台山碧山寺塔林化身窯荼毗。

八十華嚴講述　總敘

二〇〇四年早春，夢參老和尚以九十嵩壽之高齡，在五台山普壽寺如瑞法師請法下，發願講述《大方廣佛華嚴經》；前後又輔以〈大乘起信論〉、《大乘大集地藏十輪經》、《法華經》、《楞嚴經》等大乘經論，完整開演華嚴甚深奧義，實為中國近代百年難得一遇的殊勝法緣。

回顧　夢參老和尚一生學法、求法、受難，乃至發願弘法度生，儼然是一部中國近代佛教史的縮影；而老和尚此次開講《華嚴經》，剛毅內斂，猶如屋漏痕渾然天成，將他畢生所學之顯密經論、華嚴、天台義理，搭配清涼國師、李通玄長者的疏論，交插貫穿於其中，層層疊疊，彷若千年古藤，最終將華嚴七處九會不思議境界全盤托出。

夢參老和尚為圓滿整部《華嚴經》，以堅忍卓絕的意志力，克服身心的重重障礙；他不畏五台深山的大風大雪，縱使在耳疾的折磨下，也能夠對治一切病苦，包容一切的順逆境界，堅持講經說法不令中斷，寫下中國近代佛教史上九十歲僧人開講《華嚴經》的紀錄。

老和尚雖老耄已至，神智依舊朗澈分明，講法次第有序，弘法音聲偉岸，陞座講經氣勢十足，宛如文殊菩薩來臨法座加持，令親臨法會者信心增長；無緣親臨法會者，相信透過閱讀整套的八十華嚴講述，也能如臨現場親聞法義。

惟華嚴玄理過於高遠，聞法者程度不一，老和尚為方便接引初入門者，往往費盡心思，委委曲曲，勤勤懇懇，當機裁剪玄義，又輔之以俚語民間典故，情無不周，辭無不達，俾使初學者聽聞華嚴境界生起學法的信心；間或有不識老和尚悲心者，輕易檢點過失，如指窮於為薪，闇然不知薪燼火傳的法界奧義。

如今海內外各地學習華嚴經論者與日俱增，持誦《大方廣佛華嚴經》的道場方興未艾，方廣文化繼出版整套八十華嚴講述DVD光碟之後，秉承 夢參老和尚殷重之交付囑託，在專修華嚴法門出家法師的協助下，將陸續出版全套八十華嚴講述書籍。

最後願此印經功德，迴向真如實際、菩提佛果、法界眾生。
祈願 夢參老和尚法身常住，廣利群生；
所有發心參與製作、聽聞華嚴法義者，福慧增長，同圓種智！

願此功德殊勝行
無邊勝福皆迴向
普願沉溺諸有情
速往無量光佛剎

凡例

本書的科判大綱是以〈華嚴經疏論纂要〉爲參考架構，力求簡要易解，如欲學習詳密的科判，請進一步參考清涼國師〈華嚴疏鈔〉與李通玄〈華嚴經合論〉。

書中的經論文句，以民初鉛字版《大方廣佛華嚴經》（方廣校正版《八十華嚴》）暨〈華嚴經疏論纂要〉爲底本；惟華嚴經論的名相用典，屬唐代古雅風格，與現代習慣用詞大相逕庭，尚祈讀者閱讀之餘，詳加簡擇。

凡書中列舉的傳說典故，係方便善巧，以得魚忘筌爲旨趣；有關文獻考證，僅在必要處以編者按語方式，註明出處。

夢參老和尚主講之〈八十華嚴講述〉正體中文版DVD光盤，業已製作完成，流通日久；惟影像的講經說法與書籍的文字書寫，呈現方式有所差異，爲求義理結構的完整敘述，書中文字略經刪改潤飾，如有誤植錯謬之處，尚祈不吝指正，是爲禱！

方廣文化編輯部　謹誌

菩薩問明品

○來意 釋名 宗趣

〈菩薩問明品〉，「問明」，就是問光明覺。約通說，也通前面的〈世主妙嚴品〉、〈如來現相品〉、〈華藏世界品〉。

信呢？前面所說的都是生起信解，因信而解。信了之後，就求知了，求知就是求明白，這是入信位。「菩薩問明」，「菩薩」是指人說的，「問明」是指法說的。前面舉佛的果德，現在不舉佛的果德，要表因，不說佛，而是說菩薩，菩薩就是因。

「問」就是問難，不明白，要問一問，請你答覆，就是這個涵義。「問明」，我不明白，問問你，請你給我說明白。有的是約理上說明白，有的約事上說明白。有問一定有答，這個問答是誰跟誰的問答？文殊師利菩薩跟九首菩薩。文殊菩薩問九首菩薩，讓他們答覆。最後是九首菩薩問文殊師利菩薩，請文殊師利菩薩答覆。答覆就是解釋，說這個道理我不懂，請你給我解釋。有時約理顯事，有時約事明理，理事都要明白，《華嚴經》講的是理法界、事法界、理事無礙法界、事事無礙法界。

問必有答，依著問才有答覆。答跟問的兩個涵義是一個，理能夠成事，事靠理成。事能顯理，理是隱的，事是明顯的。我們經常說，你這個人不講道理，光注重事，不講理，理隱了。兩人打架，或者吵嘴，有爭議，就是這件事的看法不一樣。在事上看法不一樣，在理上是通的，只是就事，不明理。若理也顯，事也明，才問這個明，問事顯理，因爲理能成事。「一汎爾相問」，問是廣泛的問。「二者難問」，依理來爭執，說這個事情是不錯，但是道理說不過去，就像我們辯論的時候，這叫問難。答是給他解釋，所問的事、所問的理，一一給你說清楚，把理顯明白，事也通暢，就是這個涵義。這一品，十位菩薩互相的辯論，互相的問答，只有一個目的，讓一切衆生都能明，明什麼呢？我們前面講的「光明覺」。

目的？在教義上叫宗趣。宗是宗旨，趣是趣向，這一品是什麼宗旨？是趣向到什麼？趣向到後面的〈淨行品〉。這是十種信，信沒有力量，讓它生起力量。信沒有根，讓這個信生根，所以叫〈菩薩問明品〉。〈菩薩問明品〉的目的，是達到使我們都能明。明的時候，使沒有信心的，都能生起信心。已經有信心了，令你生解，解就是開悟。有信心了，讓你明白，已經解悟了，就要去作。知道這件事作的方法，知道怎麼樣去作。作這件事的時候，要發願，願就是希望。作個事都有個目的，目的是什麼？要成佛。

由信起解，由解而生行，由行要發願，願促行，誓促願。誓願行的誓，誓是監督你這個願，要執行的。自己的希望一定要執行，願就是促使你行！我有個願心，非要去作不可，那就能證入。等到最後，菩薩位圓滿，普賢菩薩跟善財童子說十忍、十定、十通，那就等於佛。現在我們是理解明白，明白就是要理解，理解就是怎樣修行，修行就是觀。因爲你才剛剛明，才開始解，那就隨緣吧！隨緣起大願，隨緣起行門。這一共說十位菩薩，十位菩薩，就有十門，每一位菩薩說一門。十十成百，就是十個甚深，分成十段。

第一個「緣起甚深」，緣起甚深，什麼甚深呢？教化一切衆生，讓他生起信。第二個「教化甚深」，爲什麼教化很深呢？第三個「業果甚深」，衆生所有的業果，他所造的業，非常複雜也非常微妙。面對業果甚深，第四個「說法甚深」，佛所說的教法你就深入。

第五個「福田甚深」，成佛要福德慧足。「福田甚深」的意思，是讓你懂得培福，怎麼樣培福？供養三寶，這個大家都懂得。供養三寶有事供養，有理供養。理供養，〈普賢行願品〉說，法供養爲最。事供養，我們開個慈善會，救濟社會窮人，這也是供養，供養衆生。這樣的事供養，可以解決暫時的困難，沒錢給他點錢，沒飯吃給他吃頓飽飯，這能解決他的問題嗎？你得讓他培福，這個道理是甚深的，說法給他，讓他了生死，再不墮三塗，再不受苦難，這個福田就深了。

第六個「正教甚深」，法供養爲最，你給說個教法，給他說說施波羅蜜，或者說禪波羅蜜，以法來度他，這個種的福田更深了。什麼是佛的教導？佛所有的言教，什麼是正教？什麼是方便教？這也是甚深。第七個「正行甚深」、第八個「正助甚深」，修行有方便行、有正行，有方便住、有正住。第九個「一道甚深」、第十個「佛境甚深」，這顯示十種甚深的道理。

這種甚深的道理，不是一言兩句就能說清楚的，它是有次第的。這個次第如何修？如何理解？給你講緣起深理，緣起諸法甚深，什麼因緣生起什麼法，什麼緣助成你，才能夠成就。這是你修行必要的觀，觀就是修行，你如何觀？這「觀」字是佛教的術語，就是你的思想怎麼想？你一天想些什麼？那就叫觀。想的入了三昧，觀就是三昧，觀就是思惟修。觀就是正定、正慮、正思惟、正解、正念，都叫觀。佛所說的教，化度一切眾生，這個道理是很深的，但是得有緣。法是因緣生的，沒緣的度不了，佛門廣大，難度無緣之人。

講緣起，諸法都是緣起的，緣起諸法沒有實體的，是性空的，這叫「性空緣起」、「緣起性空」。緣起諸法必須建立在性空的理上，才能成就緣起。因為緣起諸法才能顯出般若義空，沒有緣起，般若義空不能理解。這是最要緊的，在密宗教法叫「三要道」。「三要道」合起來就是發菩提心，行菩提道，證菩提果。先觀什麼呢？先觀因果，先觀生滅法，觀生滅法，觀苦集滅道，厭離世間，對世間有為諸法生起厭離心。大菩薩懂得這種道理，生起大悲心，令一切眾生都生起厭離心，不貪求世間。我們前面講五欲，要離開五欲境，不去貪戀五欲，不去執著五欲。給眾生說，因為眾生迷了這種道理，需要教化。眾生違背教化，或者順導這種教化，這得靠緣，沒有緣不行。

我們是順著佛的教化，不是違背佛的教化，外道是違背佛的教化，他學佛法嗎？他想謗毀佛法，毀滅佛法。違背就是惡，順著就是善。這叫有善惡業。善有善的因緣，惡有惡的因緣，沒有因緣不能生一切法。不論善惡都叫業，所造之業。你必須把善惡業搞清楚，搞明白。同是吃飯，如果心裡沒有三寶的念頭，光去吃飯，也不想什麼，非善非惡。吃飯的時候，你生起煩惱心，為什麼？飯不對你的口味，今天的飯吃起來感覺很硬，心裡生煩惱了，這個菜不對味，或者你起抱怨心，這叫惡，都在你念之間，你還認為無所謂。剛一出家，師父告訴你，看齋堂的對子，「常住一粒米，重如須彌山，若還不了道，披毛帶角還。」變成畜生來掙，還這個債。「散心雜話，信施難消。」這個大家都知道，齋堂門外都寫著。這叫有善有惡，吃飯有善有惡，乃至進洗手間，都有善有惡，一切行動走路有善有惡，反正不落於善，就落於惡，或者落於無記，三性，善性、惡性、無記性。等講〈淨行品〉，大家再學習，這種道理很深的。

目的，佛所說的教法，就是分別善惡兩途。善，什麼時候到究竟？成佛了，善究竟了。善沒有自性，可以轉化的，善可以變為惡，惡是墮三塗的，墮三塗就完了嗎？沒有。惡還能轉化不能轉化？有的說闡提無性，闡提沒有佛性，在《華嚴經》講，一切眾生都有佛性，闡提也有佛性。其他的教論說闡提不能成佛，《華嚴經》則說闡提也能成佛。這些教義必須深入學習，什麼善最大？說法利眾生，這個善最大。

可以說是佛的福田，種佛的福田，如果聞法順這個福田，不逆這個福田，堅持聖教量，持受佛所教導的，佛就叫聖。他教導我們的話，教我們作的事，我們都堅持去作，聽他的話。教我們精勤，千萬莫懈怠，懈怠不能得度的。「精勤行佛道，隨緣消舊業，切莫造新殃」，別再作惡業了。這樣理解，趣佛所證得的境界，達到佛所證得的境界。

這樣有十種，這十種叫什麼呢？叫十信，只是信，還沒說你能理解又去行。所信達到頂點了，標明有十心，文殊師利菩薩是信心。勤首菩薩是進心，財首菩薩是念心，德首菩薩是定心，智首菩薩是慧心，法首菩薩是不退心，寶首菩薩是戒心，覺首菩薩是護法心，目首菩薩是願心，賢首菩薩是迴向心，十種信心。

《華嚴經》講十信，就是這十信心。十種信心圓滿了，進入初住。我們一講信心，信佛、信法、信僧，就夠了，《華嚴經》認爲不夠。以上面我們講的，這才能夠趣向菩提，十法都能圓融，迴向眞如。一身一智慧，就是佛果，將來使你趣向菩提，信爲道源功德母，能夠使你達到趣向菩提，達到成就菩提，成就佛果。

這裡還含著多義，前面只是標個題而已。這一品比前面說的要多一點，解釋的時間會很長，要有耐心。我們現在都沒有入位，信心不夠，遇緣而變，緣起緣起。簡短說，現在快要放假了，一放假心裡打主意了，回家嗎？看朋友嗎？反正事情很多，這就是緣。不放假，沒有這個緣，心裡也沒有這個念頭，這是緣起。這是沒有實質的，沒有體性的，緣起不變，緣起法是變的。我不變，什麼叫不變呢？緣起法沒有，體性是空寂的，這叫不變。不變而能隨緣，但是要隨淨法的緣，直至成佛。若隨染法的緣，墮三塗，以後聞不到法，墮三塗還能聞到法嗎？聞不到法。不但三塗聞不到法，八難有一個你也聞不到法，三塗八難。這要靠你發心修行，發什麼願、修什麼行。

以下講〈菩薩問明品〉的大意。

〈菩薩問明品〉，承〈光明覺品〉，問的明就爲這個光明。那有什麼不明呢？緣起、教化、業果、說法、福田、正教、正行、正助、一道、佛境。文殊師利菩薩與九首菩薩，共有十位菩薩，他們各主一個法門，每一個法門就是明教化當中的一切諸法。度衆生隨衆生的緣，所發的願，所有的行，這十種是甚深的。緣起的一切道理，該攝一切諸法，你若想起觀，依觀而生解，必須懂得緣起，一切諸法是隨緣生的。諸佛教化衆生的時候，有的隨順教化而接受，有的不接受教化，有善有惡。這個業怎麼成的？要明。因爲說法，聞法而成善，能得到佛的福田，這是隨順因。這個緣起就是因因而緣起的。佛教授諸法，要你能精勤修行，行就是助道，助你成道一個正因，但是這必須得有信心，十位菩薩都是表信心的，總成一個信。文殊師利菩薩讓一切衆生信佛的境界，能信的是現前我們的心，所信的是佛的境界。但是你要初發心，它有個次第，信是從開始到最後，究竟成就。這有十個次第，有十種心。

十位菩薩，文殊師利菩薩是信心，勤首菩薩是精進心，信了得要精進，是信之後能夠信到不再懷疑，對佛的功德、佛的境界、佛的果德，前面我們講〈如來現相品〉、〈世界成就品〉、〈華藏世界品〉，信自己的心跟佛的果德是平等平等的。之後得要進修，進修的時候要精進，勤首菩薩表精進心；財首菩薩表念心；德首菩薩表定心；定就是定到自己的心性，觀自己的心性無念才能定得住。智首菩薩表慧心，智慧往往是不分的，你說有智慧沒有？其實這兩個是不同的，智是照理，慧是了事，慧解現前，所有一切世法世間相都清楚，慧屬於分別。

禪宗講開悟，那個是悟得智心，慧還不行，理能頓悟，事須漸除。你沒有經過學習，這個事情你不知道，理上是明白了，通了，事上還是不通的。智首菩薩表慧心，法首菩薩表不退心，在修行過程當中，心絕不怯弱退墮。寶首菩薩表戒心，覺首菩薩表護法心。佛所說的法甚深微妙，眾生依著修行而不能進入，覺首菩薩他發的護法心，護一切眾生讓甚深法義能夠不退，這是就理上說。就事上說，有人破壞佛法，你能夠不畏一切險阻，不畏一切艱難，護持佛法。目首菩薩表願心，賢首菩薩表迴向心。十心，從信心到迴向心都圓滿了，才成就一個究竟信心，才到信不退。迴向就進入相似佛的境界。信心圓滿了就進入住，十住的初住，這個時候發菩提心。成就一個信心都有這麼難，從信心到迴向心，這是略說一說。初發意的菩薩，現在諸位道友都算初發意的菩薩，就是初學。觀一切諸法如實的因緣，什麼是諸法如實的因緣呢？觀我們一眞法界的實相本體，不是現在我們這個十心，我們這個十心是虛妄的。成就正信了，信之後要求解，信、進、念、定、慧、不退、戒、護法、願、迴向，一共是十心。

如果具足這十心，成就十種德。我們經常講德，是功德的意思。另一種解釋，德者得也，得到的得，說你在行道的時候，有得於心叫德。信心具足了，他就成就了十種德，能夠進修。第一種德是親近善友，善友就是我們經常說的善知識，有提攜的意思，善友經常用佛法熏習你。第二種德是供養諸佛。第三種德是修習善根。第四種德是志求勝法，求殊勝法門。第五種德是心常柔和，有信心的菩薩，他不會發瞋恨心的，大慈悲心都具足了，心常柔和。第六種德是遭苦能忍，遇著苦難，他能忍受，無論什麼苦難境界，他能忍受。第七種德是慈悲深厚，慈悲心非常深厚。第八種德是深心平等，常時能觀一切諸法平等平等，這叫深心，深心能觀一切諸法平等。第九種德是愛樂大乘，喜歡大乘經典，遇著大乘經典他感覺很快樂，希求大乘。第十種德是求佛智慧，有信位的菩薩是求佛的智慧，而且不懈。沒有信心的，他進進退退，進進退退，今天信了，明天不堅定又退了。

第一種是以十種德配合佛所教導的正教，正教是眞正教導我們成佛，這個道理非常深，能夠親近善友，凡是佛弟子都是善友。第二種是能夠聽聞正法，聽聞教法，這個時候他的福田甚深。第三種是業果，現在他的因種得深，將來一定能得果。第四種是緣起，這個緣起要能達到性空，緣起諸法知道性空之理。第五種是正行。第六種是助道，方便道。第七種是教化。第八種是一道。第九種是說法。第十種是佛境，經常觀想佛的境界。就是依著佛所教授的生起佛之智慧，相信佛的智慧是眞實的，就是這個相信。

這十種道理都很深的，一種是約行爲說，一種約所說的法說。約行說，文殊師利菩薩跟九首菩薩互相問答，文殊菩薩表妙慧，妙慧通於九首菩薩所行的道。文殊菩薩問，九首菩薩答，九首菩薩問，文殊師利菩薩答，用互相問答的方式來顯妙的智慧，因爲以智慧、以慧解能夠成就你修道的道行。因爲信是爲主，九首菩薩所答的，乃至他們問文殊師利菩薩的，這都是差別因緣，把差別因緣同歸於佛的境界，依信而生解，依解而修觀。〈菩薩問明品〉的大意是這樣。

○釋文

◎問答顯理

一 緣起甚深

爾時文殊師利菩薩。問覺首菩薩言。

問什麼呢？先說「問」的大意。覺首菩薩，不覺就是流轉生死，覺了則是生死逆轉，逆轉就是返回自性，返觀自己的心體，把這個業轉，不讓他轉了，停止業，把不覺的流轉停止了，開始入覺悟的法門。「問」，總攝有五種，一者問所為，二者述問意，三者揀定所問，四者會相違，五者釋本文，分五個題目。爲什麼要問呢？把一切衆生對信有不同意見的，使它消失，「顯深理」，深理就是達到自己的自性本體。什麼叫「拂異見」呢？排除不同見解，或者攝化。第一個是令發心的菩薩，有信心的菩薩，知道一切諸法從緣而起。諸法因緣生，緣起諸法沒有自體，沒有自性，緣起無性。明了緣起法，明就是明到緣起，知道緣起是性空的，沒有自性的。性空就是深理，最深的理。

什麼是異見呢？什麼是深理呢？第一個是「令諸菩薩知法從緣，異外道見」。如果認為一切諸法不是緣起的，這就叫異見。萬法從心生，心能生萬法，但是這個心生異是從緣起的。一切諸菩薩知道一切諸法從緣，緣起的是生滅法，不同於這見解的，都叫異見。第二個是「知從心現，捨二乘見」。知道一切的境界、一切諸法，唯心所現。緣起諸法，緣起是依著性空，知道緣起諸法是依心所現的。第三種「但心性起，不同權教」。是權教所演說的，跟實教所演說的不同，知從心現，二乘的見解不同，一切諸法從心性而起的，心生則種種法生，實教的菩薩是這樣解釋，權教的菩薩則不這樣認識，這叫拂異見。顯深理，令一切菩薩於實相義，發起甚深的信解。修行，念念能歸於眞實，歸於體性，念念從心起，念念還歸心，這是顯實義。大乘的教義從開始，讓你生起信心一直達到成佛，成了佛還是成就你這個心。說法者，什麼是法？法就是眾生心。心生萬法，萬法還歸於此心。

聽過〈大乘起信論〉的都知道，依心的法，分作二門，二門都是通達心的，一個心眞如門，一個心生滅門。〈大乘起信論〉說，依著心眞如門生起清淨信，心生滅門是依著眞而起的，心眞如、心生滅，二門還是一心。從流轉說，從無明不覺生三細相，「無明不覺生三細」，業相、轉相、現相。「境界為緣長六粗」，這就是緣起的境界，外邊境界相，三細相還在一心之內，境界相就不同了，假外邊的一切相（就是境相），攀緣諸境。智相、相續相、執取相、計名字相、起業相、業繫苦相，

○釋 文

在〈大乘起信論〉，一共九相，這九相都在心生滅門。眞如門是離言說的，離語言、離名字、離心的攀緣，一切法不立，叫心眞如。但是心生滅也是依著這心起的，心眞如也是依著這心起的，一個是淨分，一個是染分。心眞如是純淨，心生滅門，染淨相知。〈大乘起信論〉講熏習義。像聞法，禮佛拜懺，入佛門接近三寶，這都是熏習，熏習漸漸地入眞。因爲那一念不覺的不覺，就是染熏淨，染法熏淨法，一念不覺生三細，就是那一念不覺，這叫什麼呢？這叫無始無明。

文殊菩薩問覺首菩薩，問他什麼？說心性是一，爲什麼產生種種不同的因緣果報，性隨事異，就是一念不覺生三細，就是造業了，業相動了，業就是動。一動就不能定下來，越轉越粗，就生三細相，還是在一心之內。三細相很細了，到八地菩薩才斷轉相，九地菩薩才斷業相，十地菩薩才斷無明。《華嚴經》講十一地，十一地才斷無明微細的習氣，習氣是最難斷的，無始劫來熏習的無量種子，根深蒂固，那個就叫習氣。文殊菩薩問覺首菩薩說心性是一，如何有種種不同的報類？若是性體隨著無明的事變了，變就是異，變異了，那眞諦就失掉，沒有眞諦了，它已經變了。若是一切事，一切諸法，隨著性體是一，那就破壞俗諦，沒有世間法，那就失俗諦。

文殊師利菩薩問覺首菩薩這兩個問題，第一個覺性的本體若隨著演變，那眞體就沒有了，失掉眞了。若隨著事，性體是一，事就不立，俗諦就沒有了。「報類差別，自由業等熏識變現，不關心性。」業果識的變現跟心性是關的？是不關的？是互相違背的？是互相不違背的？業不知心，但是業又依著心，就是緣起沒得性空，立不起緣起。性空是依著緣起，離開緣起，性空又不能顯現，這兩種究竟是相違的？是不相違的？一切事法非常之多，性體是一，一多是相違，一和多是相違的。性空是本，緣起是末，緣起是依性空而生起的，本末相違，本不是末，末不是本。理不是事，事不是理，理事相違；一不是多，多不是一，一多相違；眞不是妄，妄不是眞，眞妄相違。文殊菩薩所問的，這叫問難。它假法相的名詞來解釋，這還沒有說到經文，先把所要問的問題，在經前說了，等到經文裡頭就容易明白。

問的意思是說如來藏跟法相宗的八識，所以《華嚴經》是一切諸經之母。法相宗、律宗、禪宗、法相宗，乃至密宗都依著《華嚴經》建立的。這段經文的問義純粹是八識，唯識宗所建立的。問義是如來藏性，不許八識有能熏所熏的種子義。如來藏，藏者是含藏義，含藏如來一切法，如來所說的教法，都在如來含藏裡頭。「來」是利益眾生的一切法相，一切諸法無量差別，「如」是性空不動，「來」就是隨緣，就是性空緣起，緣起性空，就是如來。這種道理很深，諸位道友要有耐心，慢慢地思惟。現在講淺的，從淺入深，之後再回歸一切現實生活，這樣你才能理解。

如來藏性是一切法所依，能生一切法。就像我們說阿賴耶識，染淨所依是種子識，淨法依著阿賴耶識生的，染法也依著阿賴耶識生的，染淨種子。就說我們人生，「去後來先作主翁」，我們的生命就是八識。為什麼和尚、佛弟子死了之後，不能移動他的屍體？人是死了，識沒有離開，眼耳鼻舌身都沒有作用了，但是阿賴耶識沒有離開。直到七天之後，識神才漸漸地離開。我們說的識神，是指第七末那，它隨著八識的，是中間介紹人。眼耳鼻舌身意這個意叫意識，我們現在所用的分別妄想都是意識。七識末那，它在八識跟六識之間來作介紹，我們說我執我見都產生第七末那，八識裡頭沒有。知道這個意思，不知道八識裡頭含著染淨，就〈大乘起信論〉所說的，淨熏於染才成一切諸法。染法被淨所熏，漸漸還歸於淨，還歸八識的淨分，那就是轉相。等到初地的時候，在智相以下，智相是七地菩薩斷的，智相就是那個分別。

這種微細的地方，不是凡夫所能理解的，我們能學能解，凡夫解與佛齊等，等到在用上想、受上可就沒有了，爲什麼？你沒有證得，證得非得把這個惑斷了。這叫什麼？心性是一，但是能生種種諸法，它又不相違背。以八識來作含染淨種子義，以這個來解釋。淨熏於染，淨法熏染法，像我們一天禮佛、拜懺、上殿、過堂、聽經、聞法、學經，這都是淨。淨法熏染，熏過去的無明習氣煩惱，使這個染漸漸就成淨了。如果一天煩惱、習氣、無明、貪瞋癡愛熏，熏淨法，淨法也成了染法，這是兩種種子。在〈大乘起信論〉講的熏習義講得很多了。這兩個是不是相違的？不是相違的。是兩個嗎？沒有。是一個嗎？也不是，微妙就在這裡。

例如我們現在先把心淨下來，有的是北京來的，有的是太原來的，無論哪來的，你一想一作意，你回去了，可不是身體回去，而是意念回去。或者同時你有幾種想，你到過很多地方，如果你這一坐下來，可能頓現，幾十個城市、幾十個環境頓現，一時出現，就像作夢一樣，所以能生種種，又互相不違背、不相違。它是熏成的。儘管你出家，或者學佛好多年，你這個還沒成種子。感你作夢，學佛這段時間很短，還不現前，無始劫業識現的種種影子，都現前了，反正都是貪瞋癡愛、家庭、社會，滿腦子現。為什麼佛用如夢幻泡影，一醒了什麼都沒有，但是在夢中可是眞實的。

不曉得你們作過怪夢沒有？連續的夢，夢到你好多天好多天，就把過去或者上千年的事，像放電影似的一幕一幕給你演，演完了醒了，什麼都沒有。在夢中是眞的，今生你變女人，來生又變男人，男人又變女人，女人變男人，或變畜生，有時變狗、變貓，都變過。有些是你學習久了，過去的善根深厚！光說做人，可能一千年，一代一代一生一生，那一生都有個家庭，都有國土，這叫幻境。本來不幻，非幻成幻法，不是幻的，是眞實的，但它變了虛幻，這就是人生，這都是八識的作用。

現在文殊菩薩問覺首菩薩，目的是顯眞實的，顯毗盧遮那的境界，假心性問覺首菩薩，以這個為問難之本。用法性，法性是不生滅的，示現一切生滅法門。問的是心眞如，心眞如本來是如如不動的，為什麼會產生心生滅？心生滅、心眞如，究竟是一個還是兩個？你學習《楞伽經》、《密嚴經》，講的道理都是這個道理。菩薩問的意思就像覺首菩薩，法性示現的生滅，用法性的心眞如來答覆，使一切眾生生起信心，相信自己能成佛，只是把這些染污、垢染除掉，還歸於自心。

在〈瑜伽師地論〉講，「異熟賴耶，從業惑種，辦體而生。非如來藏隨緣所成。」是異熟果，從業惑種子的生起。現在要回歸緣起性空，把一切緣法的性空之體，回歸緣起的體。隨相假說，之後顯歸眞實，會歸於實教。但是在這個中間，衆生的根機有大有小，根機大的、植善根深厚的人，給他說深法，善根不深厚的，你說太深了他不懂，沒辦法進入，那就說淺近的，說淺法。例如我們講《華嚴經》，只要生信心，舉佛的果德，在這中間給你辨別得很清楚，只是讓你認識而已。認識之後，知而後信，信而後能解，解而後能行，行而後能證。證了就斷惑了，漸漸都能成佛。

佛子。心性是一。云何見有種種差別。所謂。往善趣惡趣。諸根滿缺。受生同異。端正醜陋。苦樂不同。業不知心。心不知業。受不知報。報不知受。心不知受。受不知心。因不知緣。緣不知因。智不知境。境不知智。

文殊菩薩問覺首菩薩這麼多的問題。佛子，心性本來是一個，爲何有種種差別？有往善道的，有往惡道的，有往惡趣的，有往善趣的。諸根滿缺，有的六根很全，有的六根不全，生下來就是瞎子，生下來就六根不全，這樣很多。有的到人道，有的到畜生道，有的到三塗道。同是人道，相貌好的，人人見到喜歡。相貌醜陋，人家見到就不愛看第二眼。我們經常說，姥姥不疼舅舅不愛，六親眷屬看到你都不喜歡，生來就醜陋，沒有善緣。有受苦的，有受樂的。過去所作的業！誰造的業？心造的業。業又不知道心，心也不知道業。當你受苦的時候，或者受這個肉體的時候，你不知道這是報。因爲你過去所作的業，現在所受的就是報。在你受的時候，並不知道自己造什麼業，怎麼受這麼個報，你不知道。報也不知道受，受是領納爲意，你不要抱怨就好了。這個抱怨是什麼呢？不要想不通，現在我們學法就是讓你想的通。

文殊菩薩問覺首菩薩，就是這麼樣一個問題。因能生起，緣能助成。因並不知道這個緣促成，緣也不知道因，因生才感得有這個緣。這個智不是眞正智慧的智，這是知。知道境，在境上的好壞善惡，你所受的外邊境界，境界給你所領納受的，這是你沒有大智慧，不能轉境，也就是不能知道境，境也不知道智。

心性是一，云何有這麼多差別呢？心即是性。性是自性清淨，覺悟圓滿的。不隨著現相的轉化而轉變，爲什麼說我們的心跟毗盧遮那佛平等平等？心佛與衆生是三無差別。心、衆生、佛，三種是平等的，這是理法界，在理上這樣說，在事上可就完全不同。

文殊師利菩薩問覺首菩薩有這麼多，問的就是這些問題，究竟心性是一不是一？要是一，爲何有種種差別？不是一，佛性不變故，衆生本具的佛性，不隨染而變，不管經過多少劫，永遠不變的，還是一。這些差別墮到惡趣，墮到善趣，相貌很圓滿的，相貌很缺陷的，爲什麼有種種不同？這個心性是指著如來藏性，心即是性，自己本具有的清淨心，妄心也是性，妄心是依著性起的。無自性的性，虛妄沒有自性，沒有自性是依著性起的，這叫什麼？空如來藏。有具足一切諸法，叫不空如來藏，空如來藏、不空如來藏、空不空如來藏。眞心的性就是實性的性，那就定爲不空如來藏。不論空如來藏、不空如來藏、空不空如來藏都是平等無二的，就是一個。爲什麼有這些相違？熏習力。〈大乘起信論〉講的熏習義，互相熏習。

在〈華嚴疏鈔〉，清涼國師解釋的五趣不同，受三皈、持五戒，他不失人身。現生的人身，受持三皈五戒，不失人身。不止現生不失，如果是持受三皈，永遠不失人身。皈依佛不墮地獄，皈依法不墮餓鬼，皈依僧不墮畜生，三塗斷。在家持五戒，有二十五位護法神，每一戒有五位護法神，什麼災難都沒有。有的道友就問，我也受三皈，會再墮三塗？我不知道還墮不墮。受五戒，有二十五位護法神，好像沒有！爲什麼一天還有煩惱？好像有護法神就該沒有煩惱，有時有恐怖，還有危難！那是你心裡有罣礙，如果沒罣礙你沒有恐怖。

但還有一個問題，三皈五戒是不是受得很清淨？受完了三皈，你受持沒受持？你受三皈，三皈師給你授完了，你離開三皈的道場，你就沒有了。授三皈的三皈師就告訴你，受完三皈要受持，不受持就沒有。五戒也是這樣，你要受持！你不但沒有受持，還加個犯戒。受三皈還墮不墮惡道？跟你說的很清楚，皈依佛，再不皈依天魔外道！皈依法，不受持外道典籍！皈依僧，永不皈依邪師、邪道、邪引導。好多人都沒作！有人這樣問我，受了三皈五戒，我們又跟喇嘛師父受密宗戒。跟喇嘛師父受也一樣的，但是你要分別這個喇嘛是什麼喇嘛！爲什麼我們受戒要擇戒師？往往的我們自己的感和應，中間差別很大。你沒有感，還想得到很大的應，不可能的！沒有這個因，感不到這個果。爲什麼？因爲你是相違。受三皈是順佛法僧的，受了你又不持，甚至毀謗，你毀謗了還不知道你毀謗呢！甚至不學了，就有這麼多的障礙，這麼多的困難。因爲你受三皈，很相信佛。但是說的話，身體所作的事，心裡所講的，你的身口意，謗佛謗法謗僧，還認爲你是三寶弟子！實際上你是謗佛、謗法、謗僧。謗佛謗法謗僧是什麼果報？受三皈不錯，免落三塗。但是你回來又謗三寶，你說受報不受報？這個必須得經過學的過程，你不學怎麼知道呢？學了才知道。

像文殊師利菩薩問智首菩薩這些話，五趣衆生，再加上持五戒，招得了人身，這是所報得的人身。但是他得人身的因中有瞋恨心，那就不同了，就起了變化。起瞋恨心，你雖然還變人，醜陋得很。瞋恨心就不討人喜歡，人家見你不高興，僅僅舉這麼一個例子。好多種報，各種報，因爲我們在人當中，過去生無量生都如是，善善惡惡。身，自己能控制，不造殺盜婬。口，特別是妄言，我們出家人，打大妄語的非常之多！大妄語就是「未得謂得」，沒有得到說得到，「未證謂證」，裝模作樣騙人。騙呢？騙財騙色。我聽到很多，說用色身供養能獲最大福德，佛在世也如是，這是騙色、騙財，還給人家消災免難！自己的災還沒消，怎麼給人家消？特別是意業，意業欺騙的行爲很重，身業裝模作樣，口裡說的一套，行的又是一套。如果你學了佛法，用佛的教導去觀察、去認知，什麼是正道，什麼是邪道。你受了三皈五戒，你去作邪道的事，完了你受了報應，有了災禍，之後又抱怨三寶，你說你該如何受報？受不受報？自己很清楚，必須得學，現在我們講的教義比這深的多。

「心性是一」，成佛是他，下地獄墮三塗也是他。既然是一爲什麼有五趣？不同，地獄鬼畜生，把阿修羅取消了，這五趣是地獄餓鬼畜生。諸根，眼耳鼻舌身意諸根，有的根很圓滿，人家見到他生歡喜心。有的根很不圓滿，人家見到他生煩惱心。因爲他虛妄的那個心，無性的那個性。我們這個身是無性的、心是虛妄的，但是我們這個虛妄的身心可是依如來藏性而成熟的。我們這是緣起，是業報，業報是依著性空而建立的。

上述這一段經文是文殊菩薩問，以下是覺首菩薩答。在問當中總的來說，有善有惡，有天有人。善得善報惡得惡報，惡則墮三塗，善則生人天。各根也有圓滿的不同，也是因爲在善惡當中交雜。一個是內根，一個是外根。比如說我們這眼，眼是眼根。眼根有時候遭遇很多災難，眼睛或者撞傷，或者眼根失掉。還有淨色根，眼的淨色根有兩種。根跟識，根所到之處，識必到！你睜開眼睛看，這是紅的，這是白的，這是藍的。這是識，識不是根，是眼識。學法相的都知道，六根、六識，每一根、每一識。舌根舌識、耳根耳識，都有根有識的。他這個受生當中，大多數都是相同的，善業差不多，惡業也差不多。善重惡輕，善業重、惡業輕。像諸位佛弟子，善根重、惡根輕，一般都是六根圓滿，但是有的有缺陷。為什麼有這麼多差別？有同、有不同，有勝，有劣。同是肉體，我們看奧運會上運動員，都是肉體，我們也跟他們一樣的，我們為什麼沒有他那個技術？不說讓我們舉兩百斤，舉一百斤我們也舉不起。無論打乒乓球、踢足球、打排球，根不同。這是業，你都可以認到。

為什麼現在災害這麼重，可是我們好多道友連聽的業都沒有。不看報紙、不看電視，什麼也不知道，一天在這裡念經受法上課上殿。我比你們業重，為什麼？我要看報紙，看電視，知道做什麼感想呢？為什麼要知道？因為我還生在這個世界當中，跟人說話，這是度化眾生。還有一種度化眾生的方法，你知道這一個地方的眾生，他的惡業成熟，遭受災難。比如說颱風，一個跟著一個的颱風，雁蕩山能仁寺的路都摧壞了，能仁寺還很好。能仁村，泥石流把幾戶人家都給壓底下去了，這是業。知道了怎麼辦？給他迴向，這是度眾生的另一種方法。度鬼，我們每一天都給鬼迴向。過齋堂都要施食，曠野鬼神眾，他們沒有吃的！看是幾粒米，給他們念咒，變成無量食山，多少鬼都能吃得飽，這是佛神力加持。知道嗎？這是度眾生的方法。度鬼很聽話，不像人，人不聽話。人還是不好度，鬼還好度，你給他施飲食，他餓的不得了，正在饑餓，餓鬼感激你感激的不得了，他得度了。

如果你學佛法，度生的方法，多種多樣的，不是光是說法，光是打一個普佛，光是念經，還有很多方式。我經常勸我們道友看見畜生，不論哪類畜生，給牠說三皈，讓牠皈依佛、皈依法、皈依僧，簡單的，不是還給牠擺一個香案，還那跪著，辦不到的，牠也不會的。你給牠念三皈，皈依佛皈依法皈依僧，以佛法僧的加持力，牠那個耳根，種了善根，牠可以脫離畜生道。那一個畜生遇見哪位師父給牠說個三皈，很大幸福了。並不是畜生都能遇見師父們給牠說三皈，也不是每個師父都發這個心見著畜生，見到螞蟻了，見到蟲子給牠說三皈。

有些弟子跟我反應，竈臺上蟑螂特別多！我說好，你給牠度了，你給牠說個三皈，隔幾天就沒有了。相信不？特別是老鼠鬧的很厲害，你給牠念個三皈，給牠念段《地藏經》，專門給老鼠念，哪個地方老鼠多，你專門坐在那念《地藏經》，信嗎？不是老鼠信不信，是我們聞法的道友們，你信嗎？「哎呀！你這胡說，你跟那畜生說，牠懂嗎？」佛所講的《華嚴經》我們也不懂，我們懂嗎？慢慢學！佛法無邊，無邊就在這裡頭，佛法甚深就在這個甚深，佛法廣大就是這樣才廣大。

我問問我們道友，你給蟲子、螞蟻說過三皈嗎？有，不是沒有，有幾個人說過三皈？是不是誠心給牠求？這叫行菩薩道。「心性是一」，道理是通的。我們有個道友跟我這樣講的：「畜生好度人難度，寧度畜生不度人。」我聽了很奇怪，我說：「你怎麼理解的？」他說：「畜生你給牠說什麼，牠老老實實聽。人，你跟他說，他跟你辯的，聽完他根本不理你。畜生，牠聽的老老實實，牠還不跟你辯。」我說：「牠不是不跟你辯，牠是不能辨別，不知道你說的是什麼！牠怎麼能辨別，你只是加持力。」能夠轉個人，跟轉個畜生，兩個基因就不同，過去善根不同，牠能變人了，再怎麼也比畜生好，但是也不一定。

我在西藏，看見達賴喇嘛園林的馬，他養的馬從來沒有負過物，達賴也從來沒騎過牠。一匹馬，兩位馬夫，馬夫當馬的奴才，一天就給牠抹身上洗。大家知道川貝，貝母是很名貴的藥材。在西藏，抗日戰爭時候，藥材運不出去，那馬就吃貝母，餵那馬得油光、湛亮、水滑，一天還給牠洗，牠有福。藏民呢？吃不飽。印度有兩句話，「修福不修慧，香象掛瓔珞，修慧不修福，羅漢托空鉢。」

修福的方式多得很，不一定要拿錢供養、拿身體供養，這福報不大。大家讀過《金剛經》吧！日初用無量身體來供養一切，日中、日末三時，每一時都捨無量身體，都不如誦一部《金剛經》，乃至四句偈，比這福報大得多。如果你能對一切畜生，給牠念一句《金剛經》的偈子，「如夢幻泡影」，讓牠也觀空，知道諸法無相義，你不管牠聽得懂聽不懂，你給牠說，讓牠種個種子。如果說非要聽得懂的話，說《華嚴經》，我們也不懂，不但你們不懂，我說的也不懂。這個懂跟不懂有分寸的，你沒證入，說的是相似法。因此你聞法的時候，就這樣聞，聞了法你去作的時候，就這樣作。

行菩薩道，大家把行菩薩道看得很難的，只是你善用其心，等到講〈淨行品〉，

菩薩問明品 第十

○釋 文

文殊菩薩教授我們，「善用其心」，就是行菩薩道。你每天念一遍，見著境界，容易把〈淨行品〉忘了，我有個笨的方法，不管境對不對，早晨就把〈淨行品〉念一遍，這一百四十一願，不論今天遇到什麼我已經念過了，這叫法布施。你看的是無相的，其實無相是眞實的。你行菩薩道的方式，多得很。因此聞了要行，之後要理解你這個身體。

以下，我再念一下十事五對，這是清涼國師說的。「總別」，一切諸法有總有別，有善有惡。善生天，惡墮三塗。人之中，報的差別得很，人跟人都不一樣。都是比丘，比丘跟比丘不一樣；都是比丘尼，跟比丘尼不一樣；都是三寶弟子，三寶弟子差別太大了。還有在三寶當中造惡的，假三寶而造惡。還有在三寶當中行善，還是善多。還有假三寶行道的，現在成道的少。我們想聞道的該多吧！聞道的也很少，信佛的人聞道很少。像我們一天當中共同的學習，不是學華嚴，就是學經，每天都有解說的，這個很不容易。

在你受生當中，六根健全不健全，有圓滿的有缺陷的，有端正的有不端正的。在生活當中，有的是苦，有的是樂，大概都處於這兩種境界。過去的大德遇到重難的時候，有遮有救，也就是災難的時候，看你怎麼認識，要正確地對待，認爲是還報的，根本沒有，空的！一切諸法都是建立在空上，性空的，沒有誰受罪。第一觀身體沒有，身體是空的，誰受罪，一切行法沒有，空對空。如果沒有這個觀，在當時受的時候，苦就是苦。你觀一觀總有好處。不管觀的成熟不成熟，想到佛這樣教導我們，遇到遮難來了，遇到災難來了，你這樣觀可以把痛苦減輕。遇難而不難，遇到災難，災難就沒有了，使它減化、消失，這都屬於緣。緣起諸法是隨時變的，性空不變的。緣起法是變的，緣不具足了變了。緣變成殊勝緣，惡緣變成善緣，它變了，就看你的心！

我們講的心法，就是現前一念心。我們的性體是一，現在所處的這些事情，生活當中，在我們修道當中，不是一，而是太多了。這就是緣起，太多的緣起，體性還是一，因爲你不認得緣起。你認得緣起，讓它回歸性空，緣起諸法無實性，這些法無實性。你造的業，造業產生種種緣起諸法。觀業性本空，業本來沒有，但是不能知心，業不知心，心也不能知道業，知道就能轉。現在你這個心轉不動，你觀察一下，不是問明？我們前面講覺，光明覺。你若覺悟、明白了，什麼事就沒有了。「夢裡明明有六趣」，在作夢當中，有天、人、阿修羅、地獄、餓鬼、畜生，我們都在作夢，六趣宛然。「覺後空空無大千」，等你一明白，什麼也沒有。但是這個明，不是那麼容易的就明白了，讓你一一去觀察，找原因，追查到底。追查是心生的，心都是妄，心都沒有，所造的業還存在嗎？這是最好的懺悔，最根本的懺悔。

你們常常念這麼幾句話，「業性本空唯心造」，這個心是妄，業的體性，沒有！你所作的業都沒有，是你妄心所造的。你觀你的本性，狂心頓歇，心都沒有了，你觀本性，觀你這個虛妄的心。末那、六識、妄想心，在你修道的時候，把它修消失、沒有了。「業性本空唯心造」，是妄心所造的。心若亡時，連心都沒有了，能造的心沒有了，所造的業還有嗎？「心若亡時罪亦空」，罪就沒有了。經常這樣觀想，你坐著兒觀想，「業性本空唯心造，心若亡時罪亦空」，連心都沒有，這叫無心道人。供養一位無心道人，勝供養七佛，七佛你遇不到，無心道人你可能遇得到。像《金剛經》告訴我們，須菩提問佛：「云何住心？云何降伏其心？」佛給他解釋了很多，從問號開始起，佛都告訴他，無我相、無人相、無眾生相、無壽者相，這是成就的時候。沒有成就的時候呢？你觀心，經常這樣想，心無住。不要住到色上，也不要住到聲香味觸法上，無住生心。無住心怎麼生？就是無生。心本無生，心不會生的，因境有，是因外頭環境引發的，遇到什麼，你心裡念到什麼想起來，因境有。境是沒有的，是虛妄的。境沒有了，心也沒有了。心亡境寂，境是寂靜的，兩俱空，什麼都沒有。

不要認爲這個法很難，你一天如是想，如是觀。我們經常害病，你說我這個身體是四大假合的，病在哪一項上？你思惟修。這叫什麼呢？轉移，把你的心轉移，不要專注在那一個上頭，看不破，放不下，解脫不了，那可苦了。哪天害病，沒事找罪受，好多人沒罪找罪受。爲什麼？攀緣。本來沒事，你去攀緣。一攀緣，放不下了，放不下就執著了，還不苦嗎？佛教導我們好多方法，到苦難的時候你用上，確實效果很大。我是用過的，不管成就不成就，我現在能活過來，就是不錯的。雖然在那個問題上沒成就也差不多了。特別在苦的時候，你檢查你的六根，在苦樂。我們現在有化裝，在社會科學進步，可以給你化裝。你有錢，美容一下子，好多人因爲美容壞了，變得更醜，老命都抽脫了。爲什麼？他不知道端正、苦樂、醜惡、幸福，是由過去業報所成的。經常這樣思惟，心性是一，爲什麼有這麼多差別？心性是一，爲什麼我們六根、六塵、六識，三六一十八界，再加個根本無明，一天很熱鬧，你這心從來不空歇的，睡覺都不空歇的，從來沒有停過的。

這需要我們學習，學就是照著文殊師利菩薩問覺首菩薩這些問號，我們先不看覺首菩薩怎麼答覆。你想想吧！大家怎麼答覆。這叫修行，你去思惟思惟，對於文殊師利菩薩所問的問題，你怎麼理解？怎麼認識？什麼緣？什麼業？自己問自己。不止現實的事，你可以把你所作的夢研究研究。雖然是夢幻泡影，夢往往是現實。我今天作的夢，夢見未來要出什麼事，間隔一下它就出了。明明告訴你夢幻，但事實還是夢幻。怎麼理解？像我作夢之中，叫我出家，我就出家了，出家還是夢幻，作夢是假的，出家還是假的。每一個過程，你作的夢，所示現的境界，這個境界還是假的，夢幻之中的夢幻。「一切有爲法，如夢幻泡影」，觀一切有爲法，如夢幻泡影。因此這個世界，所有世界上一切事物，不管是人，山河大地全是夢幻。到什麼時候不夢幻呢？覺，光明，不夢幻了，所以問明，明白的明，得明到底。

我們是在夢幻當中夢幻，夢幻當中夢幻。要徹底醒了，必須得明心見性，這僅是悟理，還得在事上一個一個去證得。把理跟事結合了，這叫理事無礙，這才是華嚴義。還沒有到究竟，理全徧於事，事事無礙，以前所說的如夢幻泡影，不是的，事事皆是眞實的，這就是華嚴義。怎麼講呢？事事無礙，這才叫究竟。第一個是眞空絕相觀，這是華嚴初祖杜順和尙教我們的三觀之一，眞空絕相，這樣觀吧！光修行，不依著經文，光學法界三觀，就是一部《華嚴經》。眞空絕相，一切法都不立，這是純理。第二觀是理事無礙觀，理跟事，在事也變成理了，在理上無障礙，事事都無障礙。這還不夠，還不是究竟，達到什麼呢？第三觀是周徧含容觀。《華嚴經》的境界就是周徧含容，「於一毛端現寶王刹，坐微塵裡轉大法輪」。一微塵極小，轉大法輪，就像我們說了，文殊菩薩該有好多個文殊菩薩？微塵數那麼多。我們前面念的〈光明覺品〉，說有好多文殊師利，每一個世界都在說法，都是文殊師利，盡虛空徧法界都是文殊師利在說法，這叫周徧含容。

我們學華嚴境界的目的，是把我們的思想擴大到無量無邊。那一點點人間的關係，人跟人之間的關係，乃至於這一生跟那一生的關係。我們顧慮到死了生哪兒去，死了還生哪兒去？根本也沒有死，哪有個死，就像海裡頭的水泡，一會起了，一會滅了，一會起了，一會滅了，人生就如是。生到極樂世界，無非是到那裡去聞法，不是要到那去親近善知識，阿彌陀佛那大善知識到哪去求？去吧，到那去求。好多人要求善知識，念阿彌陀佛就去。去了，你還得經過修行，你還得度衆生，不度衆生而能成佛的，沒有！哪尊佛不度衆生？這是必然的，度衆生成佛。不過是怎麼度衆生，用什麼方法。

現在我們講「明」，明白了，你就知道怎麼度衆生。明白了，你就知道怎麼了生死。怎麼了生死？沒有生死，還有什麼加個「了」？本來就沒有生死，不相信吧？一切諸法，唯心識現，就是你的心顯現，還歸你的心，一切諸法都沒有了。那叫緣起，一切諸法叫緣起，等你達到唯心，就是性空，也就是「性空緣起」、「緣起性空」。

我們再把文殊師利菩薩所問的重複一下。諸位道友你們觀察一下，對這個問號，你怎麼答覆？這品叫〈菩薩問明品〉，因假問答，假問而能明。我們經常講一心，就是心性。爲何我們看問題有種種差別呢？見有種種差別。既然是一心，云何又有差別知見？爲什麼又分善道、惡道？所謂衆生生到善趣，生到惡趣。在今生報的當中，他的諸根，有很圓滿的，有很欠缺的，受生種種趣道，同生人類，就是同是人類，有相貌很端正的，有相貌很醜陋的。有在一生當中，生活當中就是在苦難當中生存，有的是在快樂當中生存。業是造作義。造業的時候，所作的業不知心，心也不知業。受的時候不知道報，報的時候又不知道受，心也不知道受，受也不知道心。因不知緣，緣不知心，這就是講因緣法。智不知境，境不知智。讓我們觀一切境界相，我們不明了，境界相也不明了心。在沒讀覺首菩薩答的時候，你看著經文了想一想，

菩薩問明品 第十
○釋 文

文殊菩薩所問的這些問題都是互相違背的。但是，眞的相違嗎？

前面講，萬法由心生，萬法由心滅，心相是一，不相違的。現在文殊菩薩所問這些問題都是相違的，問題很難答覆，也是我們現在所不能明了的。只舉一個，「所謂往善趣、惡趣」。我們都希望生天、生人，乃至於生極樂世界，這都是善趣的，恐怕沒有一個人想墮三塗、下地獄。有嗎？爲什麼有這些問號？文殊菩薩問的意思是什麼意思？面對這個問答，你先把這個問號，在思想上先明了，不是想修行嗎？這就是修行。你自己先答一下！還有這些問號的經文，大意你懂不懂？如果連問號都不清楚，等答出來，你還是沒辦法入，因爲你根本不理解。現在你還沒承認心性是一，這個得承認，才說有種種差別。像人的心，是一？是異？我們一天當中不曉得生起多少個心，心性本來在我們說，不是一，文殊師利菩薩問這個心性是一，對這個你還沒承認。答覆問題的時候，你怎麼樣理解呢？沒法進入。第一個你先得承認「心性是一」，之後才說見有種種差別。或者往善趣、往惡趣，這個我們自己都不知道。你知道離開這個報身之後，自己斷定能生善趣、生惡趣嗎？看一切衆生，或者有人問你，生善趣、生惡趣？你怎麼答覆？你說作善業當然生善趣，作惡業就生惡趣，這很簡單的。心性是一，云何又有善惡的差別？先把問號懂了。同是父母所生的，爲什麼有的六根不全，有的根全，有的智愚不等。有的很愚癡，有的很有智慧。爲什麼？這個差別從哪來的？同是一個父母所生的，爲什麼智慧不一樣？所行的不一樣。兩弟兄，乃至於雙胞胎，各有各的業。

我要問人家，問一件事，對這個問題的本身，要先了解，之後對那個答案，你才能清楚。對於所問的問號，你多思索，思索就是用你的觀察力。在沒看經文之前，自己先觀察觀察。對這些問題，我不理解，答不出來，感人家答出來的，你看一看，他是怎麼答的？從問答當中，你就能生起智慧，就是能明。這個人大家見他非常喜歡，另一個人見他就非常煩惱，這就是有面緣。面緣就是一見他相貌，人家都很喜歡他，願意跟他談，願意跟他接近。有些人大家躲著他，見了他也不愛，無緣。還有這個時候有緣，以後沒緣了，像兩夫婦，有緣吧，沒緣到不到一起，到一塊又打架，之後就離婚，這是有緣是沒緣？

像一個家庭裡頭的人，有時很有緣，這個家庭很不和睦，吵吵鬧鬧的，這都是問題。在這個問號當中，爲何受生的不同？爲何根的圓滿不同？爲何有端正、有醜陋的？爲什麼有受苦、受樂的不同？這些都是我們思索的地方，也就是開智慧的，之後自己先思惟觀察這個問號，你怎麼理解，再看看覺首菩薩怎麼答的？答的跟自己的想法一樣不一樣？「心性是一」，我們理解不理解？什麼叫是心性是一？「見種種差別」，這是我們懂得了，自己看問題的看法跟人家看問題的看法，不一樣。

爲什麼老師提個問題，有的同學能答上，有的同學答不上？爲什麼這個同學考第一、第二、第三，同學五十個人，他卻考第五十，第四十九、第四十八？爲什麼？

這就是先有問，問完了，有的聰明，有的愚笨。或者找原因，說他的家庭環境不好，或者出於農村的，這種環境他平常接觸的少，說他家庭裡頭父母都是教師，孩子就聰明。得找找原因！爲什麼這個地區的人災難特別多，那個地區的人特別享受，什麼災難沒有。爲什麼他生北俱盧洲，活一千歲？爲什麼我們活南贍部洲，只有幾十歲的、十幾歲的，或者剛下生就死的，也有活七八十歲的，什麼原因？這就靠你思惟，要修觀，不要當收音機，只往裡頭收，還得往外放，還得當發報機。這樣你的學習才有進步，光聽不行的，還要觀。聞、思、修，這三種不要離開，聞是聽到，再經過自己的思惟，思惟就是觀照，就是觀察，觀察之後，自己再進修一下，對證一下，所思惟的是錯是對？他這個問號，問的正確不正確？因此要先思惟。

我們有些道友們，看〈疏鈔〉、看〈合論〉，或者看〈纂要〉，《華嚴經》的注解很少，就這幾部。我經常對初學的道友說，在開始時不要看注解，爲什麼？以你自己的思路，一看注解就隨著注解轉了。祖師說的沒錯，你自己的智慧呢？這是第一個。第二個？像〈華嚴經疏鈔〉，或者〈疏〉或者〈鈔〉，或者〈合論〉，不看注解還懂得一點，如果看注解，完全不知道到哪裡去了。現在給大家念幾段注解，看大家能理解不能理解？

說心的性叫如來藏，心即是性，自性的清淨本體，妄心之性，無性之性，空如來藏也。眞心之性，實性之性，不空如來藏也。平等無二，這樣才說是一心。對這個文字，你得讀好多經論，才懂得清涼國師這個〈疏〉。如來藏是什麼？什麼是自性清淨心？妄心之性，是無性之性，無性之性是空的，空的就叫空如來藏。解釋注解，比解釋經文還困難，要是讓你看，我認為你們絕對不懂的。五趣配著持五戒，招得人身，因中有瞋忍，總報而有妍媸，名別報業。唯識亦名引滿業，能招八識引異熟果，故名引業。能招第六，滿異熟果，名為滿業。〈俱舍論〉說一業引一生，多業能圓滿，猶如績像，先圖形狀，後塡衆彩。

這個注解不加解釋比經文還難懂，大家聽我念了，能理解嗎？之後再解釋什麼叫總報？什麼叫諸根？什麼叫受生？什麼叫端正？什麼叫苦樂？如果把這個解釋就困難了，佔的時間非常之多，因為牽涉著很多部經論，像古德作遮救重難，直結成前難，懂這話是什麼？以我們業識來說，把這個心解釋成為業識，就是我們八識的業識，業是能依，心是所依，離所無能，離能無所。心不知業，業不知心。解釋這個「心不知業，業不知心」。本識就是業的心所。依於心，心是第八，為根本依。因此說業從緣生，故無自性，不能知心，離能無所，離了能依的業，則心非所依，由業成所成，所以說所依無性，故不能知業。如果約第六意識說，業是所造的，心是能造的。很快就消滅了，起的時候不言我起，滅的時候不言我滅。何能有體而得相生呢？成種種耶。這個解釋跟問的問題，好像是不相干，解釋什麼呢？就是解釋心，解釋性。

大家先不要看注解，頂好先把經文理解了，等你學習的深入，再回來看注解。

這是文殊師利菩薩問覺首菩薩。以下覺首菩薩答的時候，看覺首菩薩怎麼答的，把答的跟問的兩個先對照，以後你再看注解。一部經，看祖師注的，如果沒有經過十年的學習，那些解釋你沒辦法進入，解釋比原文還難懂。就我剛才說了這段，大家聽我念了一段，完了又解釋這些解釋的。說這些話都要分很多類，什麼是心？什麼是心所有？你必須得學過〈百法明門論〉。心法有八，心所有法有五十一，色法有十一，心不相應行法有二十四，無爲法有六。你沒學過〈百法明門論〉，名相沒辦法懂。我們看看文殊師利菩薩這個問，覺首菩薩怎麼答的，兩個對照，你聽完了之後再看注解，你看注解才能明了。文殊師利菩薩問心性是一，云何有種種差別？覺首菩薩用偈頌答覆他。

時覺首菩薩以頌答曰。

仁今問是義　為曉悟羣蒙

我如其性答　惟仁應諦聽

「仁」是仁者，稱文殊師利菩薩，說你所問這個道理，我知道你的目的。你的目的是什麼呢？「爲曉悟羣蒙」，爲一切愚癡的衆生，讓他覺曉明了。「我如其性答，惟仁應諦聽」。我是在理上答的，所以要如理聽。「諦聽」，諦是理，我惟願仁者如理而聽。「仁者問是義，爲曉悟羣蒙」，這兩句話是讚歎的話，讚歎文殊師利菩薩問的好。因爲文殊師利菩薩這個問號是爲了利益衆生，他對於所說的這種道理，自己已深切解悟。覺首菩薩明白、知道，說你的心是弘法利益衆生的，你所問的這個意思呢？我答覆你。

諸法無作用　亦無有體性
是故彼一切　各各不相知

說一切諸法，虛幻不實的，這是縱橫的。因緣所生法一切都是空的，沒有作用，是緣起的。沒有體性，「無有體性」。本來是一心，云何有種種差別？因爲是空的，沒有差別！這些都是假法，沒有還答覆做什麼？緣生諸法，「是故彼一切，各各不相知」，這就明白了。心性是一，種種那麼多差別，因爲他是緣起的，沒有作用的，沒有體性的，所以「各各不相知」。

云何有種種差別？這樣就有差別的，這個差別是沒有的，無體性、無作用，是故彼一切，各各不相知，這是總答。答的明白了，對於那個問號也都明白了。一個先約法說，因爲諸法沒有體性的，「各各不相知」。意思就是說，諸法從緣起，緣起無自性，緣起諸法沒有自性的，沒有自性就是空的，「因緣所生法，我說即是空」，這是佛說的，佛在別的經上說的，「因緣所生法，我說即是空。」因爲從緣起的種種，各有各的因緣，各各不相知，不能相知。就是答覆見有種種的差別，所有的見就不同了，各個不相知，緣起的。眼能觀種種色，眼根壞了，用耳朵去觀，不行！它各各不相知，耳根只管聞、只管聽，不管見。

但是《楞嚴經》上講二十五圓通，聞性就通了。眼睛不見，聞也能聞得到。有這事嗎？確實是有。怎麼有的呢？瞎子，一小生下來就是瞎子。眼根壞了，他那個見就沒有了。見面時，他的耳朵特別靈，他知道他家裡人，哪個走路，聽到聲音他就知道了。跟瞎子談一談，你深入一下看一看，這根不用了，他那一根就特別靈，這是說通義。人的心，就是這個識，這是虛幻的識，不是眞實的，就說我們的心，神經，他們就開刀，用大手術，爲什麼要先把神經給他麻醉？麻醉了你給他開刀，根本感覺不到，感覺到就把他痛壞了。醫生當然是按照他的醫術，他不理解佛教的道理。例如害痲瘋病，得了這種病，他自己把手指蓋咬，把手咬，他身上爛了也沒有痛苦，痲木不仁了。例如他那識壞了，神經作用沒有了。看著人還在，還是個好人一樣的，沒有神經系統，什麼作用也不起了，這叫植物人。用這個道理來明白我們種種的緣起諸法，所以覺首菩薩答覆的，說緣起諸法的沒有體、沒有自性。

清涼國師說，像河裡的水，河水無知，互相不能知道，河跟水不相知，只有名字。河不是水，水也不是河，但是河裡的水，兩個合起來了，這叫河裡的水。海裡的水，海裡的水不是河裡的水，這個河的水不是那個河的水，所以河跟水不相知。眼根，眼根沒體、沒用。眼等不相知，就是六識互相不知、六根互相不知，要假識。因爲緣起諸相，虛妄無實的，但是他可互相依存。一個人的整體，眼耳鼻舌身意互相依存，就是這個涵義。沒眼睛你看不見，沒耳朵你聽不見，又能聽見又能看見，一個具體的人，眼耳鼻舌身意得六根具全，六識都起作用。少了一個，他那緣起就不能完整。它是互相依存的，沒有實體的，所以各各不相知，眼不知耳，耳不知眼，就是這樣的意思。由此這個沒知的，無知是無自性，沒有體性的，因此才有緣起。總的說來，一切諸法都是虛妄的，無所有。把一切虛妄諸法體會得到，體會到什麼呢？它是依眞而起的，無性的眞理。我們講的一心，答覆文殊師利菩薩問，心性本一的問題，就用這個方法答覆了，恆常顯現，心性就是一。

像這類的法義，寫一本疏、寫兩本疏才能解釋清楚，才能夠周轉緣起；之後緣起又回到性空，性空緣起，要經過很多次序才能入的明了。說一切諸法，把他分析來解剖，說因果，現在我們這個人身，這是果，成熟一個人身。因？怎麼成的這個人身？人身不是體，無體性，要是有體性，常存的、不會壞的，因爲這個肉體是無體性的。果是從因生的，果沒有體性，因爲有因，果才成立，因沒有體性，果也沒有體性。因無體性故，因所成的果，果也沒有體性。但是他能夠引起感果的用，感果，能起的果用。果沒有體性，但是能酬那個因，酬因之所能，因因成的果。這叫什麼？「因緣所生法，我說即是空」，合起來的因果沒有體性。但是互相對待的，把它當自體，因爲體用都沒有，一切法互相不知，此不知彼，彼不知此。因此說，一切法互相不相知。

果從因生，因沒有力量，因不能生，因能成，因只能助成，果能幫助因的生長，因無能生，果又無體。兩個合起來有作用，一切諸法都通於因果，先必依於因緣，任何事都有因緣，通過因緣這個門才知道成了果。果無體性，才知道因所成的。因能感果，因不能自果。這個體是虛幻的，是生滅的。因果是沒有力量的，爲什麼？因果無用。爲什麼？因果無體，因果無自體，攬它而成的。因攬果、果攬因，就像河裡的水，奔騰競流。

譬如河中水　湍流競奔逝
各各不相知　諸法亦如是

水是無情的，它怎麼相知呢？拿水來比喻的意思。水是可流動；因果所成的一切法，沒有自己的體性。我們人體的動是風大，人體的煖氣是火大，人體的流動是風大，五臟六腑各住各位，中間都有空間，這是空大。肉體是地水火風成就的，在《楞嚴經》上講，再加上空根（見）識。地水火風沒講空，但必然得有空，否則腸子跟胃粘到一起，那麻煩了。心臟、肺臟、肝臟，中間都有空間，我認爲都在腹腔之內，問問醫生吧！解剖的時候，他說你這個中間每個空間大小，有病了，把這個空給粘住了，粘到一起，沒空了，當然他得給疏通了，這個道理就是這個。一切諸法都如是，從不相知說。

因爲文殊師利菩薩問，爲什麼諸法不相知？前面問號。爲何有種種差別？爲什麼各各不相知？爲何苦樂不同？醜惡的不同，受生的同異，心又不知受，受也不知心，因不知緣，緣不知因，答覆這個問題的。拿水來比喻，拿火燄來比喻，那火燄一起一滅。拿風來比喻，拿地來比喻，就是地水火風。這四種法，眞妄相續，眞跟妄相續不停的運作。依著眞妄的生起，眞妄的消滅，妄是依眞而起的。妄是眞任持的，沒有眞，妄怎麼有？相對諸法。依著心法，淨法隨緣。淨法緣起，就是隨緣，隨什麼緣呢？隨妄的緣，「一念不覺生三細」，隨妄的緣，動了。一動就生出來業相、轉相、現相，它要起分別，動完了，有個能知的知。要分別所起之妄的妄動，這一分別就多了，要起智相、相續相，智相就是分別心，分別而不停，相續不斷，假立名字，執名計取。在這裡好的要取、要貪，這就是執著取捨。執取計名字，名字都是假安立的。眞妄相續不斷，妄依眞起，妄用是因爲眞起的，妄爲眞所持，眞就持續它，每一個都有能依、依所依、唯所依，都有這三種。

以下一共有十種解釋，能依依所依十種意。在意義上道理上講不相知，而常時如是流動。就像我們舉那河水，「前流不自流，由後流排故流。」「前流無自性，故不知後。」水不是自己流動的，後浪推前浪，後流推前流，前流就往前流。前流沒有自己自性，因爲沒有自性不知道後面還有流推它，還有後流推前流。「後流雖排前而不到於前流，故亦不相知。」那後流，排到前流來了，因爲前流是被後流推動它流的，前流已經走失了，後流又來相續。它沒有自性不知道，前不知後，後不知前。「後流不自流，由前引故流」，後流不是自己想流，而是前面流往前走，後面必須往前進。前面引的，「後流無自性，故不能知前」，後流沒自己體性，所以它不知道前流。「前流雖引後而不至後」，流了就過去了，再回不來了。但是它引的後流又來了，故亦不相知。「能排與所引無二」，能排跟引排兩個是無二。說一個不可以，說兩個不是兩個，前流引後流不是兩個。前流即後流，後流又變成前流，前流又變成後流，如是不相知，所以不相知。「能引與所排無二」，能引跟所排也不相知也不是二，「能引與所引亦無二」，光用一個水做比喻這樣來說。「能排與能引不得俱」，引和排，前浪和後浪，兩個不能俱流，兩個俱流分不出前後，那就不叫前後。亦不得俱，所以不相知。

前後互不相知，爲什麼？各無自性，沒有自己的體性。因爲有無知無性而常流不息，不流而流，沒水了不流了，有水了就必流了。但是在體性上，流性不可得，無自性。生滅前後，前滅後生，前面滅了、後面生了，前面滅了、後面生了。一個牽引，一個排斥，互相的引排。這種意思是就法上說，小乘法也說生滅，不能從此轉注一方，因爲它不知道無性緣起。無性緣起，緣起諸法無自性，這叫無性緣起。「諸法因緣生，我說即是空」，它沒有自體的，空假的，這是比喻。它不相知，不相知什麼呢？不相知理。前後流各各不相知，各各不同。前流後流，一河之水，哪個是前？哪個是後？沒辦法分，這是一心，你分不出來。

在教義上把它分出來，心眞如、心生滅。心生滅是因著心眞如而起的，心眞如是依著心生滅而顯現的。心引發的性，就是性體，這個心是妄心。性不是心，這個道理大家想想。我們講的一眞法界，一眞法界不是我們的虛妄心，但是我們這個虛妄心是依著一眞法界而起的，沒有眞體，妄想也沒有。妄依眞起，妄能顯眞，妄可不是眞，妄盡還源。《華嚴經》教義當中有這麼一部書，叫妄盡還源觀。如流水，前流的是能流，前流的後排，是所流。能流所流就是一個流，又分什麼能所呢？但是前流絕不是後流，後流也不是前流，後流也不能超越前流，流到前頭去，這是不可能的。拿這個排水、引水來說，拿這個做比喻，我們往往對這個比喻都不能理解，它是顯法的，在法上你更不能理解。這些都說的事相，引證你的法。

拿人來說，我現在九十歲，九十歲絕不是三十歲，這是肯定的。九十歲還是三十歲的時候嗎？三十歲的時候他也不知道九十歲的事，他不能後知，沒有這個智慧。同是一個人，也同是一個心性，但是，九十歲所明白的道理，跟三十歲所明白的道理，絕對不一樣。但是，同是一個人的身上，並不是第二個人。十歲也是你，九十歲還是你，十歲所知道的跟九十歲所知道的，不一樣了。心還是這個心，六根還是這個六根，但是已經轉化，轉化到什麼呢？快要消失了，告訴你，這就是生滅法。但是這中間有個不生滅的，讓我們找到那個不生滅的，那就是什麼呢？妄盡還源。又有個觀，叫妄盡還源觀，妄盡了，還了原來的根本。我們看著九十歲，九十年、剎那際，就是一念間。一萬歲、十萬歲、一百萬歲，總起來是剎那間，還是現前一念。這個很不容易理解，要理解這個就成就了，悟得這個就成就了。

前人引後人，我們一個政府，前面一班的首長引到後面一班的首長，前面這一班的首長絕對不是後面的這一班首長，後面這班首長絕對排不到前面去，這是不可能的。前後合起來只是一個政府。這個道理如是觀察，觀察這個要靠思惟修。這就是問號，云何心性是一，云何有種種差別？任何事，時間、地點、條件、處所，對一件事情先分，什麼時候發生的？在什麼地方發生的？哪些人發生參加這個事？人、地、事、物、時，這五個是離不開的。但是這些都是生滅法，虛妄的，這個道理是要這樣理解。

一個人的肉體，所做種種的事，這段事跟那段事，絕對不一樣。大家出家的時候，最起碼得有十幾歲，出家之後，每一段時期不一樣，或者今天學學工藝，明天沒辦法了下崗又回去種田，又回去農業。不管你作農業也好，作工業也好，都是你在作，你的身體是一不是二，那你所以能用就千差萬別，用還歸體，都是你。一個是我們的自性，隨染緣而染，墮三塗變豬變狗變牛變馬，業消完了又回復人性，又是人。人也是妄見妄現，恢復你自己的心性，我想這個道理大家都會懂的。

能依所依，能依是一個體，所依還是這個體。這個道理是水的前流跟後流都是水，水在流，它們都依於水。十歲所作的事還是依著你這個身體，二十歲所作的事還是這個身體。身體消失了，所依不存在，能依也沒有，所以叫無自體。後後，所謂知於前前，也不是完全知道，今生現生，前生是什麼，你知道嗎？前生的上前生知道嗎？前生都作些什麼你知道嗎？從現生到後生，你知道後生要幹什麼嗎？但是這三個都是假的，前、現、後，前生現生後生全是假的，因為隨緣義。假的才常在變，眞的不變，不管怎麼變，最後還是歸於一眞法界。這些道理，我們拿金子來比喻，女人裝飾品打耳環，或者拿金子鑲金牙，作裝飾品，作華、作冠或者作獎牌，作什麼都可以，但是回歸原形，還是金子。儘管相殊，性不變。我們變畜生、生天、變人道，再怎麼變，性是一，那個不變的是一，這叫體。你變什麼是隨業報，隨著你所作的業在變，但是所作業的體不變。

我們當在家人的時候，搞工業也好，搞農業也好，現在你出了家，那個業都沒有了，還是你這個肉體，肉體沒有變。這個肉體也是假的，依著業所生的，依著惑業所轉的，業盡還源了，回歸你跟毗盧遮那是無二無別的，這叫體性。這一切，都叫妄。妄依著什麼立的？依著眞立的，妄盡了還歸於眞。因緣，因為緣，緣起所產生一切種種事物，緣起性空，緣起諸法沒有體性的。妄盡還源，因緣沒有了，這叫妄盡還源。妄依眞起，眞依妄顯，沒有眞沒有妄。沒有妄你顯不出眞來，什麼是眞呢？眞依妄顯。等到純眞，絕然無相，離言說相，離名字相，離心緣相，一切皆不可得。妄緣而生起一切諸法，它們是互相依存的，就像我們在這兒說，請法師講。講得有聽的，有聽的他才講，聽的得有講的，沒講的他聽什麼。講的是依著聽的嗎？還是聽的依著講的？大家想想看，和合的。得有聽的得有講的，得有因緣成熟的，才有這個法會，這個道理簡單吧！但是非常的深，說起來很簡單。

文殊菩薩所問的，什麼是往善趣惡趣？「業不知心，心不知業，受不知報，報不知受。」那就深了。問號是讓你相信什麼呢？相信業果不失。相信緣起諸法，相信一切法性空，總的說來是這麼個意思。現在是「菩薩問明」，讓一切衆生都明白這種道理。所以成佛，相信佛果的果德，這是聞佛的果德而生起信心。

以下有幾品經文，都是生信。只是求個信，信這種法。能依所依都是緣起諸法，妄緣生起諸法的。這種生起諸法，各各法都沒有體性的。但是含眞才能立，無眞不能立。含眞方立的一切妄法，沒有自己的體相。若能相知相成，相知相成是由無知無成，含眞才有一切法。沒有的而爲有，虛妄的沒有而有。我們這個肉體是虛妄的，沒有而有，有非眞有還要滅，你生了還要死，這相是假相，隨時在變的，你二十歲不是十歲的時候，三十歲不是二十歲的時候，但是你這個性不變。在《楞嚴經》上，佛問波斯匿王，說你幾歲見到恆河？他說：「三歲時，我媽媽帶我過恆河。」「現在呢？」「現在我已經六十二歲了！」「現在六十二歲跟三歲你所看的恆河那個見變沒變？」他說：「三歲看見的恆河，跟現在六十二歲看的恆河，還是一樣的。」性不變故，見性不變，能見那個見性不變。

在這個問題，我也產生問號。我到印度朝菩提迦耶，就是菩提樹。在《華嚴經》上說三會普光明殿，我到那想去朝普光明殿，可是沒有普光明殿！在經上所說，普光明殿離菩提迦耶只有幾華里，菩提迦耶場就是菩提場，說《華嚴經》的處所。這是妄，虛妄分別。文殊菩薩在五臺山隨時說法，我們見嗎？聞嗎？從這個道理，能依和所依，一切緣起諸法，說你還沒有這種緣，感受不到見文殊師利說法。這裡頭就夾雜了，後面講這裡頭還有業，也是緣起，你見了文殊菩薩，聞到文殊師利說法，也是幻也不是眞實。現在你在文殊師利菩薩的法會，參加文殊師利問智首菩薩的話，當時你在場也是妄，不是眞。這個道理，要知道，現在這緣還沒有生起，沒有這個緣起。

能依和所依，現在我們所依的全是妄，體相用全是妄，因爲還沒有明白，還沒有悟得眞心。我們那個眞心哪，自性的體性還沒有顯現。我們所有的知，所有的慧，是妄非眞。妄有非有，我們是把非有當成有。我們還有具足體性、具足眞性，有沒有呢？有。眞性隱了，不是失掉，而是隱了。爲什麼隱呢？我們一切的所作所爲，非眞故，眞隱了。隱到哪裡呢？就在妄裡頭。這時常要用功，要參哪。隱不是失掉，但是它又沒有離開，就是非隱，隱非隱。把這個非隱爲隱，隱沒的那個隱，隱不顯現的那個隱。法有沒有呢？有。有建立在什麼上？非有。我們這眞心，在不在？沒

菩薩問明品 第十

○釋 文

有一時失掉，跟佛無二無別。我們講〈大乘起信論〉、講《華嚴經》，說了無數次，現在還如是。不管我們理解也好，承認也好，不承認也好，不理解也好，常在！這個要觀，聞了之後要思，思之後要修，修而後才能證，證了你就完全明白。

妄法非有，我們計著有，計著有、執著有並沒有。我們的眞性，我們不知！我們認爲沒有，但是眞性常存在的。爲什麼不相知呢？因爲有許多妄有，把眞有給掩蓋了。現在我們肉體的這個有，是非有。爲什麼說非有呢？它既可壞性，又可變性，但是受眞所支持的，以是種種不相知，我們對眞一點都不知道，全依著妄法。妄法所依的還是依著眞的，妄依眞立，眞被妄所遮蓋而隱，隱者就是不明顯。眞變成無知，不能眞知，就變成無知。妄知非眞知，虛妄知道的不是眞知，這道理需要觀。拿水來比喻，水清淨的時候，月亮能在裡頭顯現，水的體若是清淨的時候，比喻我們自性清淨無染的心。若是水很淺、很混濁，水不乾淨，連喝都不能喝。這比喻我們那個清淨心，我們那清淨心本來是不染的，什麼染也染污不到它，不染而染。水本來是清淨的，被污濁了，水就不清淨，涵義是這樣。但是水再混濁，水性也不失掉。這個清淨心，雖然是染了，一切染法染不到清淨心，染而不染。爲什麼我們經常舉蓮華？我們是在纏的眞如，蓮華必須在污泥裡成長，底下必須得有污泥才能成長。在妄的當中才能把眞心顯出來，淨的體性不失。雖然水的混濁，雖然在五濁惡世，但是我們清淨的性，沒有失掉，這叫清淨心，染而不染。儘管是五濁的，貪欲、瞋愛、癡愛，這些把心染了，但是清淨心染不到的。就像這水，要把污泥都澄淨下來，如果一切惑業、迷惑都清淨下來，眞心就顯現了。

就以水來比喻，水若遇著寒，冷凍太大了，它就變成冰，冰是硬的，水是軟的，但冰有冰的作用。我們這染心，也就是我們這個識，前面講如來藏性，一念不覺，如來藏性與無明合，就變成什麼？變成八識、阿賴耶識，染淨和合。冰一遇到熱，溫度高了，它又變軟了。在事上，我們眞心的作用，所起的是善性的，還讓你還原，即事而成眞，那就到事變成理。事被理所成，理被事所顯。因冷而變成冰，冰有硬，硬有硬的作用，變成水，水有水的作用。遇著暖了，溶解了，冰就軟化，就變成水了。我們遇著淨法，淨法熏習染法，我們那個識又回歸本來的清淨。這就是〈大乘起信論〉所講的熏習義，染法熏淨法，淨法轉化為染法，淨法熏染法，染法也變成淨法。我們的煩惱，生活當中所現的煩惱，你經常聞法、經常聽法，經常求三寶加被，漸漸就還原了。一切的災難相，一切痛苦，漸漸就知道了，知道是假的。淨法熏染法，染法亦成淨，就是這個道理。水隨地的高下，水在高處，就成了瀑布，它那流動性就不同。把你所不理解的，你認為很深的，沒辦法進入的，經常用世間相來形容。

文殊師利菩薩所說的法、所給我們的教授，讓我們生信，他都用世間相說的。他說的醜陋、苦樂，「業不知心，心不知業」，這些都是世間相，他的問號都是世間相。覺首菩薩答他也是世間相，下一個偈頌就用火。

亦如大火聚　猛燄同時發
各各不相知　諸法亦如是

我們說的火苗，光燄吧！你看放燄華的時候，前面燄華熄了，後面燄華生起了，前面燄華熄了，後面燄華生起了，究竟熄滅，沒有了。大火聚同時發，發的燄不知燄，「各各不相知，諸法亦如是」。覺首菩薩答覆的時候，也用一些世間相答覆，你往世間相上去想。因爲我們都是信位，入信位的菩薩，只能用世間相來形容，他才能理解。這解釋「燄」，火燄，前燄滅了，後燄又生起了，前燄不知後燄，後燄不知前燄，燄火如是。前燄未滅、後燄沒生之間，前燄的體跟後燄的體，是一個還是兩個？前燄知道後燄嗎？後的燄火又知道前燄嗎？無所知，「各各不相知」。一切虛妄之法，也是這樣，剎那間生滅，一剎那九百生滅，我們一念間九百生滅，它立不住的，不能自立的。前念已滅，後念還沒生，很短暫時間，什麼都不知道。從生起到滅，它沒有實體讓你可知道的。我們不知道自己前生的事，前輩子怎麼死的？今生又怎麼生的？你拿這個來想，回歸你自己。

這類故事很多，有時候並沒有迷，他這個肉體失掉了，他這個又生了，他一看見手也小了，腳也小了，簡直變成個小孩了，這不是我了。他回憶自己前生要死的情景。他死的時候，死了三次，後來他沒死，若是他死了，他跟我講不成了。他死了三次，每次死的情況，他自己很清楚。已生了，前面滅了，滅是怎麼滅的？生是怎麼生的？生有沒有個體？滅有沒有個體？滅的體滅了，這個生體又從什麼地方來的？這個新生的體，跟前面那個滅的體，是一個是兩個？這裡有好多問題要思惟，你才能進入法。

「大火聚」，我們懂，但是一用它來形容法，我們就不大清楚。這一品跟大家說講的時間會很長，原因是我們要懂。不是我說而是大家思惟想，文殊菩薩所問的，覺首菩薩所答的。而後九首菩薩都問文殊菩薩，文殊菩薩一個一個答，這也要你去思惟。我們學習的目的，特別是〈菩薩問明品〉，要明白，如果沒明白的話，好好的多學，必須學明白，這個道理是我們生死的大事。不是一生，而是以後的無量生，假使你現在覺悟了，你的識，這種種子種下去，生生世世都要探討這個明，一直到你成佛眞正明了，究竟明，這就是智慧。

「菩薩問明」，我們很不容易明，所以現在有種種煩惱，原因就是不明，明了煩惱就沒有了。在經文用種種的比喻、比方、形容，目的是讓我們明。往往在形容、比方當中，如果不細心的話，不用心審諦（審是審察，諦是觀那個道理），不容易進入的。在日常生活當中，就是吃飯、穿衣，你用心觀察一下。有時候是慣性，每天到時候一定打板吃飯，早晨起來，這是慣例，習以爲常。突然一改變，就是你在生活當中一改變，你又不習慣。例如未出家之前的生活習慣跟出家之後的生活習慣，

菩薩問明品 第十

○釋 文

這兩個是不同的。在家庭跟你共住的都是自己的六親眷屬，你出家了到寺廟，生活同住的人都不同。這個好像是很疏遠，在家庭從小到大好像很親近，等你住久了，這個很親近，那個就疏遠了。世間法跟佛法，要經常觀察，如果你把它隔離開，世間法是世間法、出世間法是出世間法，那你沒法進入！要把在家跟出家當成是一樣的，法是一樣的。我們講這些道理，你可以看人的變化。

我沒出家之前，剛到北京，我看見梅蘭芳，他一上戲裝，鬍子一刮，本來是個男性，變成女性，比十七八歲的姑娘還美麗，臉上畫胭脂粉，很厚的。在戲裝上，你說這個是眞的是假的？當然是假的，戲裝不是眞的。沒上戲裝的梅蘭芳，是眞的是假的？一般人認爲這是眞的，其實還是假的。現在他死了，假的也沒有了。以這個道理去想，我們每一個人都如是的。像我們比丘尼道友，妳一落了髮，自己都感覺變樣了，不是原來的樣。再加上穿這個服裝，沒見過這服裝的人，看見我們，你說他怎麼樣看法？從這些世間相，你去體會思惟，是眞的是假的？這個整個世界現在打仗也好了，飛機兵艦，到底眞的假的？這是現實事物，這個現實事物依時間的變化，再過五十年又是什麼樣子？從這個道理，你又來聽這段經，「問明」，怎麼樣能達到明白？生從什麼地方來的，死了到何地方去？這是大問題。爲什麼在生的時候，什麼都放不下？感到死了什麼也提不起來？反覆這樣思惟，多思出智慧，不明白你多想想好了。因此，我們再想想文殊菩薩怎麼樣問的？覺首菩薩怎麼樣答的？

文殊菩薩問，「佛子」，這是稱覺首菩薩，「心性是一，云何見有種種差別？」那心性就不是一。心性是一，云何又見有種種差別？哪些差別呢？所謂往善趣生，往惡趣生，眼耳鼻舌身意諸根有圓滿的、都具足的，也有缺陷的，同是一樣受生，但是有同有異。有的生的母子平安順利，有的生的母子不平安不順利，乃至端正醜陋苦樂不同，這都是差別法。文殊師利所問的，心性是一，爲什麼有這些差別？造的業不知道，爲什麼造業？業不知心，心也不知道所造的業。造完業了，再受報，受種種的差別報，受不知道，這是報。遭報應了，報也不知受，心不知受，受不知心。因緣所生法，因並不知道緣，緣也不知道因。「智不知境，境不知智。」文殊菩薩問了這麼多，每一句就是個問題。答呢？是覺首菩薩答的。

覺首菩薩答的時候說，仁者，你問這個道理，我知道你的目的，你當然比我懂得還多！十位菩薩都是平等平等的，都知道。說你問這個意思是來令一切迷惑的眾生，不明白的讓他們得而知曉。但是我如理答，你問的很多都是事。心性是一是理，但是以下種種的分別都是事。我現在用理答，理能顯事。事呢？所有答這些問題，加以分別，加以解釋，事還歸於理。因爲我如理答，希望仁者，稱讚文殊師利菩薩。「惟仁應諦聽」，惟願仁者你如理地聽，我是如理地答。如理答就是性，其實文殊師利菩薩也是從性上問，性是一，爲什麼相上有那麼多不同。

這些道理如果我們答，說人，是人不是人？說這個是人不是人？說這個不是人，是馬！通得過通不過？明明是人，爲什麼說他是馬？你講個道理聽聽，就是這樣涵義。同是從理起問，以事還理，答的時候是在事相分別，之後進入理體。若按性答，告訴你們諸法無作用，亦無有體性。諸法是種種樣樣的，說你所見到的，有情的無情的，乃至花，乃至墊子、坐椅，就是一切相無作用。你安排它什麼，讓它服務，沒有作用的。但是各各不相知，爲什麼不相知？因爲沒有體性，它不是有情的，沒有體性，其實這一句話總答就完了。問那個性本來是一，爲什麼有這麼多變化、種種不同？性雖是一，它是因緣而生起的又不一。不一的一切法是幻化、沒有的，還歸於一，這就是「因緣所生法，我說即是空」，空的，沒有一切法。這樣答，看著是很簡單，不能進入。答的時候也很複雜，要把這個體開闊起來，那就複雜了。

你怎麼樣理解呢？就從自己說吧！要把它分析分析。就說人的身體，零碎太多了，就是一個機器，大家知道很多零件，一隻手錶就有很多零件。你還不曉得你的身體零件多得很。爪生髮長，脈轉筋搖，心肝脾肺，你想過嗎？甭說別的你沒想過，連眼皮上頭的眉毛，你也不知道好多根，你知道你的頭髮有好多根嗎？你想過嗎？它怎麼長的？女眾沒出家以前，洗洗頭就是了，現在剃光了。指甲蓋爲什麼會長？長出來是硬的，不是軟的，它是怎麼長的？這叫爪生。指甲蓋、腳趾蓋，隔幾天得要剪一剪，爲什麼爪生？皮膚底下的筋脈是搖動的，它一時都不會停的，停了就麻煩了，沒辦法作用，你知道嗎？皮裡頭的，皮外頭的，要問你說你身上有好多汗毛？

那就沒辦法答，誰也沒數過，誰知道有好多汗毛。爪生髮長，脈轉筋搖，這些東西你都不知道，這就是零碎。這些零碎缺一個都不行，運作就有困難。哪一個不靈活，就害病了。這是你看得到的，心肝脾肺你看不到。這些零碎，就我們自己有好多零碎，還不知道，是這樣子組成的，不是眞的，全是假的。就像我們打造個桌子，蓋間房子，有時它比你身體壽命還長些，你死了，你兒子又住，這一間房還能傳幾代人都能住，但是你這肉體不行。把近處觀察了，先把自己分析，換句話說解剖。

我有一位醫生弟子是專門解剖的，假他的關係，我看見他所解剖的人體。所以醫生在解剖人體，當他動手術給人開刀的時候，沒有把你這個人當個人，如果把你這個人當成人他不敢下手，爲什麼醫生不給自己的親人，爸爸媽媽或者害病，不敢給他動手術。他若想這是我媽媽，刀下不去了。你看那個解剖的，或者醫生治病的，都給你蓋上，只把他要解剖的露出來，他拿刀就開始切，就像我們在廚房切肉一樣。如果心裡頭一轉化，他治不了了。爲什麼？所治療的物件，在你心內？在你心外？你根據現實，你說你的心，把你這個肉體、你這個眼睛、你這個鼻子，當你的心內？當你的心外？平常可以這樣參。這是外物形，手腳，你說這手腳在你心內？在你心外？說在我們心外，那又不對，你的心指揮它，你的心想動它才動，你沒有指揮它，它不動。有時指揮失靈了，爲什麼？它不聽你指揮，就是它有毛病了。你的心不是那麼靈活的，指揮不動了，怎麼辦？找醫生，這叫病。

你每天都如是吃飯，都如是排泄，都如是吃，突然間不聽你的指揮，一天要排泄好多次，你控制不了，控制的了嗎？這叫病。無緣無故的腦殼長個疱或長個瘡，那是地大不調。排泄了，水大不調了。鼻子火衝破了，或者火大了，火大不調。地水火風四大不調，每一個不調有一百零一種病。是諸法自己生起的嗎？有這個作用嗎？諸法自身沒有作用的。因緣和合，你健康成長，因緣一出了問題，身體上火大偏多，發高燒了。水大偏多，瀉肚子、排泄、水腫。地大偏多，長瘡、長癤子，這冒一個疱，那冒一個疱，地大偏多。風大偏多，中風。所以說地水火風有四百零四種病，這是佛所教授我們的。你懂得這個道理，爲什麼？知道諸法建立在什麼上？有建立在沒有上，因爲沒有才說有。諸法是緣起的，因爲緣起法沒有自體，很多緣促成的，所以叫性空。因爲空才能建立諸法，不空怎麼建立？所以「性空緣起」，「緣起性空」。文字上你聽了不大懂！還有「菩薩問明」本來是加了些比喻，用水用火用風，如果沒有這些比喻還明白些，這一比喻你反倒糊塗了，莫名其妙是怎麼回事，就不明了。

大家學《華嚴經》，或看看〈疏鈔〉，或者看看〈疏〉，清涼國師先著〈疏〉，後來他弟子要求他，〈疏〉太深了，又著了〈鈔〉。如果初入門的，越看越糊塗，直接看經文很簡單，漸漸深入，所以學習的時候得有方法。〈疏〉和〈鈔〉是給你分析，幫助你不認識的，來給你分析。因爲那些大德都是在唐朝，那時的文字很簡略，用一個字，你根本不知道這個字什麼意思，連這個字還沒有認識呢！這個字所表達的你能認識得到嗎？你更認識不到了，所以是越看越莫名其妙，本來是叫我們明，反倒不明了。我們有些道友讀《華嚴經》讀上一年兩年，就產生一種小明，但是沒有大徹大悟。當你讀一遍讀兩遍讀十遍，理解不到什麼，當你讀到一百遍一千遍甚至到一萬遍，自己就得到它的道理。

文殊師利菩薩啓發衆生的信心，讓信入，這幾品都是以文殊菩薩的方便慧爲本。學習的時候要有耐心，耐心是你的心能忍耐，一遍不懂看兩遍，兩遍不懂看三遍。或者再問別人，問那個懂的。或者同學之間互相檢討、研究、討論，能夠進入的。那叫什麼呢？增加你的智慧。這段文殊菩薩的問答，文殊菩薩他這個大智慧，對這種涵義，所謂顯義，他當然是明白了，爲了讓一切衆生都明白，這些大菩薩互相問答，讓衆生能夠在問答當中增加智慧，這是一種大慈大悲心，叫弘法利生。說的是稱性而問，也就是稱理性問，答的是如理答。理能夠顯事，事能讓你還悟得理，這樣就通順了，通順無障礙，無障礙你就明白了，明白什麼呢？沒有生老病死。

那是自己現生所受的，像我們在生老病死當中所受的，具體現實。不但有，而且很深刻地有，說它沒有，不相信，說眞的不相信，說假的差不多。爲什麼？現在的我就是假的。因爲要說我們所造的業，所作這個業，就是苦的根本，若不造業就不苦了。誰能肯放下不造業呢？能放下不造業那個，就是菩薩。要達到的目的是讓一切衆生不要造業。可是不要造業，怎麼進入呢？那就好了，讓你造善業，別造惡業了，惡業是進入不了的。惡業要受報，善業受報不？善也要受報，那是好的報，人人不要求幸福、求快樂？那受幸福的報，快樂的報，不是苦報。受是領納爲義，誰都願意受樂，不願意受苦，這個道理恐怕大家都通得過的。

有人想生病？我看一個都沒有，歷史上，無論多大英雄豪傑，若提到病沒辦法，一病槍也舉不起來，刀也舉不起來，手都舉不起來，還能去跟人打仗？只能當俘虜。而且病很多，若不是因爲學佛，佛教授我們、教導我們，我們才認識什麼叫病！什麼叫病？貪瞋癡慢疑，身邊戒見邪，這十樣東西生起無窮無盡的病。因爲有個肉體，剛才我們講地水火風，一個有一百零一病，四大種就有四百零四病。種子就是這樣，一定要生病，生的苦你不知道，老的苦你不知道，你受受就知道了，現在要跟你說八十歲的事，有些老居士可能領略到了，老是什麼滋味，老本身就是苦，生老病，老了不害病很好的。那個病不分別了，小孩生下來，乃至在媽媽肚子裡就生病了，生下來就治病，這樣的也有。生老病死這四種誰也脫離不了，但是都是假的，緣起的。當你受的時候，受不知報，這是報應，報什麼呢？報你過去生所作的。在你受的時候，不知道這是報應，因此就互不相知。

文殊菩薩問的很簡單，說性體是一，爲什麼有這些差別？覺首菩薩答的也很簡單，法性是一，但是所有一切種種現相，這些現相怎麼產生的？答覆這些現相怎麼產生的，又怎麼能夠還原？又怎麼能回歸？因爲這些諸法本身沒有作用，也沒有體性。互相之間怎麼能了解呢？不知道。體性是一，那差別太大了，就互相各不相知。我們心裡所想的，我們認爲我們的心能都知道，眞的知道嗎？不知道，爲什麼？這個心是妄心，所以不知道。

把問答的總情況，跟大家介紹一下，大家再來學習經文，就容易懂一點。《華嚴經》的道理現在才開始，還沒有深入。感你到十住、十行、十迴向，一步比一步深。如果你現在沒有這麼個信，沒法學後面的經文。前面一開始，〈世主妙嚴品〉、〈如來出現品〉、〈普賢三昧品〉、〈華藏世界品〉，乃至〈世界成就品〉，那是舉果德，讓我們信。信就要假分析了，我們的信怎麼能生起呢？這一品一品往下就讓你信。光信進入不了，還得行。信之後就要解釋，明了要作的方法，作的方法會了，就去作了。作了就能漸漸證入，證入有很多次第，最後才能達到究竟，這是從凡夫地，一直達到妙覺如來。

這部經學完了，從初開始發心，生起信心，要達到究竟成就毗盧遮那，當然很深。因此，在學的當中要善學，也就是要會學，先掌握得住學的方法，這段經文你不懂，聽了也還是不懂，不懂就要有耐心。雖然不懂，從不懂能夠漸漸地稍微懂一點，懂一點你就有興趣，之後漸漸地深入。就像你將出家，出家之後一落髮，廟上的規矩、生活習慣，跟以前的完全不一樣。看著還是穿衣服、吃飯，穿的衣服樣式也不一樣了，吃的飯清淡了，沒有葷的，也不一樣。

還有人家做什麼你吃什麼，你沒有選擇的力量。過齋堂，你敢到廚房去說我想吃點醬，去到廚房拿點鹽巴，說我口味重，你敢去嗎？許可你去嗎？所以不一樣。你在家裡頭可以跟媽媽要，或者自己去拿，這裡就不行了，生活習慣都不同。說你想怎麼著，不行、做不到，這叫規矩。學習也如是，你以前所知道的都得放下，那個方法用不上。因爲你那學習是分析，或者從知覺、感覺開始。說這感覺是假的，你所知道是虛妄的，你就莫名其妙。喝水的時候，說水不是水，你更莫名其妙，因此把那個習慣變成這個習慣。

我在答上跟大家多解釋一下，因此又重覆說了半個小時。目的是什麼呢？使大家學的時候能進入，那產生興趣，學的才高興，天天聽著簡直是，這位老和尚說些什麼呢？完全不懂，常住規定的，不聽又不行。不像在家的道友們，他聽不懂就走了，現在我們沒有什麼，天氣冷了，他該走了，他就不聽了，我們不行，上課你不來，一回不來，兩回不來，到三回不來，爲什麼不去聽課？在屋子裡幹什麼？煩惱就來了。本來是學智慧的，智慧沒有學到，先學起生煩惱來了。

因此，學什麼必須得有興趣，學什麼把你全部的精力、精神注重在這個上面。例如他答的是「諸法無作用」，一切諸法沒有作用，這句話懂嗎？有作用沒作用？

你只是在相上瞭解，因為一切法沒有體性的，無作用是照體性上講。說一切諸法不但沒有作用，不但沒有用，為什麼？它沒得體，沒得體還能有作用嗎？有體才能生起相，有相才生起作用，沒有作用是說沒有體性，這就容易懂了。「此不知彼，彼不知此」，諸法互不相知。為什麼各各不相知？沒有體性。沒有體性就不相知，但是你這個體性不是他的體性，他那個體性不是你這個體性，他做什麼事你不能了解，你知道他是什麼事嗎？不知道，但是這是說虛妄的體，若是達到如來的眞體，達到諸佛菩薩、大菩薩，到了十住，到了發心住，相似懂得這個體。我們從學知道的，知道這個體是什麼呢？法身。一切諸法體，一切諸法體是空的。但是這個空又是不空，所以此經上講，空如來藏、不空如來藏、空不空如來藏，反復迴圈的道理。但是你沒能深入，不能跟諸佛同，所以一切法是種種樣樣。

這個你隨便拈哪一件事，就是哪一件事的法，毛巾是幹什麼的？幫助你打整清潔的，這一法只能起這麼個作用。它的體？體沒有，沒有體幹什麼呢？說它可壞的，你把它當垃圾，丟到垃圾桶去，消失了，壞了。說這個具體的人，有身體，但是它不是長久的，不是固定的，可壞性的，說它沒有體，不是堅固的，不是不可壞性的。沒有體，能產生什麼作用？沒有體就是沒有相，沒有相就不能產生作用，諸法無作用。為什麼沒有作用呢？沒有體。因此才說「是故彼一切，各各不相知」，這個道理你要這樣思惟觀察。

○釋 文

文殊菩薩問說這種種的法，善趣惡趣、六根的滿不滿、受生的同異、端正和醜陋、苦和樂不同，能造業的是心，可是所造出的業不知道是心所造的，業不知心。造完業了，你這個妄想心不知道所造的是造了業，這個業要受報的，你不知道。知道的時候不敢做壞事，不敢造業。造善也要受報，不是善有善報，惡有惡報，不報的沒有，沒報是時候還沒到，到的時候自然就報了。知道這個，但是心不知道所造的業，還要受業果的。業在受的時候，受也不知道這是酬報，報的時候也不知道受。答覆的時候就跟他說，爲什麼不知道？諸法無作用，沒有體性的，所以他不知道，各各不相知。文殊所問的，在這個偈頌裡頭就答了，這是按「諦受」說的。但是這個解釋很多，因爲諸法從緣起的緣，有種種緣，我們經常說遇緣了，這個事像從天上掉下來的，突如其來的！這種事沒有，它是緣起的。因爲我們沒有這樣分析過，如果你分析，無論這件事大小，一飲一啄，喝口水，吃口飯，莫非前定。一飲一啄都有一定緣的。

「各各不相知，種種從緣起」，一切法是從緣起的，緣起的沒有自己體性，所以各各不相知。說緣，沒有體也沒有用。清涼國師怕我們不懂，又給我們作種種比喻，說河裡的水，水沒有體用，水有什麼體用？沒有體用。水，這個水跟那個水，這個河的水跟那個河的水，水跟水不相知。形容我們眼耳鼻舌身意，各是各，這是指根說的，所以它不相知。因爲緣起的，緣起的相是假的不是眞的，眞的不壞，假的可壞，沒有自己的力量，沒有自己的作用。眼根只能對色，不能知道色，只能對，只能起幫助作用，眼根對色。但是中間有個識，識就分別了。色總說只有兩種，明、暗。眼根雖然壞了，識裡頭有見，根壞了不能見明，它能見暗。瞎子眼根壞了，你問看見看不見？唉，我看見都是黑暗。見明，見暗，這是識。識也如是的，互相不相知。因爲緣起是假的，緣起諸法是假的，它是空的，這樣來建立的假，緣起性空，這不是講空性。有一種是頑空，什麼也沒有作用，就是空間。但是我們講這個空是性空，性空不是頑空。性空是稱性而起的空義，這個空義不空。緣起性空性不空。爲什麼？它能建立一切緣起法，它就起到體、相、作用。緣起是互相依存的，互相依存的意思，就是因爲有眞理。眞理，我們經常講眞理，緣起是依著眞理而起的，緣起諸法也講道理。

同樣的緣，同樣的因，爲什麼不起？性空隨緣，隨緣義不同！隨緣義不同，生起諸法不同。緣不具足，三緣五緣。爲什麼有的夫婦要求小孩，他不生。有的夫婦一生生了好多個，又限制不許生，那是法律，跟這個沒有關係。沒有這個緣，人家有這麼一句俗話，雖是社會上的話，但是很合乎道理，跟佛教義合。「有緣相聚，無緣不聚。」兩夫婦和氣，女性是能生義，爲什麼她不生？緣起的緣不足。什麼緣呢？這叫業生。兒女是債，得有這個債的因緣。有討債的，有還債的，下一代是因你跟他有緣，才緣生的。這個緣，有惡緣、有善緣，無緣不聚。說你欠人家的，人家欠你的，報來了，你要還報。兒女是債有討債的，有還債的，無債不來。

有道友想要生下一代，爲什麼沒有？你不欠人家的，人家也不欠你的，沒有緣。不是說你多生都沒有緣，有有緣的，緣不成熟，沒有遇到。那就到廟裡來求吧！求觀世音菩薩，觀世音菩薩大慈大悲，觀世音菩薩經常送個小孩，送子觀音。你求了能有，那是假菩薩的緣。但是也得有因緣，有三寶加被的緣。有討債的、有還債的，這個問題很嚴重。爲什麼很嚴重呢？以中國的風俗人情，慣性的力量，如果你連個小孩都不生，說明這家人缺德，斷子絕孫。社會上都看不起你！這也是緣，外頭的緣促成你。要把一切法看成是種種因緣所生的。因緣所生的法不是眞實的，因緣所生的法都是空的。佛所教授，「因緣所生法，我說就是空，亦名中道義，亦名爲假名」，假名而已。關於眞和假，在我們腦子裡非常複雜。把假的當成眞的，却把眞正的早丟到很遠，跟他毫不相干，邊都沾不到。

我們學佛是善根發現，才知道什麼是眞實的，什麼是假的，什麼是業障，什麼是緣起。緣生沒有自體，這個自體說的是性體，法性的那個性體。沒有自體的，就沒有相用。說那個水，是我們人喝的，水有用處，用處什麼呢？能解我們的渴，水的自體沒有什麼用處，你把它喝了，它能解渴嗎？沒有這種用意。因緣相是假的，緣起的沒有力，沒有自己的生存，常住義，是假法，不是眞法。因爲它沒有體性，沒有體性，這叫虛妄緣起。因爲虛妄緣起，就顯它的體，是什麼體呢？性空。緣起諸法是互相依存，緣必具因，因必能具緣，才能生起。果，我們現在這個人體，人體是果是因哪？過去的因，現在的果，所說的果是因緣所生的，因緣本身沒有體性，所成就的果也沒有體性。因是怎麼立起來的？因是果顯的，因因果立，因是因爲果顯的，因也無體性，果是因成的，因無體性。緣是因果立的，果必具因，它也沒有體性。因沒有體性，怎麼能有感果的用途呢？果沒有體性，它怎麼有酬答因的能力呢？你如是去觀察一切事物。

比如說水，水有什麼作用？水能滅火，火災來了，水大了就把火給滅了。水能資助人的生活，如果沒水了，我們活得成嗎？水還是有它的作用。這是讓你懂得這種因緣果報的道理，懂得因緣生起，緣起性空的道理。它若沒有用，沒有用離開，又不可得。這是說人，他本身沒有用，人是依靠這些緣，人沒有這些緣，沒有地水火風的緣，怎麼生活？這是廣義這樣講。緣起諸法各各不相知，用這個來顯。比如說水，水有流注性，有靜止性。說火，火有生起，有火燄，有火的起滅。風，風的動作是靠其他的事物顯，風自己顯不出來。什麼叫風？樹動，看著樹葉、樹梢動了，起了風了，得假人的感覺到，起了風了，它自己沒有自己的任性。大地有任持一切事物的體性，它任持一切事物，一切事物都靠地所生長的。水有流動，火燄有起滅，風有動作，地有任持，這四種法是眞妄相續。

依眞而起的妄，這些妄用是依眞起的，沒有一眞的法性，一切法全不安立，全沒有。妄爲依眞所持，妄用依眞起，妄爲眞所持。

一個比喻有十種涵義，這水，我們只念前面的十種，助大家思惟修。「前流不自流」，它是怎麼流的？後浪催前浪，也就是後排催它流的。前流無自性，因爲無自性，不知道後面的水，它有自性就知道後面的。後流雖然排前流，它不能超出去，絕超不到前流，後流不能排前流。它能到前流的位置，又隨前流所轉。這偈子說，「前流不自流，由後流排故」。怎麼排前呢？可是到了前流的那個位置，但又不能停，它又流了。它永遠不到前流的意思就含什麼呢？它到不了位，到位走了，不停的。所以前流不知後流，後流不知前流。

又者後流不自流，由前流引，前流引導它往前流，後流就隨著前流。因爲前後流都不知道它的自性，沒有自性。所以不知前也不知後，前不知後，後不知前。拿這個比方我們這個心哪！得把這個比喻跟你的心相合，它沒有自性，沒有體。前流只能把後流往前引，不能到後流來，水不是退的，這個道理是懂的。能排與能引，兩個是一個，故不相知。能引與所排，是一個不是兩個，所以不相知。能排與所排，也不是兩個，所以不相知。能引與所引也不是兩個，所以故不相知。後排與能引，不能同時。前排引後排，後排跟前排所引的，兩個是一個，互不相知。所排與所引，不能俱、不能同時，所以不相知。前後互不相至，至是到的意思，不能到一起。各無自性，由這個無知無性，才能永遠如是流注。這叫什麼呢？不流而流。

我們以喻合法，說我們的心眞常流注，眞常永遠是這樣。心是依眞而起的，說我們這個心，妄心從來不停歇。狂心頓歇，歇即菩提。如果這個心靜止下來了，定了，就開出明來了，問明嗎？那才眞正能明。現在我們的心不明，知道你的未來嗎？今天不知明天事，今晚脫了襪和鞋，南方叫「孩」，今晚脫了襪和孩，不知明日來不來。到床上睡覺了，襪子脫了，衣服脫了，明天早晨還回得來，回不來，醒不醒？誰也不知道，這叫無知。

一切水本來是互不相知，形容你這個心，前心消失了，後心又相續生起。後的心不知道前的心，前的心也不知道後的心。今日不知明日事，就是這個涵義。這叫無知，拿它形容法。

現在的念念生滅，我們的心，我們的人體，或者我們的心，念念生滅，你知道嗎？認識這個生滅嗎？生前滅後，前念滅了，後念又生起了，永遠不停的，這叫什麼？這叫眞常流注。我們以爲人死了，停歇了！我們認爲人死，就滅了，這是錯誤的。在佛教授的教義中，這個報完了，那個報又來了。因中有果，果中又有因。今生所受的，前生的生滅因果，今生這個因果息滅了，後面的因果又來了。因果相續，生滅相續。生滅不相續是斷見，常時如是生滅就是常見。佛教是教你消滅斷常二見，你看問題的看法，看常了不對，看斷了也不對，這叫作中道義。生滅的前後，前面滅而後又生。前念起了，後念又生起來了，生起這個後念又變成前念，它又息了，後念又生起了，念念不停的。你們現在是用耳根聞嗎？是用心聞嗎？這是聞法。耳根也有，先用耳根，但是你心裡要注意。耳根聞，聞了你那心裡就要同時分析，剛分析前句話，我這後話又來了，這個道理懂吧！剛聞到前句話，前句話過去了，那後句話又來了，這個中間，說很長嗎？不長，很短。說很短嗎？不短，如果我們這錄音就錄到這裡，它就永遠是這一段。

假這個可以顯示，生滅的以後，生滅的以前，前念滅了，後念生起。現在這個念，一會兒變了前念，過去了，後念又來了。當前念沒有離的時候，後念在哪呢？你要觀，思惟修！念不停的是念不住，這叫念念生滅。如果能達到念止、念存，念頭就止於此，這叫寂靜。這個生出來就是明，明就是智慧，就是照。你這個念、這個知，是生滅的。寂靜、慧是不生滅的，文殊菩薩大智，覺首菩薩大智是不生滅的。這個水，引證前流、後流、不自流，通通都是指身念說的，身念也如是。乃至，此前彼後，彼後此前，佛初步的教義就是小乘法，當處的生滅，不轉到餘方。大乘的教義不是這樣的，無性緣起，緣起無自性。

我們現在是對著所依的一切境界，我們的心跟所依的外緣境界，沒有離開境，現前生活中的境都是妄境，依著妄境生起妄心，我們的妄心就被妄境轉了，這叫心被境轉。如果我們學了佛，聽到這種道理，心能轉境，心不被境轉。比如說苦，苦有什麼標準嗎？苦是沒有自性。這個道理，可得要思惟修，不是語言能達得到的。

思惟修，明明是苦，這是無量劫來妄心所執著的。既然諸法無自性，苦法也沒有自性。什麼叫苦？相對生起的，是對著樂說的。舉個例子，把你關起來，關十年、二十年，那很苦，沒有自由，關在小房子裡。但是我發願閉關，也是在這個小房子裡。他是自願的，不苦，自己可安靜了，想修道了。如果是被人家關起來，那就苦。

因果，現在社會上男女說不能交朋友，乃至到我們這兒來，授受不親。現在的青年人，能限制到這個？什麼法律也限制不住，他會給你衝破，根本不管法律不法律，他就要交。現在我們這裡的和尚、比丘尼是自願的，你叫他交也不去，他交什麼朋友！交朋友犯戒了，這戒也是假的，也不是眞的。從這當中，你要思惟，一個自願的，沒有逼迫性。一個被動的，逼迫你這麼做。你們看電視，看國王、王子，好多人羨慕得不得了，他本身又如何？感覺得很苦。大家看過順治出家的〈證道歌〉沒有？他生到帝王家，好多人求之不得。他可不同，認爲很苦。他說：「黃金白玉非爲貴，唯有袈裟披最難」，披袈裟最難了。那是他悟得了，他心裡知道。我們出家道友，當出家念頭很強的時候，人家不收你，一次不收，兩次不收，你爲什麼志向堅定，非出家不可，什麼力量驅使你的？我們好多道友經過了，到這兒來得勞動一年。若是在家，或者你爸爸，你媽媽要你去搬磚運瓦什麼的，你才不幹，鬧翻天了。現在不用叫你，你高高興興的去，什麼道理？緣起諸法，這是緣起。

心性是一，所遇環境的不同，客觀的現實，都靠你自願。有的是很慢的，有的是剎那的。清涼國師舉例，比如兩個人，同走一條很窄的窄路，只能單行一個人，你擠是擠不過去的，只能順序而行，這就是緣。緣已經鑄成這樣，只能是這樣，怎麼超越？你不可能超越。我們學道、學法，看著是超越，超越不了的，說大乘、說小乘，說頓超直入，你是無知。有知了，你知道無量劫的因果，無量劫的緣起，你就懂得了，這是形容詞。比如水流，後面的水能超過前面嗎？前面引你，後面順序，才能漸進。佛說法有頓、有漸、有圓，爲什麼？看你是什麼機，是對機說法的，因爲你這個機成熟了，成熟的原因是你過去學過了。

例如你在社會上讀小學、讀中學、讀大學或者幹什麼，你出家了，以過去社會上知識所學的來學佛學、學經、學論，在事上你已經過了，那你求悟理。理能頓悟，事上必須得漸除。不過理性頓悟了，你再學事，就快速了，依理成事。懂得這個道理，你在修行當中一步一步走，學法當中一分一分的學。因爲我們思惟觀修，絕不要離開，我們學的是文字，聽的是語言，更主要的是依語言、依文字引發你觀修。如果過去有宿習、學過的，你現在能夠頓悟。過去沒有學過的，你還得漸漸修。這就是華嚴的教義，理雖頓悟，事上不行，事須漸修，事上你還是得一步一步走。善財童子給我們表現得很突出的，一個善知識一個善知識的參，一個一個的修，一個一個的悟，一切法都如是。華嚴教義也如是。例如我們皈依三寶，皈依是我們無所依。歸（按：或作「皈」）向佛，歸向法，歸向僧，是依佛、依法、依僧。能依的是現在的我，就是我們發心受三皈，所依的是佛法僧三寶。因爲佛法僧三寶能啓發你成就，啓發你離苦得樂，這個樂是指佛果，脫離苦難是指以前的一切世諦。這些世諦是什麼苦呢？生老病死苦吧！你若是斷了見思惑的二乘人，沒有這個苦，二乘人還有變異生死苦，大菩薩還有無明習氣在，必須達到究竟佛果。

我們現在發心，能依的沒有自己體性，你這個體具足跟佛無二無別的體性，能依所依是一性，什麼性呢？佛性。能依的是我們衆生，所依的是三寶，一性。我們本具的跟如來所成就的，能依要達到所依的境界，必須依法，法就是次第。僧是你自性的，佛跟法和合了，就是和合義，達到了你所依的，法即是佛，佛即是法，佛法僧三寶是一體的。現在我們能依者，不知道佛。佛知道我們的過去，也知道我們的現在，知道我們過去所種的善根、業，應以什麼法度你，就給你說什麼法。等你成就了，能依的跟所依的，你也成佛，合爲一體，能依所依就沒有了。能依的是虛妄，我們是能依，我們現在在虛妄，我們是妄法，三寶是眞。因爲我們不能自立，依著佛而能立，三寶加持力，妄依眞。我們所有的惑業、一切災難，皈依三寶了，三寶加持力，妄依眞立，消災免難。

我們皈依佛法僧，天天念佛法僧三寶，三寶加持我們，就是妄依著眞而立。但是妄依著眞而立時，漸漸的妄盡了，妄盡就是純眞的眞，沒有妄了。爲什麼我們經常說皈依三寶，要念念不忘三寶，念念返眞。把一切虛妄的緣起諸法，歸於性空，

歸於性空，這叫妄盡還源。依著妄緣而生起的一切法，妄緣所生起的法，不存在的。因爲性體是空的，沒有自性的，故無相知，互相不知道。是有，但是這個有建立在什麼上？建立在非有上，有即非有。我們所依的佛法僧三寶，這是事相三寶，現在的佛寶，我們講的這部經，經是法寶，大衆僧是僧寶，這個是眞的是假的？這個也不是眞的，但是順眞，不背眞，而能達到眞。他能夠相知相成，由無知而能達到純眞，因爲含眞故有，含著眞義建立的有，這個有非有，純眞才是有。似有非有而有，所以有三寶，有比丘、比丘尼、優婆塞、優婆夷，有四衆弟子。但是我們的眞，一眞法界的心，沒有顯現，沒顯現是隱。但是我們求，我們這個心跟如來所證得的心是一個，現在我們沒顯現、隱了。佛所示現的一切法，乃至於佛的化身也非眞，也是假。

這種道理我們要思惟修。現在我們學習不是快，而是極慢，〈光明覺品〉、〈菩薩問明品〉，等講到修行的時候，那就好了，那純是事，你該怎麼作怎麼作，你該怎麼作怎麼作，這樣作，順眞故。叫什麼呢？叫淨行。淨行是淨心的，由行來淨你的心。叫你發一百四十一個願，之後到〈賢首品〉，信心成就了，這幾品是成就我們的信心。

我們來這裡學《華嚴經》的，不定期的，也不說快慢，也沒人要求我們，說是佛學院，不是佛學院，我們不屬於佛學院，是開大座，四衆弟子都有。能學會一點，懂得一點，就進入一點。這樣講得講哪年去？哪年都可以。說快點，快點沒關係，我們打個華嚴七，念它二十天不就念完了？念完了有什麼用，我們慢一點，學到一點算一點。講的時候，大家注意聽，不講的時候，大家注意思惟。就是你這個心，這個心差別太大了，差別到什麼程度？從凡夫到一切諸佛，就有這麼大的差別。

我們這兒有三四百人，我們斷斷續續講，人數時多時少。我們有些同學要放假了，放假了我們還是照樣講。回去之後，想到《華嚴經》告訴我怎麼作的，這是學，放假了，到社會上，我是行。看著一切事上如夢幻，別貪著，什麼都不起貪戀，不起貪求。好的不希求，壞的不厭惡，好壞都是假的，相對而立的。我們求眞，世間的好與壞都不是眞。好能順眞，壞違背眞，它背眞理越背越遠，好的漸漸地隨順眞理，漸漸就近了。因爲我們現在科學發達，回來還可以聽錄音，重新聽一遍，坐這兒跟外頭聽是一樣的，回來你開個電視看，拿收音機聽是一樣的，心無分別。但是注重一點，在這兒也不要生煩惱，放假時間活動了，也不要生煩惱。遇到任何事物，你先有個觀念，哎，假的，何必認眞呢！別太認眞了。但是你要善於運用，要善用其心，別到外頭去吃葷，「何必認眞呢！什麼都可以吃！」這就麻煩了，這個不可以的。違背眞理的不要去做，順眞的就要去做。

〈菩薩問明品〉這一品，非常的重要。如果你沒有信心，怎麼能來學法呢？〈菩薩問明品〉就是發起信心。我們要明，明什麼呢？明心見性。大家都知道吧！明是要明我們的心和性。明什麼呢？明隨緣。我們明了心性之後，隨緣發起行和願。〈菩薩問明品〉若學不好，這一部《華嚴經》也學不好的。這一品非常重要。要知道緣起甚深，緣起法的深義，非常的深。要知道我們所作過去的業，業果甚深。要想成佛，必須培植福田，福田甚深。修行，要眞正的修行！什麼叫眞正的修行？我們很不理解的，眞正的修行，以你的心而起行，以你心性而起的行，所行的都還歸於心。所以說甚深。佛所說的教化，佛所說的教法，不要輕心、慢心，教化是甚深的。你要深入，不論說哪一法，凡佛所說的教化，也是甚深的。要想聽聞正法，眞正發菩提心，聞到正法，很不容易。對於這種道理，應該細心的、誠心誠意的，如果不是眞心，眞正的誠懇心、至誠心，來學佛法，所學的都是表皮的，解決點兒人天的福報問題，想要轉化過去的業果，這是辦不到的。要學成道、了生死、得解脫，那是絕對辦不到的。若眞正的想辦道、想解脫，得先明，明緣起甚深的道理，經常要思惟修，在佛教術語叫「觀」，念念觀你的所行，觀你身心所做的，想解脫、想明心見性就是這個明，得求明，所以叫問明。不明就是糊塗了，一切衆生迷了，迷了就不明了。

我們都是佛弟子，佛弟子就要聽佛的教化，若違背佛的教化、不順佛的教化，連善惡業還搞不清楚，還想了生死！這個善惡業是法成的，法是什麼呢？是你的心。想要說法，成爲善業，想聞法成爲善業，這叫植佛福田。順這個福田，照這樣做，就是持聖教，受持佛所說的教。聞到教理，領受佛教，那你要精勤修行。在你修行當中，得有些方便，方便就是什麼呢？就是助道因緣，如果沒有這個助道因緣，你的正業成就不了，正行成就不了。怎麼能趣到佛的境界？跟佛的境界是相違背的。

這一品，文殊菩薩顯示佛的甚深境界，讓我們能生起信心，信什麼？信佛，信佛的境界。在這部經典，文殊菩薩是主信的，我們要能信，能信就信所信，所信是什麼？佛的境界。就連修這個信心，信佛的境界，不是我們所想像的，不是我們妄心分別所知道的。不是我們到廟裡看一看，見到師父，或者見到佛像拜一拜，這算信佛了，甚至於我們出家、落髮、修行，信心還不具足！說普壽寺是最好的道場，這是比較而言，若眞正按佛所教授的要求，信心沒有！儘管我們天天講信心，經常講信心，所作的、所行的，你能夠念念的觀心嗎？能夠念念的明心嗎？如果沒明心的話，你還是糊塗，信心沒有建立起來。我是依著佛所說的，不是要求高了，不是這個意思，看你發心想成佛不？你想了生死不？你想求解脫道不？你想不想明白？如果你要想，我說這個話就是對的。如果你不想明白，那就是各走各的道路。不要把這個看成很簡單，對境驗心。

當境界現前，再回照你的心，各人應當知道。要想入佛門、眞正求解脫，信是最主要的。在《華嚴經》所要求的這個信心，文殊菩薩所說的這個信心，要求的高。要求的高就使你能達到成佛的目的，就是信佛的境界，要作佛事。不要作衆生的事。我們很多道友說念佛生極樂世界，念一句阿彌陀佛，什麼都有了，你是怎麼念的？你相信不相信極樂世界？相信不相信阿彌陀佛？相信不相信佛的教導？佛告訴你說，你把娑婆世界放下，才能到極樂世界。你對這個世界貪戀，那個世界怎麼去的了？這個道理很簡單的，誰都明白，但是作起來可就糊塗了，就不明了。〈菩薩問明品〉，簡單說我們怎麼樣明白，明白什麼呢？明白自己的心，明白自己的體性，這才叫明白。我一般所說的明心見性。這一品就是明心見性。這是信明白。理解的明白，還要行，還得證得的明白，證得了就是成佛了。

文殊菩薩是表信心，文殊菩薩跟這一品的九首菩薩是表十信的。勤首菩薩表進心，財首菩薩表念心。念什麼呢？這個念要求就是念佛、念法、念僧、念戒，或者念生老病死也可以，或者念無常、念苦、念空、念無我，要這個念心，主要是要求明，念三寶、念戒。德首菩薩表定心，能觀的心性，天天觀你的心性就是無上定，信不信？要求我們信，信了就照著作。智首菩薩表慧心，智慧爲主，在《華嚴經》講慧方願力智，十度之中是以慧心爲首。法首菩薩表不退心，怎麼才能不退、信能增長？那得要修行。寶首菩薩表戒心，三聚淨戒，沒有缺犯。覺首菩薩表護法心。護甚深法是護持三寶的意思。目首菩薩表福田，要福慧兩具足。賢首菩薩表迴向心，回歸於道，初發心時成正覺。把初發心迴向究竟與佛齊等，迴向眞如，一身一智慧，就是佛果。如果你熟練的話，信進念定慧，這是五個。不退、戒心、護法心、願心、迴向，十個都圓滿了，叫信心具足。

同時，得具足十德，有了信心，得具足十德，第一種德，常時親近善友，常時跟善友在一起。教誡當中，不要一天離開善友，離開善友你這心就容易退了。

第二種德，常時供養佛，不要一聽到供養就擔心說沒有錢，我能供養什麼？不是這個意思。供養心是發心供養，要法供養，不是一點點事物，事物是有限的、會消失的，法供養是無限的，不會消失的，永遠如是，供養諸佛。你一天，上齋堂也好，吃飯的時候，早晨起來一起床，第一個念頭，供養佛法僧三寶，皈依佛、皈依法、皈依僧，皈依之後就供養，你天天能這樣如是作，說明你的信心已經具足，一天不缺陷，這樣來供養諸佛。

第三種德，常時修行善根，我說的是善根，你所作的善事，讓他成根，根深葉茂。要修習善根，把修習的善，變成種子，變成根。

第四種德，志求勝法。殊勝的法門，立定志向，一天不捨。為什麼每天要學經？為什麼每天要讀誦經？志求勝法。如果你在清晨，或者吃飯後，吃飯後不是你的時間，你住常住就得隨常住的規約，吃飯前是你的時間，三點鐘打板，你兩點鐘就起床念經，這是自己的時間，自己可以運用！志求勝法就是讀誦大乘，也不要多，哪管你讀一卷《阿彌陀經》、讀一卷《金剛經》都可以。讀〈普賢行願品〉，讀〈觀世音菩薩普門品〉這不多，能做得到的，這叫志求勝法。要具足這種德。

第五種德，心常柔和。不要粗暴，柔和善順，自他兩利。經常給眾生歡喜心，用歡喜心上供諸佛，下化眾生。不要你出任何力，也不要你出任何錢，能把心管束好，讓他常時柔和不粗暴，不起瞋恨心。

第六種德就難了，不論生老病死苦，社會不如意的事情，非理相加，加在你身上的這些事情，這些苦難都能夠忍受。忍受是不抱怨不對抗，不因對方給你苦難而生懷恨心。遭苦難的時候忍受，有時候還能做到，但是在幸福當中的忍受，做不到了。在你最走運氣的時候、最好的時候，你能夠忍受把他轉向於佛法，這就難了。安樂的忍很難，痛苦的忍很容易做到。一安樂就放逸，一放逸就失掉菩提心。

第七種德，慈悲深厚，不是一般的慈悲，而是慈悲達到深厚的程度。第八種德，要深心平等。常時平等心，對誰都是平等心。第九種德，愛樂大乘，對大乘經典歡喜。第十種德是求佛的智慧。

十信心再加配上十德，把這兩種合起，表現甚深。還有十種甚深。「正教甚深」，親近佛、親近善友、闡揚教法。善友就是和合衆，正法就是法寶，諸佛就是佛寶，佛法僧三寶。常時培植福田。在寺院裡頭，在三寶聖地裡頭常時培植福田，叫「福田甚深」。大家認爲培植福田，都認爲利益衆生，大家讀過《金剛經》，日初、日中、日末三時，都有無量身供養，捨無量億身，都不如你讀誦一遍《金剛經》，這個做的到吧？甚深福田就是讀誦大乘。你所作的業甚深，從無量劫來你所作的業，不知道是惡業、善業，「業果甚深」。現在我們受的就知道了，你常時不健康、沒有智慧、愛生煩惱，自己跟自己過不去。遇到任何境界，境界現前了，打不破。這是業果。諸法緣起，「緣起甚深」，「正行甚深」、「正助甚深」、「正教甚深」、「一道甚深」、「說法甚深」、「佛境甚深」。總說是佛的智慧，相信佛的智慧，你一定得具足正知正見。沒有正知正見，信心是沒有的，所謂信心者就是正知正見。因為有正知正見的人，他才能對佛的境界，深信不疑。這個三十種，十種信心、十種福德，再加上十種甚深，心裡經常回憶，常時思惟，這樣你學〈菩薩問明品〉才能深入、才能解脫。近二十年來，好多人向我求迴向、加持，很少人向我求開智慧的、求加持開智慧的。同學之間，在一塊堆學之間，互相的加持，很少說求智慧。

如瑞法師請我講《華嚴經》，是讓大家開智慧，這就是求智慧。〈菩薩問明品〉，是開智慧之門。不然你怎麼開智慧？文殊菩薩發問，九位菩薩答。之後九位菩薩又問文殊菩薩，問了很多問題，互相問答的方式，就叫辯論，這才能開智慧。大多數都是先問後答，有問必有答，問的問題不同，但是只有一個開智慧。連信心都沒有，怎麼樣來開智慧呢？要先建立信心。

「爾時文殊師利菩薩問覺首菩薩言：佛子，心性是一，云何見有種種差別？」我跟大家說過，學《華嚴經》最初聽一聽，經常注重正文，先不要看解釋，不要看注解。什麼意思呢？因為你明白的明，不夠那個程度，不看注解還明白，一看注解就不明白了。注解包羅萬象，我們這有注解，大家可以看一看，是不是我說這個話對，不論你看〈疏鈔〉也好，看〈疏〉也好，看〈鈔〉也好，再看〈合論〉也好，再看歷代祖師所作的解釋也好。你不看，文殊菩薩的原文好像很明白，一看注解，不知道解釋到哪裡去了。所以讀誦華嚴的道友們，經常讀誦，讀誦幾年了，如果你再去聽、再去看，完全不同了，這叫加持力。

因爲自己學習的淺，或是學習三五年，不夠深入！對於文殊菩薩的原意，你直接著去體會，體會久了，你漸漸的自己得到一種解釋。照文字說是很清楚，心體性就是一個，爲何產生種種差別知見？但事情就這麼一個事情，要大家討論，各人說各人的看法，各人說各人意見，每件事都是這樣。本來一個心性，爲何看問題，對於心性產生的知見就不同？有種種差別了。爲什麼有的衆生生善道，生善趣，趣向於善道？爲什麼有的衆生趣向於惡道？都是爲什麼？有的眼耳鼻舌身意六根非常全、非常圓滿。有的是殘廢人，六根生下來就不全，生下來雖然全，中間遇到病、遇到災難，就變成六根不全，瘸子、跛子、瞎子、瘋子，害各種病，諸根就不全。有的受種種災難，六根還是全的，有的受生，或者生人道，有的生到異道，有的相貌很端正的，有的相貌很醜陋的，有的一生都受樂，有的一生都在受苦，爲什麼？所造的業！爲什麼要造這個業？爲什麼起這個心？

造這麼個業，業不知心，心也不知業，業不由己。你不想造那個業，好像逼迫性，非走那條道不可，職業可以選擇的，爲什麼他要去殺，作屠宰業，殺豬、殺羊，爲什麼？不是爲吃碗飯掙錢，爲什麼作惡業去掙錢呢？你問他也不知道，因緣湊合了，別的事業找不到。同時這個業不知道心，心也不知道業，但是受的時候就知道爲什麼要受？這是報應，不知道報應，我爲什麼要這個報？不知受，互相不知。

文殊菩薩所問的這些問號都是不明，不知就是不明。「心不知受，受不知心」是指妄心說的，「因不知緣，緣不知因，智不知境，境不知智」，這是互相違背的，心性是一，爲什麼有這些差別？我們說心性是一，隨業受報，爲什麼又產生六趣？我記得有副對，「夢裡明明有六趣，覺後空空無大千」。在夢裡，天、人、地獄、餓鬼、阿脩羅六道，宛然的，等你明白覺後了，大千世界都沒有。因爲不明白心性是一，迷了心性！〈大乘起信論〉講，「一念不覺生三細，境界爲緣長六粗」，九相越來越粗，越來越粗，起業、業繫苦。凡是苦更造業，苦造的業果越多，爲什麼？逼迫性。

我剛出家不久，遇見一位也是那兒出家的道友，但是他很老了，我十六歲，他八十六歲，他是劊子手，滿清末年還是拿刀砍人的劊子手。我說：「你怎麼找這麼個職業？」因爲革命了，不要殺人，改用槍斃，劊子手沒有職業，他也老了，老了來出家，這也是業。什麼業呢？作了一生殺人的事業，那是職業。

對這個問題我想了很久，他要不要還報？不是他要殺人，他的職業就是幹這個的，殺豬的、殺羊的屠宰業，世界上職業很多，爲什麼他要選擇這個職業呢？而且一代一代的都是搞殺業，爲什麼？業不知心，心也不知業，他也沒有知道這是個果報。這種道理，自己多問些問號。入佛門的，爲什麼一小就想出家，他有那個因緣，

○釋 文

發了心，有那個緣，緣促成他出家。出了家，各有各的因緣，走的道路都不一樣。我們幾百個道友，各個出家的因緣不一樣，遇的師父也不一樣，住的道場也不一樣，這都是緣，自己作了主嗎？自己作不了主嗎？自己發心，緣是不是能促成你？哪個最初發心出家的，都想了生死！想要求解脫！但是，這樣的發心不太多，包括諸位道友，看見世間，不如意，想去出家，是發心想出家求道嗎？想成佛嗎？恐怕沒有。當你出家想到自己就是未來的佛？相信自己是佛？有的是這樣出家的，當居士好多年，學習之後才懂得。

明是明白出家，脫離世俗，脫離塵世，這只是身體。身出家了，心還沒有出家，相信嗎？信不信由你，反正我是信的。如果眞正發心出家，了生死，住佛學院還放假？一回家去，回到世俗去，還能像在普壽寺那個心嗎？還是這個觀想嗎？每天還能去上殿、過堂去念經嗎？我相信不會，因爲沒有那個環境！我在中國佛學院也放寒暑假，我帶他們朝朝山，朝朝普陀，朝朝五台，假期朝朝聖境。從一開始放假要朝五臺山就念文殊師利菩薩，念念緣念。集體朝山，像這樣放假，各回各的家，看媽媽，看爸爸，乃至看六親眷屬，一回到家裡，口裡說的、耳朵聽的、生活習慣，又是些什麼呢？性相近，習相遠。〈大乘起信論〉講兩種熏習，染熏淨，淨變染。淨心染，染變淨。我們現在還沒有悟得心性是一，隨緣變化，還沒定，還是不定性的。

過去大德說，我們現在這個人身苦難重重，修道因緣，障礙重重。你能不能轉化業果？心知道是業。經文上說心不知業，從佛的教導，知道這是業，你這個肉體就是業報。怎麼把這個報轉呢？讓你明白這個報，六趣，有的是善趣，有的是惡趣。像人天，這是善趣，三塗就是惡趣，能明白嗎？明白六趣道中，有善有惡。爲什麼六根不全？惡報。爲什麼福相圓滿、福德具足、人人見著歡喜？明白嗎？明白自己怎麼到這個道？所有人生過程當中，知道自己是怎麼個過程，明白了嗎？明白一世，還容易。明白無量世、無量劫，那就不容易。總的說是有善報有惡報，你不明白。現在就求！學〈菩薩問明品〉，達到明白，這個報前前後後，後後前前，種種差別，報不同。爲什麼？當你作業的時候，這個業不同，善裡頭有惡，惡裡頭又有善，沒有一帆風順的。

像我們受戒的時候，問遮難。現在受戒問遮難，是眞正問遮難嗎？我看大家都受過戒了，有的老戒師父們，都受過戒的，問你遮難，都如實答嗎？教授和尚都如實問你嗎？西藏受戒的時候，特別是具足戒，不是三人一壇，也不是五人一壇，不是到那兒就能去受戒，問遮難問好幾天呢！他是一對一的。一個羯磨一個教授請兩個大德來助成，就給你一個人授。不是今天你來了說好了就受了，問遮難你得如實說，有就是有，沒有就是沒有。如果有也怎麼辦？那你就去懺悔去吧！懺悔完了，清淨了，這個道理懂嗎？

現在，不論什麼地方，都在搞欺騙，欺騙就是不明，糊裡糊塗。我們要想做到不欺騙，把它弄清楚、搞明白，辦得到嗎？我們儘量向這個方向上走。我們在戒堂裡頭，我看他們受戒的時候，我也如是，我還不如你們。因爲我十六歲就受比丘戒，老和尚借一歲、羯磨和尚借一歲，東借西借，湊成二十歲。能借得到嗎？學戒才知道沒得戒，這是我們自己知道的。問問每位道友，問遮難的時候，你知道不知道？你有沒有欺騙，老老實實坦白說。所以現在學〈菩薩問明品〉，要眞正求明白，明白了就是明白了，可不能隨便說，這叫大妄語，沒開悟說我開悟了，那是騙緣法。眞正對自己負責，對自己善根負責，對你的信心負責。僅舉這麼一個例子。

明就是有智慧，「問明」，問你明不明？文殊師利菩薩問九位菩薩，他們所答的是建立有沒有信心？你對你所信仰的，最尊敬的三寶，還有沒有懷疑？我問很多道友，佛所說的話你信不信？答覆的時候不會有一個人答覆說我不信，不信你出家幹什麼？很簡單。說我信，但是再問第二個，信到什麼程度？很少很少。怎麼說很少呢？以事實證明。

當三武滅佛、建國初期面對重難的時候，這是驗證你的信，是信嗎？這很有問題了。所以，平常說，我對佛很信。這是沒有遇著災難，災難現前了，還信不信？大水大火，你相信嗎？大火現前了，一念觀音菩薩聖號，說火不能燒，水不能淹，信嗎？那個時候你念沒念觀世音菩薩？平常沒有事的時候，似乎還像有信心，遇著病難，遇著災難，甚至乃至有病，抱怨佛菩薩不加持，這還有信心嗎？我們別說的太深了，就說很淺的，爲什麼我說這些呢？自己問自己，你信不信文殊師利菩薩？恐怕來五臺山的，若說不信文殊師利菩薩，包括在家人，沒有一個答覆說我不信的。但是文殊菩薩叫你作的，你作不作？恐怕就不信。文殊菩薩教你明，開智慧，他問覺首菩薩的那些話，你想一想，能答覆不？你怎麼樣理解的？面對這個苦，你的觀念是怎麼認識的？文殊菩薩怎麼說的？無常，你是怎麼認識的？你一天心裡頭想到幾回無常？想到幾回無我？恐怕害病的時候，不高興煩惱的時候，或者障緣出來了，你想到了。高興的時候，痛快的時候，愉快的時候，還想到苦嗎？還想到無常嗎？這些就要靠你的觀力。

要在日常生活中想，不要用經文來對照的時候，才這樣想。要想你現在所受的報，特別對你的習氣，每個人各各的習氣不同，你觀察吧！如果你耐心一點，細心一點，每個人的一切動作，他有他的生活習慣。那就叫他的習氣，不止今生，還有無量生。習氣是有爲法，好名好利的，一點小事，人家讚歎你，你心裡頭如何？人家毀謗你、罵你、污辱你，你心裡頭又如何？你自己很知道的。在這上驗證你的明，明不明？就像我們經常說的八風吹不動，稱譏苦樂愛憎毀譽，一天當中都碰到很多次，就把你所學的、把你所修行的驗證一下。驗證什麼？驗證你的信心到什麼程度？因爲這樣，你才能知道自己，知道自己在佛門當中，究竟得了好多利益，這個利益是出世的，不是說緣法好壞。

讀經、拜懺、學經，學經目的就是爲了作！學了就去作，作了之後，究竟得到些什麼？等你修到十年、二十年，到最後能夠證得了，得無所得，到那個時候，功夫就深了一點，看破了，放下了，什麼都看破了放下，那就自在。自己驗證自己自在好多，這個事自在了，那個事你還不能自在。貪心不大了，說對什麼物質都不大貪戀，人跟人之間的關係、男女的關係、感情的關係都放下，眞正自在了。在這個上頭一點煩惱不起，不論什麼境界，這僅僅是一種。

你再往深入，這個放下了還不行，還有沒有我？我執我見，這個很難。特別是我見，總認爲自己看問題的認識是對的，特別是學佛法。在佛教叫我慢貢高，明明沒有深入，面對古德，有的人非常憍慢，批評古德的著述，批評現在的大德們。先去驗證自己的心！這樣在日常生活當中，你是明是不明？有人求我們諸位的師父，人家有些人遇到災難，求你，效果好了，他認爲師父很有修行，這是對的嗎？是不是對的？是不是你眞的作的很靈？有的沒達到目的？人家求你，經也念了，求也求了，病還是照樣沒好，他就抱怨你，那個老和尙沒修行，我求他不靈。他說的對嗎？你眞的沒有修行嗎？自己怎麼認識自己？怎麼認識外頭來的批評？比如說將來你們學習，出外頭自己住廟，或者當了法師給人家講經，要收紅包供養，你怎麼處理？這是利。

還有一個名，人家都讚歎你，你心裡虛不虛？人家讚歎，你生歡喜心還是生恐懼心？人家讚歎你還會恐懼？名過於實。你的名超過你實在的修行，超過你的德行，減損你的福德，你又作如何的認識？你明不明？不要講甚深的道理，就是在你的日常生活當中，你能保持你的明點。明點就是明的觀念，你還明不明？一天從早晨到晚上，所遇見的事事物物，怎麼對待？這就看你是明？是糊塗？明就是有智慧，糊塗就是沒有智慧。能不能答覆文殊師利菩薩這些問號？看覺首菩薩怎麼答覆的。

「仁今問是義，爲曉悟羣蒙，我如其性答，惟仁應諦聽。」仁者是稱讚文殊師利菩薩，說你問這個道理，很深的，文殊師利菩薩當然是自己證得。你問這個義理，覺首菩薩說我知道。你是以你大慈悲心、仁慈心，爲了利益衆生，問這個道理，我就如實的答。如實是什麼如實呢？如其性，諸法之性。希望仁者諦聽，用理來聽，我說的不是事是理，你已經證得深妙的道理。我把這個分齊，這種法性的道理，「如其性答」。就是你問：「心性是一，云何有這麼多的差別？」我也是如性答。

從一切諸法上說，「諸法無作用，亦無有體性，是故彼一切，各各不相知。」「諸法」就是一切諸事物，無作用，因緣所合成的，是假的，所以沒有作用，都是緣起的。「諸法」就是一切事事物物，沒有自己的體性，虛幻不實的。所問這些，「各各不相知」。「各各不相知」，我們自己就可以體會到，我們自己不知道自己，連自己都不知道，還能知道別人嗎？這道理很簡單。你知道自己到這個世界是怎麼受生的嗎？什麼因緣你能出家？什麼因緣你能信佛？信佛之後，你所得到的利益，得到的效果，你自己知道嗎？我們好多道友，有的念《華嚴經》，念了好幾年，你

菩薩問明品 第十

○釋 文

知道得到什麼嗎？得到什麼利益嗎？每位道友都得到三寶加持，不論是比丘比丘尼優婆塞優婆夷，你自己並不知道！你知道每天這樣工作，這個工作都是依照三寶所教授的去作，作都有它的好處，你知道自己進步到什麼程度嗎？認識到嗎？「各各不相知」，自己不知道自己，又能知道人家嗎？一切事物各各不相知。爲什麼？這都是沒有體性的事，如夢、如幻、如泡、如影。教你明，這都是不明，明要怎麼樣？明白心。我們經常說，明心見性，明白的心，見著本來的自體。

現在這個世界上，聖人不說了，只是說凡夫，自己不知道自己。自己連自己都不知道，又怎麼能知道別人呢？知道別人的業果嗎？知道別人的因緣嗎？這是唯佛與佛乃能究竟，知道他前生、無量生是什麼因緣？到末法的時候，他還能夠深入經藏，還能學佛，還能皈依三寶，知道這個因緣嗎？不知道。這是緣的種種不相知，緣起諸法必須得從明，都離不開明。知道這個果是從什麼地方生的嗎？果從因生，果沒有自己的體性，是因生。因又怎麼來的呢？因由果立。由過去的果，變成今生的因。我這個肉體是過去所作的業，感得現在這個果。但是現在這個肉體的身、口、意所作的，又是因了，因又感未來的果。這個因和果沒有自己體性，果由因生，因由果立。果是因所生，過去因生的，因生的這果，果現在又立因又變成因，因爲它沒有體性。但是果具足因，果有感因的體，這個體不是實體，是虛妄幻化的。果沒有自己的體性，是酬答那個因，所產生的業力。一切事物都如是，它是互相對待的，因果是互立的，缺一方面，另一方面不存在了，這是相對法。果從因生，因又由果立，沒有自性的，果沒體。

覺首菩薩舉例說，「譬如河中水，湍流競奔逝」，前流過了，後流來了，前流催後流，如是的輾轉不息，「各各不相知」，前不知後，後不知前。你能知道自己前生事嗎？不明白，後不知前。前也不知後，前過去了，不知道後來怎麼樣，你能知道後來的事嗎？不知道的。拿水為例，水是流動性，這個舉的例子很多，水、火、風、地，四大種，永遠是眞妄相續。有眞！都是由你一眞法界而起的。都叫你明白眞心，那就行了，就眞正明了。明了，一切妄就停息了，那就圓了。

諸佛菩薩利益衆生，他知道是虛幻的，但知道衆生不能虛幻，苦眞是苦。我們好多學地藏法門的道友，經常跟我說地藏菩薩永遠成不了佛，衆生永遠沒盡的時候。這話對嗎？絕對錯誤的。若這樣看問題，地藏菩薩就不是地藏菩薩，就是衆生，不是菩薩。他最初發願是，「地獄不空，誓不成佛」，地獄根本就沒有！眞空裡頭，自性當中，哪有地獄？沒有。「衆生度盡，方證菩提」，衆生有嗎？無我相、無人相、無衆生相、無壽者相，這個道理，地藏菩薩早悟得了，不能拿凡夫境界來想諸佛菩薩的境界。如果諸佛菩薩看四衆弟子是有形有相的，他早氣死了，他看你如幻如夢。佛知道不知道？佛無有一點不知，無有一事不曉，都知道。不知道怎麼分正法、像法、末法？佛分的。一個時候一個時候不同了，像那河水似的，河水本來是無情的，本來無知，拿這作比喻。前面過去了，後面不能知道前面的，前面也不知道後面的，這是互不相知的意思。眞妄相續，一念不覺生起妄，妄的起滅，妄由哪來的？依眞起的，眞是所依的，妄是能依的。眞裡沒有妄，但是妄靠眞的任持，這叫什麼呢？不空如來藏。

《華嚴經》此品經文以水比喻，前流不自流，由後流排故流，後面排擠，所以它才流。前流沒有自性，他不知道後，後流雖排前，而不到於前流，故亦不相知，前後流是各不相知。假使沒開悟、沒明的時候，不能知道你的前生，好多生的事，現在我們知道嗎？不知道，你也不知道以後什麼時候能成佛？不知道。這叫前流不能知道後流，後流也不知道前流。流不自流，後流推動前流，前流流。由流故，前流引，後流流，前流引後流。前流永遠到不了後流，它流走了。前流雖引後流，但是它到不了後流，因爲前後流都是沒自性的，所以到不了後流，又怎麼知道後流的事呢？今生你到不了後生的事，後生再來了幹什麼你不知道，除非開悟，明心見性了，那能知道。沒有開悟之前，你不知道。互相排擠，互相排擠，都用識來說，能引與所排，沒有二，所以不相知。能引與所引，前流引後流，所以能引所引，亦不相知。所排與所引，都不得俱，所以不相知。前後互不相知，各無自性，由無自無性，無知無性，永遠如是流，永遠不知。

我們衆生流轉三界，永遠在六道流轉，不自知。沒明心，明了就知道了。我們現在從學習當中，知道前生跟後生，怎麼知道的？業緣。業因、業果、業緣、業報，這樣知道是佛說的。依著佛的教導，我們明白了，明白生死流轉，明白六道輪迴，明白業果相續，那你別造業了。惡業不造，三塗道斷。這個大家讀誦大乘經典都知道！你讀過《地藏經》，永遠不墮三塗，再不下地獄。你聞到觀世音菩薩、聞到地藏菩薩、聞到普賢菩薩、聞到他們的名號，三塗路斷。但這個得加一個信，得你深信不疑，再一個信，諸大菩薩、諸佛、十方三世一切諸佛，跟我的體性是一，不是二。自己跟諸佛同體，所以諸佛的大悲心能夠引發我的大悲心，諸佛的自性，所證得的體性跟我沒證得的體性，跟佛無二無別。

現在文殊菩薩教授我們，讓我們產生信心，僅僅是信。就連這個信哪，我們現在還沒有到位，向這個方面走，正在信的路途當中，還沒有究竟到達信位。因爲我們還不能夠使自己的惡念不起，我們還不能夠達到，前面起惡念，後念就止住了，再不相續。我們能夠相信自己跟毗盧遮那佛，無二無別，就這個信心，永遠不動搖，就這幾個信哪，我們還沒有具足。我們達到信究竟位的時候，再不起惡念了。把我們的心住在無住，入了住位的菩薩，這時候發菩提心，相似發菩提心，不是眞實的，相似眞實而非眞實。等三賢位滿，登了初地，發菩提心，眞正的見道、證道，初地菩薩，那是發菩提心，眞正的發菩提心。

這次大家共同學習《華嚴經》的目的是要學會，不是學怎麼證入，而是學會它的道理，我們能得到點利益，得到佛菩薩的加持，我們要達到這麼個目的，沒有時間限制的。重覆的目的是使大家能夠更深入一下。前面我們講，文殊菩薩問，心性是一，云何有種種差別？覺首菩薩答，他用譬喻，地水火風四大種，拿這個形容心性是一，云何產生種種諸法。簡單解釋就是「緣起性空」，這些諸法就是緣起。心性是一，緣起諸法才有種種差別的相。就這麼一句話答覆，行不行？不行，為什麼？文殊菩薩這一問，問了九首菩薩，這僅僅才問到覺首，還有八位大菩薩，他一個一個問，他問完，這九位大菩薩又問文殊菩薩。

大家說的明是這樣，那聽聽你的，你怎麼明？怎麼教化衆生明？反反覆覆，目的是讓你明。你若看覺首菩薩這個解釋很簡單，「譬如河中水，湍流競奔逝，各各不相知，諸法亦如是。」這一個偈頌，你若依著正文，略為一解釋，大家就都明了。如果是按著清涼國師的〈疏鈔〉，他把法相宗全引進來，這是開闊的解釋。如果按方山長者的解釋，那就容易了。參禪，禪門一炷香，頓超直入，就觀心性，這些問題都解決了，等達到明心見性，這些問題就都解決了。一個是從理上悟入，頓入。一個是從事相上說，像你在事上，事具理，用事來顯理，你在事相上顯理，就容易能明白了。這有頓根漸根，漸根就用事相來顯，頓根就用理上來顯。用地水火風這個次序，前面用水，之後用風，地輪、風輪、水輪、火輪。先用水，水完了用火，火完了用風，風完了用地。這都形容什麼呢？形容諸法本非一，這是相，諸法之相不是一，但是性體是一。怎麼樣把不是一的，回歸於一？緣起回歸性空，性空又生緣起諸法。沒有因緣不能生的，任何事得有因，得有緣，這叫緣起。

大家要有耐心，學這種甚深的道理，經常要用思惟修，以語言文字進入，得到的效益不大。如果自己靜修、觀想，從心地裡頭發明了，那是眞的，而且一明一切皆明，一明具足一切。上次講到用火來形容，用水來形容，之後用風輪來形容。只講到「亦如大火聚，猛燄同時發，各各不相知，諸法亦如是」。水各各不相知，風各各不相知，地各各不相知，用四大來解釋這個，心性是一，爲何有種種相，種種差別。覺首菩薩如是解釋這個問題。

文殊師利菩薩問覺首菩薩，心性是一，云何有種種差別諸相呢？有著人類、一切世界物質各類，種種的差別不同？覺首菩薩答的時候，是用比喻的方式。前面我們講用流水，現在講的用火。「亦如大火聚，猛燄同時發，各各不相知，諸法亦如是。」

我們看那個大火，山林的火宅，哪地方失火了，有火災了，看見火燄，火很猛烈的。大家如果看過電視，看過電影，看丟原子彈，現在放的都是導彈，有各種導彈的火燄。火的過程當中，火燄有起有滅，像我們看爆竹的火燄，前面謝滅了，後面生起了。有的同時發，有的間斷發。但是，它是沒有體性的。前面火燄熄滅了，後面火燄生起了，前後各各不相知。這是形容每個人的一生，今生所受的報，今生這一生的事，不知道是怎麼來的，明天後天的事，突然發生什麼事故，你並不知道。

前面的事跟後面的事，各各不相知。地水火風四大種，拿這個來比喻，比喻什麼呢？比喻各各不相知，一切法都是這樣。緣起諸法沒有自己的體性，所以說它各各不相知。在生活當中，每個人不曉得自己要發生什麼意外的災禍，或發生意外的吉祥，當你做一些事情，不管考慮多周到，你算不到這個中間會發生什麼事故，能知道嗎？知道了，你沒有力量避免，使它不發生。儘管說我們相信自己跟佛無二無別，相信自己本具的體性，無二無別。但是，這是理具，不是事實，在事上，那就千差萬別。

像文殊師利菩薩問的時候，心性是一，現在我們一百人、兩百人、三百人，我們的體性、佛性、一眞法界心，是一個。但是，我們這個相不同，它隨緣所起的事，就不同了，現在我們說的比喻，都是解釋這個問題。爲什麼說這些問題呢？讓你明，「問明」。覺首菩薩的答覆是讓衆生增長智慧，智慧是明。明白理跟事是不同的，但是，同時要懂得，理能成就事，事能顯理。如果你罵人，用口裡罵，用口裡說髒話，說污蔑三寶的話，乃至說傷害別人的話，跟讚歎三寶的話，人家稱揚別人的話，都是說話，說話是一，它的涵義可複雜得很了，絕對不同的。心性是一，如果我們修法的時候觀想，觀想三寶，因爲它符合我們的心性，能夠使我們的心性，那個明是顯現。如果你念貪瞋癡，那就不同，同樣是念，同樣是語言，它有兩種的效果。爲什麼我們不起戒定慧？爲什麼思想要起貪瞋癡？染和淨？一個是明，一個是惑，都在不明當中，有一個能隨順，漸漸使你明。有一個是違背，越不明越糊塗，越糊塗越作些糊塗事。

好多道友知道我們的業障很重，知道業障很重，那你別再造了！可是恰恰相反，這邊說我業障很重，很苦，唉！那邊他盡作糊塗事，業障重不消業，還增加業障重。例如，背八十斤，背不動，還要增加二十斤，當時就壓你趴下了，道理就是這樣道理。不明，你就消，業障消就明！這個道理很簡單。我們誰知道三塗苦、下地獄，乃至墮落到畜生道，墮落餓鬼道，因爲學了佛，從佛的教授當中知道苦，那就別招感。知道苦了，怎麼還作苦的業？那不更苦了！這種道理，看來是很簡單，等你作起來，非常相違背，儘管天天講，天天知道說，天天還要去作。例如我說出家要離家，「出家莫顧家，顧家兩不發」，古人教導我們很多，知道不知道？知道，知道了放不下，很簡單。講了的，聽了的，不去作一點用處都沒有了。知是一回事，作又是一回事。你看一切法，若能靜坐，靜下來觀想一下你的心，你經常受妄心支配，知道「如幻夢泡影」。

前面跟大家講，如果家庭父母有病苦，你在這裡念念經，給他們消消災，或者請道友幫著念一念，如果經濟好一點，打齋供衆，給他們增加福業，就消了。不用回去看，你看一看，「彼此兩不發」。「兩不發」的意思，你回去增加煩惱，你不能代替他的痛苦，他有他的業，你也生煩惱。方法呢？你在這裡給他拜懺，求懺悔給他消災，他也減少痛苦，求佛菩薩加持，你心裡也安定修道。但是不會聽話的，不會這麼做的，我舉這是個簡單的例子。佛教導我們不要隨妄心轉，不要隨外邊的環境轉，若你的心能轉環境，能轉業，轉而能消，把業障消了，業消就黑暗消除了，那不自然就明了。經常有這麼句話，明白人作的可是糊塗事，現在我們都是學佛的人，經上告訴我們，說你這是在三塗，在火坑裡頭，你要出火坑，《法華經》告訴我們：「三界猶如火宅」，你在火宅當中找清涼地，沒有！怎麼辦？脫離火宅，不就清涼了！你離開家，出了家，選擇道場，到道場裡頭住，道場本身就是清涼的。一天的念佛、念法、念僧，眼睛看見的是三寶，耳朵聽的是三寶，身體所行的是三寶，意念都在三寶當中。這得靠自己的福德，看著是很平常，很簡單，實際上很難得。人在福中不知福，你衡量一下，現在當前的世界，現在人口已經到了七十億，有好多人能夠像在五臺山這樣清涼清涼的，無罣無礙，無憂無慮，不愁早上沒飯吃，也不用擔心沒有穿。

最近人家居士又送來好多結緣的包腿披風，怕你們冷到。我不曉得大家收到作什麼感想？這不是我們的福報，而是佛菩薩加持，感佛恩、報佛恩，就在這地方想。但是到這能住得住嗎？人的願力跟事實，恰恰是相反的。經常發誓發願，發了願而不滿願，自己發的願，自己違背自己的誓願。剛出家發什麼願呢？現在我們好多在家道友要出家，因緣不成熟，人家還不收他，不留他。我們在家兩衆道友，想在寺廟裡頭像出家兩衆這樣修行，要經過很長的時間，因緣好多不具足，不是那麼簡單的，看來很容易，其實很不容易。緣不成熟，差之毫釐，失之千里。

心性是一，想法不一樣的。我們很多道友這樣想要求善知識，去求法，你哪求去？得到一卷《阿彌陀經》，你打開了，釋迦牟尼佛跟你說極樂世界，那不是善知識？你打開〈普門品〉，有什麼災難，有什麼願望，有什麼求，念念〈普門品〉，求什麼都得到。你不信，向外頭求，連這個都不是眞的，眞的是向自己心求。心性是一，爲什麼有這些差別？不明！問的意思是要明，明心見性，莫要向外求，迴光返照向自己求。那些大菩薩，乃至佛所說的一些教法，乃至所供的佛像，這都是助緣！這是緣，不是心，這叫緣起。對於心性之法，心、性，本來是一，云何有這麼多差別？覺首菩薩答的時候，就用比喻來答，說你看見水沒有？水前面流的，過去已經過去了，過去已息，未來的後流還沒來，你把握現在就好了，就是這個涵義。火也如是，同時發的火燄，火燄有前有後，前不知後，後不知前，前面熄滅了，後面生起了。爲什麼？還有業，業沒有了，火就沒有了，一切都沒有了，一切諸法都如是，他們互相之間各各不相知。

又如長風起　遇物咸鼓扇
各各不相知　諸法亦如是
又如眾地界　展轉因依住
各各不相知　諸法亦如是

這是拿風來作比喻的。一切諸法妄法，哪來的？依著眞，眞支持的，妄生於眞。這有個問題，說那佛成佛了，還起妄不起？妄生於眞，佛成佛了還起妄不起？這是一方面，人人本具足的自性、佛性，爲什麼不能發生明、不發生覺悟？如果不能發生明，那衆生沒有成佛的。因爲能，你才發心，才能夠入道，才能夠出家，才能修，慢慢把業障消了，他的光明就顯現了。所以〈菩薩問明品〉的涵義，就是恢復你本來的面目，讓你明白本來的面目。你知道妄跟眞是兩個是一個？妄即是眞，眞即是妄，妄依眞起，妄盡還源了。

這個問題，我們在〈大乘起信論〉講得很清楚，一念不覺，從不覺產生始覺，從始覺產生相似覺悟，相似覺悟又成就分證覺悟，分證覺悟達到究竟覺悟。有些事物看來是無形無相的，比有形有相的還眞。那你就知道了，我們那一個妙明眞心，從來沒有失掉過，浮塵有些影事，這些影事是假的，可以返本還源，所以衆生才能成佛。「問明」的意思就是明白了，就是開悟了，開悟了就是明心見性，但是得經過過程。你怎麼樣把這些虛妄去掉？去一分算一分。諸位道友出家之後，每天磨練，磨練什麼呢？把失去的光明尋回來，磨掉污染。金在礦中的時候，你得把沙塵磨掉才能現出金子，就是這個涵義。像你每天的言語、身體的行動，有時候你能制伏得到，爲什麼？因爲你在寺院裡住，大家幫助你磨練，你幫著大家磨練，人人都如是，磨練磨練的，光明就顯現了。你的身口意三業，在共住當中，這個客觀現實使你造惡業的機會減少了。起碼身三口四七支，你是相似的能夠清淨。

貪瞋癡就不一定，那是你的內心，你不能發之於現行，要是發之於現行，就請大家幫助，大家幫助你發不出來。但是內心想的，別人只能講講說說，你自己不誠心改，自己不懺悔，別人不知道的。懺悔就是懺過去的，就是磨練，金在礦中。一件衣服，久了不洗發生味了，一洗了就又乾淨了，那就是磨練的涵義。你日間所見的，耳間所聞的，身體所做的，你在常住共住當中，漸漸磨練地，使三業清淨。你每天的進步，每天的磨練，自己沒有什麼感覺，習慣成自然。我問我們很多道友，在這裡住十來年的、七八年的、五六年的、三四年的，感覺到跟以前還一樣嗎？自己感覺還感覺不出來，好像也差不多，實際上差得多。如果再回小廟，或者再回你的家，看看你周圍的鄰居，看看你家庭的親友，他們跟你的思想狀況一樣嗎？過去有句俗話，不怕不識貨，就怕貨比貨。你不認識沒有關係，你比較一下，你看他們想些什麼？你在普壽寺想些什麼？一樣嗎？但是這個，你也不知道他們，他們也不知道你，像火跟風、水，都是這樣子，前面不知道後面，就是對面也不知道，你不了解他心思怎麼想的。

例如說父母身體不好，你回家去了，你剛回家，心腸也很好的，對父母很孝敬，也很勤勞照顧他，他很高興。但是照顧十天八天，照顧一年，你心裡就煩惱了。你心裡罵他：「還不死，你一死了，我就走了！」你走你的，他也沒拴著你。父母看你的態度也不對了，這叫業，不是那麼想像的，這叫對境驗心。心性是一，你能不能對境驗心，驗到你心性是一。反覆說比喻，都讓你明，這品前面就是覺明，前面加個覺，這是問明。現在你就明白了，也僅僅讓你生個信，並不是你能做得到的，你信這個明，就不錯了。

現在是磨練你生信，相信自己能成佛，能夠達到究竟明了。現在雖然在不明當中，我漸漸磨練就明了。比喻水，比喻火，比喻風，都一樣。例如長風，颳風了，你看不見風的形相，只看見它把東西吹起來，有風了。風從什麼地方起的？風息了，沒有風了，又到什麼地方？風從何處起？風止於何處？水跟火還有形相的。現在發明的電火。舉個笑話，有人看見電燈，他沒有看過電燈，第一次看見電燈，他要燒煙，他拿著那煙就觸在電燈上，怎麼點也不著。他說怪了，這個火怎麼不著？這是光。你插到電源上，那一燒可不得了了，那你把你燒得不止燒乾煙，它是假很多方便。風也如是，或者你見到樹動了，樹動知風起了，就是這個涵義。它遇見物，看見風鼓動的，知道起風了，物有大小，風跟物不相知，各各不相知。

就像起妄念，等你起妄想了，不知道這是妄想，每位道友觀觀你打妄想的時候，坐那思惟一下子，這個念頭從什麼起來的？一會過去了，它又止於何處？當你煩惱了，不高興了，這就是你用功夫的時候，爲什麼煩惱？煩惱從什麼地方起來的？找找原因吧！這叫參學的參。參完了再學，你追一下，每逢生個妄念的時候，或者外面什麼境界，遇著什麼緣了，你坐這本來是靜靜的，來一個道友跟你說，跟你說上三兩句話，或者冒火，或者高興，爲什麼？他跟你說，同學都很贊成你，常住準備要請你做什麼，你心裡頭高高興興的。要是說要遷你單了，頭幾天犯了什麼錯誤，你馬上就冒火了，後來就煩惱了，也定不住了，無非一個聲音，聲音不同。

現在六月天氣很熱的，流汗流得很厲害，心裡也很發煩，如果來陣涼風一吹，你感覺著非常得舒服。早晨時候，你上早殿下來，要過齋堂沒過的時候，讓你在院子裡站一個鐘頭，你看看試試，感覺冷了。冷和暖從哪來的？外面境界。你能知的心，就是妄想心，起這個分別，主要是業識的身支配你這個身，你有感觸，有個覺知，這個覺知不是明，覺得長風起了，看這些物動了，風跟物不知，風吹樹動，樹不知風，都是無知的。

心，就是我們講的心性，心性是一，隨緣起而演變，就不是一，何況現在我們這個心，我們本來那個性，早就迷了，迷的時間很長了。我們連前一天晚上事都不知道，明天更不知道，明年更不知道。一個不知，一個作不了主。你能讓風止息嗎？作不了主，你能讓風起嗎？作不了主。說電燈我們可能作主，我一開關它亮了，一關就滅了，你也作不了主，這是有電的時候。沒通電的時候，你開也不靈，關也不靈，沒有了。一切都是虛妄的，作不了主。但是中間有個不可思議的，好像是作主又不是作主。就說作夢，人人都知夢是假的，夢不是眞的是假的，夢幻泡影。但是有時候它是眞的，有時候相應，這又怎麼理解？

我常時觀想這個問題，我就如是，我是作夢出家的，以前不知道佛法，什麼也不知道。作夢叫我朝九華山，我就朝九華山去了。作夢讓我到鼓山，因著夢，都是作夢，但是都是事實，本來是假的，九華山確有，我確實也朝了。作夢只作到鼓山華嚴學苑，以後的夢就不靈了。爲什麼前面的很靈，後面的不靈了？這問題你就參吧，我們個人作的夢，好比未來的事或者還有一年兩年沒來，這些事如夢幻泡影，就跟我們所說的地水火風各各不相知。夢是什麼反映的？夢幻泡影，也就是《金剛經》說的，「一切有爲法，如夢幻泡影，如露亦如電，應作如是觀。」不錯的，一切有爲法都如夢幻泡影。有爲跟有爲當中，有爲還是有爲當中，它又變成是事實，這個事實也不是事實，也是如夢幻泡影，這個叫你去參。例如說作夢出家了，出了家又怎麼樣，還是假的，虛幻的，也是虛妄的，還是不實的，以幻如幻想，從幻還如幻，幻如幻，幻如幻，幻如幻。

多久時候才醒悟？多久時候你見著你的心性？不過有一種是順著法性，漸漸使你增加明。有一種違背法性，越來越糊塗，越來越不明，就是業越來越重。起先只是一個不覺，生出不明了，一開始，這個不明還沒有離開明。這個道理要思惟，你才能夠進入。例如我現在這個耳朵，人家跟我說話，不那麼靈通了，聽不見了！這個聽不見是從聽見來的。因爲以前我聽見，現在得人大點聲我才聽得見，不是眞聾，是假聾。假聾就是一會它又好了，再說什麼事都沒有了，完全聽得見了，一會它又沒有了。為什麼以前沒有這個現相？告訴你，老了，很快你會全部聽不見，不但聽不見，還要死了。死了是消滅了，消滅了就好了，又換一個聽得見的。這個老了，沒用了，換一個新的。這個手帕壞了，再買一張吧！它又變新的。人老了該死了，再換一個，這個換的時候得有個過程，那換的是好的是壞的？看你現在所作的。作好的就變好的，作壞的就變壞的。

學佛法是不是還能相續？那要看你的業，今生種的善根堅固，它是相續的。或者你修哪一法，修得有所成就，它是相續的。生老病死是必然的，死不是可怕的。怕的是什麼？再迷，你再來世了，迷了，那就可怕了，迷了你就作壞事，不作好事。今生盡作好事，壞事壓下了，等變來生，他大量作壞事。福報來了，這是積來的福報，或者當國王、大富貴了，就把他過去的善根業忘了，今生盡作壞事，不作好事。無量劫的壞種子善種子，在我們含藏著很多很多，這是可畏懼的。

為什麼修行必須得修成道？必須學到位不退？位不退是換這個幻身，再變化，越變越好，變變的幻化身沒有了，全是法身隨緣。所以，大菩薩修行的時候，為什麼經過無量劫？因為他反覆，再來了又不是這麼回事，他又反覆了，完了今生又作好事，就是反反覆覆、反反覆覆，一善永善是不可能的，一惡永惡也是不可能的。對於性是一，為什麼有著種種差別變化？明心性是一。例如我們每個人，思想隨時變化的，當你打完佛七，得到佛菩薩加持，或者誦經誦到非常相應，但不是誦經天天都相應的。我不曉得諸位道友有沒有體會，你誦二三十年，這部經你很有基礎，在經上所說的話，你也明了了很多，突然間會完全失掉，這就叫業障發現。

我過去聽到這麼個公案，有位老和尚在閉關，閉關幾十年，基本功夫是有了，該成就了，但是他的業障發現，緣不具足。那老和尚叫紅蓮和尚，從污泥裡生出蓮華。當地來的一個新官，是位太守，所有的僧尼都去歡迎他，紅蓮老和尚沒理他，他就煩惱了，要報復這位老和尚。怎麼報復的呢？他買位妓女，天天給老和尚送供養。關房是不能進去的，只有個小窗戶，遞飲食進去，後面有個排泄的地點，關房大概都是這樣。讓這位妓女去壞這位老和尚的道業，那不是一天兩天，而是經過很長時間了！這也是這位妓女跟老和尚的前緣，多生累劫有這種夫妻因緣。經過一年多，老和尚道力突然就失掉了，他在裡邊拆，那個妓女就在外頭拆，妓女就進到關房，他跟她就行了不淨行。剛作完，那妓女就到太守那裡去報告。太守就給他寫首詩，說你這個修行不是眞修行。

這個老和尚雖然是犯了戒，他的道力沒有失掉，他就投生到太守家裡，作他的女兒，敗壞他的門風。後來碰到老和尚點化，他就醒悟了，又繼續修，修成了。這叫業。業得遇因緣，沒有因緣業不生起的，叫遇緣則應。這就是說你的性是一，隨緣有差別。修行不是一蹴而成就的，千萬莫要認爲自己很了不起了，很有道力了，這就是魔障，這個本身的念頭就容易引來。

大家都知道宋代蘇東坡，過去生是唐朝有名的五祖戒禪師。過去的業，如果在你修的當中，過去的宿債，過去欠下的債，欠業沒還是不成的。怎麼樣還？那就看你的本事。他為什麼墮落了，我們看見他是墮落了，就是還宿債，宿就是他過去欠下的債，都要還的。不過還有兩種還法，一種是重新回到污染世界去還債。又一種用善業的還惡業，轉化。就像憍陳如比丘，佛成道第一個就度他。大家讀《金剛經》，歌利大王割佛的身體，佛就發願了，我要成道，成佛第一個度你。那隔多少劫、多少生，佛成道了第一個度他。他不是那麼善順就讓你度的。最初他是生到王宮，跟佛一起出家，他看佛受牧牛女供，他認為佛不修行了，不行苦行，就離開佛，自己單住去了。佛菩提樹下成道之後，就找那五比丘，他是第一個憍陳如，成了阿羅漢果，這也是還宿債。怎麼還的呢？度他成道。

像我們跟父母的因緣，沒有因緣你不會生到他家。你要成道，在你出家之後，隨時念念帶著他度，還他的債。有惡緣有善緣，無緣不聚，沒有緣你聚不到一起的。像在這兒，我跟大家在這兒學，我講你們聽，你聽一座，聽一次，也得有這一次的緣。現在有很多人離開了，中間的緣一斷，緣不相續，他回來了，緣又相續。我沒有這個智慧，若有這個智慧，我就知道了，每個人什麼緣什麼緣都說得出來。沒有這個明不知道。一個人跟一個人，一面之緣，這叫面緣，都得緣起，他一看他就喜歡，那他過去有因緣。這個人不論相貌長得醜惡，不論男女也不論老少，有的我們見到小孩子很喜歡，有的見那小孩子就討厭。小孩子也沒做什麼，就是有緣無緣。

現在有道友來山上要看看我，客堂一給我打電話，就很高興願意接待他。感我心裡很不舒服，身體不好不接待了，無緣，說不出來這種關係。像你們道友有五六百上千都有緣，就有一個面緣，沒有互相的問問，談一談話，坐一坐，緣沒有，有的就有的，長時跟我有緣。就這麼個緣都不同，這就叫緣起法。不要把性空緣起看的很深，你進不去。性本是一，緣起可不是一，而是無量無邊的，你這樣懂得，就漸漸悟入緣起性空。

未成佛果，先結人緣。佛在印度，從成佛到涅槃，祇園精舍的東邊，叫東林老母，一生不願看見佛，佛經常示現的讓她見，她不見，把眼睛捂上。捂上佛就在她手上現，她還是不見。這是什麼原因？這叫緣起。未成佛果，先結人緣，多結緣。

地水火風，每次風災你得有緣哪，沒緣這個風災你遇不上。遇到水災，得有業緣，你得作這個業，沒有這個業，你遇不上。我們看這個世界上每天刀兵水火饑饉殺戮，仇殺的，戰爭殺害的，飛彈掉下來炸死很多人的，你得有緣，沒緣沒有你的事。那個緣叫業，你沒有這個業，業有共業、有別業。

有一個出家道友跟我講，他過去是當兵的，當軍隊互相交戰的時候，敵人認爲他死了，他自己當時是死了，隔了一夜他又活了。在死的當中，他就聽見好像有很多人，拿薄子對號。對到他名下，說他不該在這兒死，應當死到山東蓬萊。另一個說，也許是特殊的事，我先不管，回去再查。他親自聽到，他是沒死。他後來是不是死到山東蓬萊，我就不知道。他跟我說，人家說我不該死到這兒，確實那個時候我沒死。隔了兩天，被收屍的找到，見這個人身上還有暖氣，可能還活著，給他一治療，他就活了，活了他出家了。

我說那個不一定再死在蓬萊，為什麼？出家就變了。這個業跟緣，業緣業緣，善業的緣跟惡業的緣，緣是以中間結成的，它的生處是什麼呢？性空。因爲性空建立緣起，緣起法是無窮無盡的。有這個緣，深的跟他共住了，見面了，同居了，共同修道了，這又是一種緣。沒有這個緣，這位和尚，這位善知識，你跟沒有善緣，你聽不到的，這個我想大家會相信的。釋迦牟尼佛，現在不知道釋迦牟尼佛是什麼！現在這個世界七十億人口，恐怕有五十億不知道的，他沒有看過這個書，沒有聽過這個名字，就連這麼個因緣都沒有，連這麼善根都沒有。如果你沒讀《阿彌陀經》，六方佛的名字，你不會結緣。特別是念《地藏經》第九品的寶相如來，如果有人念寶相如來，念他的名字、供養禮拜，成阿羅漢。沒念過《地藏經》，能知道這個佛名號嗎？念每一部經，都得有緣。我們所知道的太少了，若能閱一遍《大藏經》，你看一看，結那麼個緣。但是你能有閱藏經這個緣，很不容易，你也不會發這個願。發願閱藏的時候，假這個因緣能治病，誰相信哪？沒人相信。

你到臺灣去問問印順導師！他跟我們在鼓山住，一九三二年在鼓山，我到那兒他就要走了，我跟他沒有幾天的緣。他是肺結核三期，醫生說他活不到好久。那他就不教書，也不在這兒當學生，就回他的普陀山福泉庵，在佛頂山慧濟寺閱藏。現在福泉庵改成普陀山佛學院，男衆佛學院。三年藏閱下來，他好了，肺結核也就好了。他比我大十歲，活了一百歲。他腦殼開了三次，把腦殼打開。他一生都是病，而且病都是醫生不能治的，醫生治不了的，但是他活了一百歲。

這叫什麼呢？業能轉。當你讀《大藏經》，可能有很多字你也不認識，好多經的名字，你聽都沒聽過，還不用說學了。好多的經對你現實的生活非常有用處，但是沒有遇到。爲什麼？沒有這個緣。過去《大藏經》是供的，不給人學的，你想看《大藏經》，常住就不允許，藏頭師（藏主）就不允許。藏頭師是管藏的，他就不許可。其實，經是給人家看的，不是供的。好多的事物當中，你可以從這個體會，體會什麼呢？體會緣起。你若知道緣起，緣起哪來的？性空。我們的心性，因爲無障礙，因爲眞空故，所以隨緣。說這個地方是空的，你蓋樓房，蓋什麼都可以，這個地方不空，你蓋不了的，就是這個涵義。

明白性空，就明白緣起，緣起法有多種。覺首菩薩只舉地水火風，這次第不是隨著我們平常所說的地水火風，而是水火風地，最後的大地叫地界。「地」字後面爲何加個「界」字？世界的界。單講「界」是生起，大地是生起的意思，大地能生起一切法。再把它比成心地，心地的這個心，就是文殊師利菩薩所問的，心性是一，云何有種種差別？我們說心地是一，能生起萬物來，人類的衣食住行。大海不屬於大地，那海底下是什麼？海有底，海底還不是大地，海是大地上的海。用四大種形容，心性是空的，隨緣而起的，心性是一的，而隨緣成一切諸法的。緣生故有，是緣生才有，緣生故空。有是緣生的，空不是緣生的嗎？空也是緣生的。妄心了，分別故有，諸法無作用，無體性的，達到空的。空是由有顯的，有是空成的，沒有空就沒有有。諸法沒有作用，也沒有體性，所以各各不相知。拿地水火風，形容心法是一，心性是一，云何有種種差別呢？種種差別還還歸於一，就是反反覆覆的，覺首菩薩反反覆覆的，這是答覆文殊菩薩所問的。

有些問號，善業跟惡業，哪個是本？孰為本？什麼是善惡業的本？身是作善惡業的。身又以什麼為本呢？妄想心，虛妄分別。虛妄分別又是以什麼為本呢？顛倒夢想，顛倒夢想生起的虛妄心。顛倒妄想又以什麼為本呢？無住。大家知道《金剛經》，須菩提問佛：「云何住心？云何降伏其心？」佛答覆他，無住。《金剛經》都是答覆無住，不住色，不住聲香觸法，不住一切，無所住。怎麼樣達到性空呢？住即無住，住就是無住。這個問題，就這麼循環的問，什麼是無住的本呢？無住還有本嗎？無住就無本。

文殊師利所問的，是以無住來立一切法。心性是一，一也無，就是無住。這是什麼？就是一眞法界、實相、妙明眞心，各各經說的不同了，都是說的無住。翻過來又說隨緣，這是說性空。無住故無所不住，一切法都住於無住當中，一切法、一切事物都住於什麼呢？性空。性空生起諸法。這個問題是要思索的，說有，有不是眞有，是幻有。幻有都沒有了，幻有盡，幻有本來就沒有，就是盡了。盡了是什麼呢？那就是眞空。我們修華嚴三觀，眞空絕相觀，是用眞理把一切事都奪了，奪了就是一切事沒有了，隱了。把一切事都還歸於理，這叫眞空絕相觀。四法界的理法界，純理。一切世間無不皆盡，盡的意思是觀一切法皆空，唯一眞理。離開眞理外，一件事也不可得，皆盡與空。這就是以理奪事，奪的意思就是事全部隱了，光說眞理。我們前面講水來比喻，水就是水，也不說波，以水奪波。

這個比喻大家可以多想一下。現在這個季節，水會變成冰，先是下雨、下雪，之後就變成冰。冰是硬性的，是不動性的，水是流性，是流動性的。冰由哪來的？由水成的。成了冰，冰不是水，冰是硬性的，水是流動性的，冰是不動的。你從一件事物就可以分析，分析到最後，冰不是水，冰不離開水。水不是冰，水能成就冰，沒水怎麼能成冰呢？水是平靜的，沒有波浪。你在井裡看，那井裡頭有波浪嗎？井裡永遠也不會有波浪的。井裡能成冰嗎？成冰你怎麼能打水，打上來的水就可以成冰了，你看那井沿上都是冰，井底下是暖和的。這道理就是眞和妄，有時候顯冰，水沒有了，眞顯了，妄盡還源。冰是假的，冰化了，冰沒有了，冰到哪去了？又變成水了，這是假形假相。

一切諸法都如是，理怎麼成事？事怎麼成理？你多這麼樣想。幻化的，幻的有，它把眞空給覆了，蓋覆了，眞空就不顯現了，有有了，眞就不現了。空隱了，我們的自性，一眞法界性現在不顯現了，現在我們變得全是妄的，身體是妄的。身體所有的，口所說的話，身體所作的事，身體都是假的，它還不是假的嗎？假的是眞的，眞的是假的，眞眞假假，虛虛實實。人死了，這幾天我看電視，〈走遍全中國〉，人都死了一兩千年，又發挖出來他的眞跡。人都死了，人所作的事物還在，哪個是眞的？哪個是假？人只活了幾十歲，他的事物，他寫的字，現在還能拿得出來。現在更有照片、畫像，人死了，那畫像一看，哎，這是某某人。像是眞的嗎？人是眞的？人是眞的，人早死了，什麼都沒有了，他畫的這個像還在！眞眞假假，虛虛實實。懂得這個道理嗎？拿這個來認得你的眞心。

大家看小說，看《紅樓夢》，寫《紅樓夢》的那個人是曹雪芹。北京有兩個單位專門研究《紅樓夢》。有些弟子問我：「老法師，你對《紅樓夢》怎麼個看法？」我說，曹雪芹已經告訴你了。他說：「沒有告訴我們。」我說，開頭第一章，話說一個甄士隱，一個賈雨村，兩人坐茶館，兩人坐茶館聊天，就說出了一部《紅樓夢》。因爲兩人坐茶館就說榮國府，這麼一說就說了《紅樓夢》一部書。眞的有沒告訴你，第一個人的名字「甄士隱」，第二個人的名字「賈雨村」，眞話沒有，假話都在。

又舉「空空道人」、「渺渺眞人」，在《紅樓夢》裡現一個老道，還現一個和尚。老道，就是渺渺眞人，這部書就是渺渺空空的。

上回來這裡看我的女居士，在北京，她演林黛玉。我說：「妳是林黛玉？」她說：「我演林黛玉，我不是林黛玉。」但是她化裝，上臺上，她就是林黛玉。一切法別當小說看，別當戲劇看，它告訴我們一個眞實的，什麼是眞實的？心性。你如果看《雍正傳》，看康熙，就知道《紅樓夢》的來源是什麼！南京織造廠，皇宮用的綢緞，單開個織造廠，曹雪芹是寫他自己的事，不過假小說編一下的。南京織造廠，榮國府、甯國府確實有的。他們家當這個官，就是南京織造廠。

假託得有個事實，所以假託必須得從眞起，從眞起妄，返妄歸眞。往往假著一切世間的事物，回想你的眞心，回想一切諸法。在《華嚴經》，一切諸法叫妙有，不可思議的有。眞空就是妙有，眞空不空，就是一切事物。你的生活當中所有一切事物，這是有，這有是妙有不可思議！一會有了，一會沒了，一會有了，一會沒有。就像你這個生命，一會沒有了，但靈魂不消失，你的心性不消失。又去托生了，又有了。造了業，到六道輪迴去了。修道成就了，到各各國土，淨佛國土多得很，不是一個極樂世界。

我們學《華嚴經》，看淨佛國土有好多？特別是淨土部同學，你想西方極樂世界有好多個？好多個阿彌陀佛？佛在《菩薩戒經》說，南無西方極樂世界，三十六萬億一十一萬九千五百同名同號的阿彌陀佛。說你念這一聲就念了三十六萬億一十一萬九千五百阿彌陀佛，同名同號。把三十六萬億一十一萬九千五百同名同號阿彌陀佛，攝爲一心，叫什麼？有個咒，「嗡阿彌里達得杰哈喇吽」，你念這個咒，三十六萬億的阿彌陀佛你都念了，念一聲就三十六萬億。用不著拿數珠了，用數珠記不到三十六萬億，也不要聽念佛器。

各各經論多看看、多學學，多學多知，方法多得很。像華藏世界、世界成就，一個願，一個行，但是你最初得建立信心，現在我們正講信，文殊菩薩所啓發的，是讓我們信，信我們這個心。心跟土，極樂世界跟阿彌陀佛就是一個，身即是土，土即是身。報是他的正報，土是他的依報。你也就是阿彌陀佛，你現在所住的淨土部，就是極樂世界。你相信嗎？因爲你不相信，認爲事實不是，事實就是你沒法相信，你的明還沒有到信的程度！所以文殊菩薩告訴你，得這樣信。相信阿彌陀佛就是你自己，相信你在這兒念佛的這個道場，不論你在哪兒，不論體積大小，有你的這麼個座位都可以，有這麼一個土棚棚，到山裡掏個洞洞，你到裡面坐，那就是你的極樂世界。你念阿彌陀佛，你就變成阿彌陀佛，阿彌陀佛就是你，你就是阿彌陀佛，阿彌陀佛跟你不二。極樂世界跟你所在的道場、處所不二。信嗎？依著文殊菩薩的教導，他問覺首菩薩這些話的意思，就是讓你信這個問題。這個業報身，就是法身，幻化空身即法身，我這個業報身就是眞身。離開眞身哪有業報身？離開業報身又怎麼顯眞身？眞空必須幻盡，幻盡才是眞空。眞空一定能成就一切幻有，一切幻有是顯示眞空。幻有一定把眞空蓋覆了，眞空就不顯現了。眞空顯現了，幻有一定消失，因爲它隨緣！

諸佛度衆生，在《華嚴經》講如來藏性，含藏著有兩種，一個眞空，一個幻有。含藏著什麼？一切功德，眞空隨緣了，幻有。感到你成佛了，你所作的全是功德，一成一切成。現在所受的，等你成就了，你現在是什麼呢？就是你的幻化身，幻化空身即法身，法身成就之後才知道你的幻化身。釋迦牟尼佛所現的相，從兜率天降下、入胎、住胎、出胎、成佛，修道一切相，都叫妙有，他自己本身住的可是眞法界，就叫眞空。因爲隨著眞空的緣，而度一切衆生，他沒有把衆生當成實有的。當成實有的，地藏菩薩永遠成不到佛，地獄沒有的。三塗六道地獄沒有了，墮地獄有沒有？誰有業誰就造個地獄。

大家念《地藏經》，不曉得你們體會到沒有？地獄整個就是一張床，住一萬人、十萬人也是那張床上。剩你一個人住，那個床你也住滿了，你的身體又變現萬里地那麼大。你體會到沒體會到？這是什麼涵義？不要只念經文，只念那句話，這個地獄，就有一張床，一萬個人住也是一張床，十萬個人住也是一張床，你一個人住一張床還是滿了。讀經，別只讀字，要想想道理。這個你明白了，經常想道理，這叫開悟。什麼叫開悟？不明白的明白了，開悟了。知道這個才能理解到，幻化的空身就是法身。現在對你這個身別太執著，你身上所依止的，所有一切衣食住行的事物，還有一件是眞的嗎？整個你所依止處，山河大地哪有一件是眞？眞的是不變的，不可壞的，可壞的都不是眞的。

今天看院子裡覺證大師的幾幢碑，我就想，大華嚴寺哪去了？它變了，變成普壽寺。以前是男衆，好幾千人，現在變成女衆。從後面山頂上，一直到法堂底下，這才一千年，不很長。我們院子裡頭那些石頭都是幢，幢上刻的那些字，全是元佑年間覺證大師的事。覺證大師，以現在話說是佛教會長，國王封給他的，他管理的很廣，從長安到大同。碑上就是這些寺廟，寺廟當時的住持是誰，住持叫什麼名字，那叫尊勝幢，上面刻有尊勝咒。

這才一千年，在四王天上，人間的一千年就是他的兩天，他怎麼看人間？一切無常的，幻化的，假的，沒有眞實的。沒有這個假的，又怎麼知道一千年有這麼個大華嚴寺廟？那個廟也是假的，沒有了。爲什麼又建了普壽寺，本來是男衆，現在變成了女衆，男衆女衆都一樣。這給我們顯示一個問題，讓我們認識，隨緣不變，不變隨緣。不變的那個是眞空，文殊師利菩薩所問的，法性是一，不錯，都在法性之內，法性是一。爲什麼有種種差別相呢？法性是一，法性不變的。現在我們是變了，大華嚴寺變成普壽寺，這是現實。就是這塊土地，山還是這個山，廟不是這個廟，廟裡供的佛像也不是了。觀一切法是無常的，但無常的性是常的！因爲常的性而建立無常，無常回歸於法性是一。

讀經，要記住經的意思，不一定執著文字，你自己去修行。所謂修行是什麼呢？你自己去觀想，思來想去，思來想去，行住坐臥。我們這些在座的道友，在家的可能是大華嚴寺的護法。出家的，不論男眾、女眾，可能是那時候的和尚。一千年，和尚多了。常住一兩千，隨時換！你要如是觀，如是想，別太執著。心，大一點，別光看見眼皮底下，別光看見一個普壽寺，別光看見一個五臺山，別光看見一個中國，別光看見我們這個世界。我們這個世界在華藏世界裡，就像一個小米粒那麼小，沒有地位的。娑婆世界三千大千世界，我們這一個洲，在華藏世界裡頭像娑婆世界這樣的世界，無窮無盡的。一佛一世界，一個佛教化的是一個三千大千世界。百千萬億諸佛都拿微塵形容，大家多修觀。解釋經的意思，是啓發我們的心，讓我們的心常時如是思惟，常時如是觀照，心量自然就大了，對這個肉體，自然就不會執著。生老病死苦是它，不是你。懂得這個意思嗎？生老病死苦是指這肉體，是那個業，業是空的。這個問題多參，多思惟修。我們所參的善知識，文殊師利菩薩是我們善知識，覺首菩薩是我們善知識，他們兩個在演唱，讓我們在這裡頭體會，讓我們得到解脫，起碼現在不煩惱，對生老病死不煩惱了。

現在專講講空和有，在這個問題上，我們的思想往往通不過，以經義上講比較深，不容易懂。我們經常說一切緣起法，緣起就是有，緣起是因著什麼緣起的呢？

緣起是依著性空的，叫「性空緣起」，「緣起性空」。我們現在所承認的有，都是承認緣生諸法，緣生諸法就是我們的分別心，分別心就是我們這個妄心，現在這個虛妄心。「無始時來界」，從無始時來以來，就是這樣的熏習，永遠是成就的，把虛妄的當成眞實的，也從來沒認識眞實過，若認識眞實，漸漸就成佛。要知道所說的一切有，都是我們的虛妄分別，緣起故空。因爲一切法沒有實際的作用，都是無常的，沒有自己的體性，沒有堅固、不壞性，都是無常的。而且，彼此互相不相知。在這意義上講，緣起諸法是空的。緣生故有，緣生故空，說空說有，都是虛妄分別的。我們現在要明，問明就是明白這麼個意思，明白什麼呢？明白有和空。例如現在一天生活當中，我們心裡所起的想，口裡要說話，要做一切事，身體要行動，這一切都是空的。明明是有，怎麼說空的？緣起。緣起有因緣，因緣和合了，有你這個肉體在，有你這個妄心在，認爲一切是有，這個認知是錯誤的。因爲這個認知錯誤，所有一切動作都錯誤。

《金剛經》上說，立一切法的有，是從什麼建立一切法的？從空上建立的，空是對著有說的。這個空是指什麼空呢？無住爲本。須菩提問佛，須菩提是空生，他是解空第一的羅漢。二乘他已經斷見思惑，他感覺這個心有問題。他就問佛，云何生心？云何住心？他要辨別明白，能夠進道已。說我們修行也好，做一切事物也好，一切法，因爲沒有性體，沒有自性。沒有自性，是分別妄有，妄識所熏習的，這是緣起的。緣生故空，這個有是建立在空上。說一切諸法沒有實義的作用，沒有作用，又沒有體性，又各各不相知。因不知果，果不知因，因果不相知，舉這麼一個例子，一切法都如是。但是空義、有義，因爲性無故，所以說空，這是空義。空有，說它的無性，無性故有，無性故空，這個性不是講眞性的性。一切說法，無性故有，無性故空，緣生故有，緣生故空，如是思惟、如是觀想，緣生的法是沒有自性的。

例如我們說這個桌子，這是指木桌說的，不是鐵桌說的，專指木頭說的，就是現行這個桌子。人工、木料，再假著油漆，有些釘個釘子，原來沒有這麼個東西，妄生的，沒有自己的體性，是多種因緣，木料、人工這些緣成的。它不是實在的，因爲可以壞，是可壞性的，這就是因緣。所以，佛說諸法不自生，亦不從他生。是這樣說的無生，無生這個事物，現在具體存在著，存在著是緣生的，所以說集因緣。空也如是。或者火燒，或者經過破壞，或者經過災難，這個桌子也會經過災難。因此，說空、說有，都是緣生的，緣生的沒有自性。那說特定一個諸法無自性，諸法沒有自己的體性。講到性空，體性的空，那個空跟這個我們說空說有的這個空，不一樣，這個空是對著有說的，有是對著空說的。假使學法者、聞法者不知道空的意義，那你沒進入。空的意義是什麼？是因緣。知道空的因緣怎麼生起的，就知道空義。知道有的因緣是怎麼生起的，就知道有義。關於這個道理，不是我們說幾句話，就能明白了。

文殊師利菩薩問覺首菩薩，心性是一，云何有這些諸法的差別有？不是不一了嗎？這裡就假因緣義，「緣生故名有，緣生故名空，無性故名有，無性故名空。」意思是說諸法必定從緣，緣有故，故有，緣空故，故空，爲什麼？因爲隨他轉，沒有自性。因爲無性故，所以從緣起。緣若有了，性就無了，緣起的都是幻化的，幻化的有，這個緣起諸法在佛的教義當中，就叫俗諦。這是理，這是眞理。什麼眞理？緣起故有，這是眞的。俗是事，加個諦，這是俗諦的理。一切世間法都如是的，這就叫俗諦，這叫無性法。那什麼又叫眞諦呢？離一切相，離了緣起。佛告訴我們：「因緣所生法，我說即是空」，這個空是這樣建立的，因緣所生的，所以說它沒有，故空，空就是形容沒有，他不說沒有，而是說空。不管萬物的差別，種種的相，都是無自性的，無自性的就是性空，沒有自性，這叫性空。但是這個道理得你想，想就叫修，叫修行，叫觀。觀就是修，修就是思惟，把觀說通俗一點，就是你在想什麼，你在觀什麼，別作觀看的觀，而是作問心、思惟修的觀，觀不是觀，觀是眼睛看，觀是心裡的思惟修。修行多想，多想出智慧，但是這個想建立在什麼基礎上？依著什麼去想？依著明白去想，我不是問明，明就是覺，覺我們更深入點說性，性就是我們那個心，觀想我們那個心。

我們現在是妄心，妄心由哪來的？妄心依眞起。妄盡了，眞就現了，就是妄盡還源。還源呢？就是我們所說那個，相信我們自己心，我們以前講〈大乘起信論〉，開始講《華嚴經》所說的，相信我們自己的眞心。特別說到眞心跟妄心，是兩個是一個？妄盡還源，妄心歇了，眞心就現。妄是依眞起的，妄怎麼樣歇的？這就需要學觀，要思惟修。能觀的觀，所觀的都是境，能觀觀於所觀，能所達到一致性，無能、無所、無對待。這樣漸漸回歸你的性，回歸你的性，有就歇了。有是幻有，不是眞有。幻有依什麼起的？需要觀了，這就是觀。一切心相萬有是因什麼起的？妄依眞起，妄不離眞。這個問題看著好像很難得進入，實際上，很容易進入。

當一個修行者，學道修行者，依著佛之教法，我們把妄心歇了，有就沒有了。那個妄空也沒有了，緣生沒有了，就是歸於眞性。眞性是什麼樣子？無住！無住的別名叫實相，實相者無相，無相故能隨緣，隨緣故、無相故、無不相。隨什麼緣就像什麼，隨人緣的，人的緣、人的因，他就變成人了，隨貓的緣，隨畜生的緣，它就變成畜生。這個緣是什麼呢？是業。業是從緣起的，業也是緣起，造什麼業，就有什麼境相隨著你，相是酬答業。說我們現在的人，人是從緣起的，就從人說，這個緣起是自己作的業，作了什麼業緣，就感得什麼業果。業又是從什麼起的？業由你的思惟、惑業而起的。迷了，迷了之中所作的善業、惡業，都是在迷中，不是在悟中，悟中沒有善惡，沒有造作。迷了，不明白，迷了糊裡糊塗的，糊裡糊塗的作些業，業種從緣起，一切都是緣起的。遇著好因緣了，造些善業，遇著惡因緣，造些惡業。這就叫六道輪迴。現實的生活環境，業因緣起的。什麼業都不造，我也不起心也不動念，要能這樣辦到呢？這說開悟、明心見性、見道了，這叫狂心頓歇，歇即菩提。

這也是從緣起的，遇隨順性體的因緣，積累的很多，當它成熟了，我們說善根成熟了，說遇緣了。遇什麼緣呢？生於佛在世的盛世，聞到佛的教法，那也得你過去積累很多的緣，那現在緣成熟了。什麼是善業？什麼是惡業？作善作惡，什麼是他的根本？善業、惡業是依什麼起的？依你的身口意，善業依著你的身口意，依你有身。善惡業的根本是你的身體，什麼是身體的根本？一個欲、一個貪，貪和欲就是善惡的根本。什麼是貪欲的根本呢？就是你現在虛妄的分別。虛妄分別就是妄識，什麼又是虛妄分別的根本呢？顛倒夢想。顛倒想就是你分別的根本，顛倒想就是妄心的無明。什麼是顛倒妄想的根本？無住，或者稱為實相。實相就是無住的意思，或者眞心。一眞法界就是無住。什麼是無住的根本？無住無本，無住就沒有根本。所以，文殊師利菩薩問，心性是一，這個一是什麼？無住。無住故能生起一切法，實相法、一眞法界。法界，界是生起，界能生起一切法，心性生一切法。實相無住就是性空，再回歸就是現在我們講的性空。從你沒有自性，一切諸法無自性，只有一個眞性的本體。這個眞性的本體叫一眞法界也好，實相也好，也就是《金剛經》所講的無住為本。

空是怎麼立的呢？在《淨名經》，也就是《維摩詰所說經》，空是名字，只有名字，沒有實體。我們認爲每一個名字，我們每一個人都有一個名字，這個名字是假的。我特別體會到，當我到另一種環境，不許用名字，給你臨時編個號碼，記住這個號碼就行了，這就是你的名字。名字可以改，我問過我的老師，弘一法師，他給自己起了一百零八個名字，百八諸法成一切，他有一百零八個名字，大家還是叫他「弘一」。自己起很多名字，沒人叫他異名，他也弘揚不出去，他給自己定了一百零八個名字，標號而已，說什麼都只是個名字。

以前如果大家到北京故宮參觀的時候，這個實物沒有了，或者讓人盜走，或者搶劫，或者讓人剽竊，那裡有個牌，說原來在這個地方擺的是什麼？翡翠白菜，這是翡翠白菜的位置，還有個名字在這裡，實物不在了。現在我們說古人，過去的人，人沒有了，名字還在，名字是假的，人是眞的。眞的早亡失了，假的還存在。在這個問題上，你反覆的思惟，思惟就是觀察的意思。你要想證得眞空的道理，必須一切的幻有都消失了，盡了幻有就是眞空。因爲有幻有就不是眞空！我們修華嚴三觀，眞空絕相觀，依理奪事，光是理存在，事門全沒有，眞空絕相，這樣理才能成。現在我們連理帶事，唯一眞理。其他都沒有，都不存在了，平等顯事。事外沒有另外一個眞理，理外也沒有一個事。理即是事，事即是理，這是《華嚴經》的理事無礙觀。眞空絕相、理事無礙！因爲眞空一定有幻有，沒有幻有怎麼說它眞空呢？幻有沒有了，眞空也不立了。

有跟空，這是深一層的講，剛才跟大家就講空有。在修華嚴法界觀，顯理的時候，就是眞理奪事，眞空絕相，一切名字、假言什麼都沒有。連個眞理也不立，立了眞理，一定相對，不是眞理的。空是對著相說的，相沒有了，空還說什麼呢？大對著小說的，沒有是小的，大也就不立了，失掉一面，另一面不存在，這就叫相對法。但是眞空必成就幻有，幻有一定顯眞空，這叫依理成事，華嚴義！微塵都可以轉大法輪，那是依理成事，微塵變成全是理，就是眞空理，眞空才能容納一切。一切事物沒有實體的，只有眞理是它的體，那事也就成了眞理。

我們前面講緣起，緣起是無自性的，無自性沒有理，沒有性理，只成就事而已。只有那個事成立。波浪的波，波是事，怎麼起的波？有水才有波，沒水還有波嗎？有理才有事，沒事還有理嗎？所依賴的叫如來藏，在華嚴五教義單立一個如來藏。在這個問題上是有爭論的，相宗講唯識，他對如來藏性，非常的懷疑，他只承認唯識，八識也就是如來藏，爲什麼還立個如來藏？性宗的。八識是染淨的種子，大家學唯識的都知道。立如來藏，還含藏著有一切的諸法，才能建立一切諸法，有一切諸法。《大品般若經》說：「若諸法不空，則無道無果。」諸法若不空，沒有道也沒有果，一切法都不立。

大家學過〈中論〉、〈百論〉、〈十二門論〉，在〈中論〉講，一切法得成，正因爲有空。般若義空故，一切法得成。般若義不空，一切法不成。這種道理，要多觀照思惟。我們經常說一切法是幻有的，有了幻有，眞空不顯現，他把眞空義完全覆蓋了，空隱！眞空隱到什麼地方呢？隱到一切幻有當中。這種空有的意思，更加深入了。但是這些幻有，並不妨礙眞空。幻有的有，自然就消失了，幻有的有消失了，眞空就徹底顯現了。因爲幻有一定覆蓋著眞空，因爲二者是互相相違的，有了就不空了，眞空就隱了。在法界觀裡說，一切事隱了，隱到眞空理門當中，這叫眞空絕相。眞理隱了，隱到一切幻有當中，說一切諸法皆是眞實的，這就叫眞理隨緣，就是性空隨緣，能成一切事法。因爲一切事法違背眞理，因爲事法顯了，眞理就不現。離開這些事法，另外還有個眞理，眞理跟事法相對，不是這樣的涵義。涵義是離了事，理就隱，理成了，事就隱。大波大浪，只看見波浪，不看見水，水隱了。等浪靜的時候，波沒有了，只看見是水。水變成冰，水的體相就沒有，不流動了，冰是凝結的。冰化爲水的時候，冰就沒有了，水就隱了。

這個道理，大家慢慢思索，不然沒法進入，不然我們說了多少座，等於零。文殊菩薩最初問覺首菩薩，都是用前義、後答，後義、前答。諸法自性是一，心性是一，云何有種種差別？有和非有，是一個是兩個？有和非有都是幻有，幻有不是眞實的，幻有就是沒有。空和非空就是一個眞空，不是兩個。非空與有，就是一個幻有，別作兩個解釋。空與非有就是一個眞空，也不是兩個的，幻有與眞空是無二，一法界義。

眼耳鼻舌身　心意諸情根
以此常流轉　而無能轉者
法性本無生　示現而有生
是中無能現　亦無所現物

在文字上略微一解釋就能明白，但是道理一說就不明白，你若沒悟得就不明了！現在我們求的明，不但在事上明，在理上亦明，事是怎麼能顯理的？理是怎麼能成事的？把這個關係搞清楚，才是眞正的明。文字上清楚，言語上清楚，還不行，要眞正契入，了生死了。這不但了生死，煩惱斷了。六根眼耳鼻舌身意，屬於情的，不是智的；屬於迷的，不是悟的。他們常如是流轉，誰來轉他們呢？問號是在這兒，「眼耳鼻舌身，心意諸情根，以此常流轉，而無能轉者。」他們是怎麼流轉的？誰來使他們流轉的？這是有種種的因，這就是如來藏所成就的。唯識家講，叫唯識熏習而成的；〈大乘起信論〉講，染法熏淨法，淨法亦成染。

我們一天在生活當中，在你的意識形態當中，意識形態就是這個識，八識是染淨的種子，淨熏染的時候，染就成淨。染熏淨的時候，淨就變成染。前五識，眼耳鼻舌身，五識加上第六意識，那個意識就是我們的心，就是第六識。第七識就是我們的意根，叫意識，那叫意根，他是常時想的，我們常時思惟用的是第七識。第七識恆審思量，第七識是無形相的。第六識就是只能了別，不能深入。八識含藏著染和淨，八識通於八種，前五個是依著色根，六是依著第七，依著意根，第七依著八，因爲八識是染淨的根本，一切眼耳鼻舌身意統統依著八識，所以叫「情根」。它是互相轉，互相熏習。離開八識的話，識外無法，什麼法也沒有，所謂無者就是轉，轉八識成智慧，成明，我們簡單說把這八個識轉了，明白了，眞正轉識成智，眞正達到明白。

這個裡頭特別說到意根，我執我見，都是意根。因爲這個識是染污的根本，一切染污的根本，爲什麼呢？總是我，恆審思量執爲我，永遠執爲我。把這個我，我癡（無明），我見（邪知邪見），我慢，我愛，這叫四根本。四根本是一切煩惱的根本。經常煩惱，煩惱就是不明白，主要是我癡。看問題的看法，你所知道的就是你的見解，你所知道的不是清淨的，而是染污的，因此產生我慢、我愛，特別是愛，愛是情根。癡是什麼？愚癡就是無明，問明就問的要明白，要把無明斷了。執著我相，我想、我愛，迷什麼呢？迷了一種眞理，什麼叫眞理？無我。因爲無明就是我癡，無我就明白了，不癡了。我見就是執著，執著不放，這個屬於非我法。還不會說話的小孩，你可以測驗他，你給他一個玩物，他剛懂點事，就知道「這是我的」，誰要動他的他不讓動，「這是我的」。這是俱生我執。本來非我，執著有我，於不是我法，執著我法。妄計的、假的爲我，我見。好多人，你要說他說的不對，那把他氣死了，他跟你爭的不得了，「我看的問題還有錯？」這叫我見。互相爭執就是見，兩個人辯論、談論，就是看問題的看法。對、不對，爭執哪個是對，哪個是不對。我的知見，我認為是對的，要別人說不對的不行。多醜陋的人，你要是說他醜陋，他是不承認的，他認為自己比誰都漂亮。

我曾經在廈門南普陀寺遇著這樣一個人，他六根不全，兩腿讓人打斷了，他爬著還要作惡。作什麼惡呢？他拿兩個手在地下爬，拄兩個木頭，寺廟前頭旅遊的了，就像我們前面的馬路上，他在路間擋，「你反正不敢撞我，哪部車都不敢撞我。」開車的下來，請他讓開一下，說：「你走不動，我扶著你！」他說：「你得給幾個錢，我自己就挪開了，不給錢就不行！」這叫「惡化」。都到了這個時候他還要造惡，這屬於什麼呢？我見。他看問題就是這樣看法，說破戒了，乃至破根本戒，還可以懺悔、拜懺，還可以說容易懺悔掉。說你邪知邪見，破見的人，我見，很不容易改。去這個惡很難哪！所以把它擺在第一位，這是根據什麼？根據無明。我們要求明，第一個先要把我見破除。我見就是我執、我慢、我愛，都產生我見，就是他看問題的看法，跟人家不同，為什麼？無明不明，蓋覆了。這叫四根本，煩惱的根本。癡呢？無明了。因為他的愚癡在什麼地方？我相。我是對的，我是好的，一切以我為標準。他迷在什麼呢？無我。那個理上，他迷了無我的理，叫我癡。

這四個是連著的，好多人我慢，他不及人家，總感覺比人家強，大家可能看過魯迅作的〈阿Q正傳〉，那是中國人的劣根性。劣根性，就是他那個執著見解。阿

Q就是這樣，他愛跟人吵架，愛跟人打架，又打不贏人家，人家把他打了，他怎麼想呢？他有自己的解釋，他說：「兒子打老子！」算了吧，打不贏人家，沒辦法報復，那就兒子打老子，他還是勝利。這是屬於我慢，明明不及人家，總認爲比別人強。這裡你隨時乃至於觀察自己心，你也常有這種道理。倨傲，還是我執我見裡頭產生的，我慢。明明不及人家，還覺著比別人強，這是我執所生起的，所以叫我慢。他心裡頭總是想比別人強，實際上不如人，這叫我慢。

心性是一，云何又產生八個？依著八個所產生的問題，可就太多了。我見、我慢、我愛、我癡，要把這四種分開，太多了，那煩惱事太多了，這叫四根本。貪瞋癡，愛就屬於貪，執著不捨，這就是愛，執著而不捨。身見當中，愛我的身體！前面說，自己很醜陋，認爲比別人強，比別人漂亮。很多事物，你去貪，貪不得。貪不得就是求不得，你想得，得不到，得不到就煩惱了，想種種辦法去得。得了馬上又失掉，那就更煩惱。我愛我貪，都是因爲執著我，這是根深蒂固的。這四個長期擾亂你的心，使你的心不安，而且心要奔求！所以心不安者，生死輪轉不停，這叫煩惱。出離不了，這叫煩惱。假使你明了，明了就斷這個煩惱。因爲這四種煩惱生起好多問題，不知道它的體性是空的，不明體是空的。如是貪愛流轉，所以稱八識無體性，八識沒有自體，無體性。無我，沒有實法的我也沒有我所，如果能夠悟得這個理，說體性是空的，實在沒有我也沒有我法，那就不流轉。因爲不能體會到，不明這個八法無體性，無實法。

一切法認爲是眞實的，認爲是有的，貪愛不捨，不能斷除。這全是有法，這是有，是從八識而建立的，八識的相分是有的。這個問題，我們講〈大乘起信論〉，一念不覺的時候，不覺生了三細相，業相、轉相、現相。業識就是業相，業識所含著七識就是轉相。執取、計名字、起業、業繫苦，越來越粗，就是流轉生死，爲什麼不相知？這些法各各無自性，各各不相知。所以覺首菩薩答的時候，把這個虛妄不實的，俗不異眞，俗跟眞根本不二樣，所以立俗諦。眞俗的體，眞如隨緣，一切俗諦成立，而眞諦已經存在，眞俗二諦並存。眞諦的理就是俗諦的理，俗諦的理也是眞諦的理，理上互不相違。文殊菩薩問他，心性是一，云何而有這些差別諸相？差別諸相就是俗諦。差別諸相是眞諦隨俗諦的緣而建立的俗諦，眞不異俗，眞諦存在於俗諦裡面。爲什麼加個「諦」？不是單是俗，而是俗諦。眞諦俗諦，諦者一也，眞俗之不同，所以不相違。前面講很多次，無性故有，性隱了，就顯現有。無持、無轉故空，因爲沒有自己體性，所以說它空。「法性本無生，示現而有生，是中無能現，亦無所現物。」

在《楞嚴經》上講，「法本無生因境有」，境就是隨緣義，經文上說，覺首菩薩答說，法性本無生，隨緣了，示現有生，心性本是一，隨緣成諸有。文殊菩薩問號，覺首菩薩這樣答，是中無能現，亦無所現物，法性無生無住，雖然示現有生，何是能現者？沒有。什麼是所現的物體，眞體？沒有。既無能現，亦無所現物。

○釋 文

這一個偈子，答覆的有三問，第一個，法性本無生，是眞如。示現而有生，這就說明眞如隨緣，所以成了種種諸相。心性本是一，云何生諸法？心性本是一，隨緣成諸有。心性是一，一是不變義，隨緣了唯心變現。心所變現的一切，還歸於心性。所以說，生非實生是幻有，幻有非有是眞生，這是隨緣義。隨緣而不變，因爲所隨緣的了不可得，沒有實體，這叫生即無生。

因爲是唯心所變現，每一件物都是心，心所變現的，變現這個物就是心，但是心非心，是隨緣義，不是眞的，而是隨緣的。你所造的業，越造越多，業不知心，因爲是隨緣義，一隨緣了，不失掉自性的本義，雖然在諸趣中，不明白心性。但是，這些是無生，了不可得，是幻有、幻化。爲什麼？性體不動，無所現。妄法是虛妄的，不是眞實的。生即無生，滅亦無滅。常時隨緣，常時無生。無生即是不滅，隨緣不變義。但是沒有生的生，業果，所造的業宛然，這就是具現。本來不染而成染，染而不失掉不染的眞義，這是難可了知的。

特別是生即無生，眞心在染，染而不染，處染而常淨，這個道理就甚深了，難可了知。佛示現人間，度一切衆生，他看一切如幻。我們五臺山，是文殊師利菩薩道場。心性是一，爲何有座五臺山？五臺山裡頭爲什麼有這麼多間寺廟？一個台就夠了，爲什麼五台？根據這個道理你去想、思惟。一切諸法的體，法性本無生，云何生諸法？不空如來藏。諸法都是如來藏現，就是不空如來藏現。一法不現，此中無有一法能現者，這叫空如來藏。一切諸法宛然，這叫不空如來藏。又者，性體隨緣了，性體還有沒有？性體若沒有了，那不失掉了，眞常意義不存在了。現在我們每個人都是妄心，實心用事，眞性還存在不存在？眞隱妄現。諸佛菩薩，眞現妄隱。他也是隨緣，隨緣那個不是眞實的，眞要現，妄就隱，一個叫空如來藏，一個叫不空如來藏。用這個來解釋，性相不相違，相現眞隱，眞隱了現相。我們說假話、作假事，誰作的？說眞事，說眞話，眞是對著假說的，沒假怎麼能成眞？眞是顯假的不存在。但是這兩個，眞眞假假虛虛實實，全都是妄，這是差別諸法。無論一切二報、一切受法，都是隨緣的，依著體性而生起。法就是差別相，種種樣。性是依法所依的體性，就是即法的性，所以叫法性。

性是不變的，可以規範的。以不變爲義，永遠作你的規範，依著這個軌道走，這叫法依性起，這個法是依著性而起的，那就叫法性。性即是法，法即是性，這是法性的法。說通俗一點，你這個身體是虛幻不實的，但你這個虛幻不實裡頭，有眞實者在，眞實者在呢？就是你那個心，隨緣不變的那個義，永遠不變的，所以才相信自己是佛。我們講信心，就是這個道理。不變是諸法的根本，是緣的根本。本來是不生的，隨緣故生。引證《楞嚴經》上的話，「心本無生因境有」，心本來是不生的，因境而生的。心能轉境，你的心能轉一切境界相，跟諸佛無二。心被境轉，你的心被外邊的環境、客觀的現實轉化了，那就是凡夫，就是衆生，就在一轉之間。

眼耳鼻舌身　心意諸情根
一切空無性　妄心分別有

一個心性，雖然生起一切法，即心自性，文殊師利菩薩問答當中，不是有各各不相知的話，由妄想分別所生的事物，各各不相知。因爲它是依他起的，所起諸法徧計執著，普徧的執著。由於徧計執故，能起依他起，依他起的沒有性故，所以還能歸於圓成實性。唯識當中，就是依他起性、徧計執性、圓成實性。依他起的自性，分別緣所緣、所生的諸法，會歸於圓成實。六根六識乃至六塵，十八界法，前面是境，眼耳鼻舌身意是根，這是「諸情根」，不是心，這一切都空，沒有自性，是虛妄分別而建立的，說分別妄心而起的有，還是自己的自性。心性本是一，云何生了一切諸法？這是文殊菩薩問，覺首菩薩答。心性本是一，隨緣生諸有，諸有都無性，無性還歸於一性，但是妄想分別的有。

如理而觀察　一切皆無性
法眼不思議　此見非顛倒

稱著眞理、稱著眞心而觀察，一切還是歸於理性。心性是一，這是理。觀察心性是一，一還是一。雖然生起諸法，一切諸法都無性。「法眼不思議，此見非顛倒。」

云何得知無性呢？用法眼觀一切法，是稱性而觀，不是顛倒見。一切法成染的時候，一切緣起！轉染成淨，這是成淨的緣起，那是轉染的緣起，這是決定的眞理。

「法眼」是觀一切俗諦，了達眞空的道理。大家讀《金剛經》，在五眼當中，慧眼是照俗諦的，法眼是照空諦的，慧眼是了俗諦的，法眼是了空諦的。法眼不思議，這種如理的觀察，一切法無自性，應回歸於自性，依法眼觀生起的，這種見解是眞實的。文殊菩薩所問的，心性是一，雖然生起諸法，種種差別，一切法無性，還是歸於眞實，緣起性空。

若實若不實　若妄若非妄
世間出世間　但有假言說

覺首菩薩答覆文殊師利菩薩的問難，這裡有眞實的，心性是眞實的。所生起諸法是非眞實的，都是虛妄的。性空是眞實的，生起諸法是虛妄的。若妄是一切諸法妄，若非妄是性空。若實，是性空，若不實，是生起諸法。世間法就是世間的一切境界相，出世間是性空法。不論眞實的、不眞實的，虛妄的、眞實的，全是假言說。

隨順衆生的因緣，「因緣所生法」，佛自己說，「我說即是空」，那些法都是隨緣的，「隨緣說諸法，其妄本非妄」，那些妄本來不是妄，啓發他回歸眞實。不論世間、出世間法，都是假言語、假名稱，但有假言說，沒有眞實義。眞實的意思是什麼樣子呢？不可說。不可說又怎麼明了呢？假言說而明了如實義，不要在言說上起執著，起分別。雖然是妄言，但是與道合，它可以使你還歸眞實。懂得這個道理，你不要太執著。把你的心空了，學一切法都能承受，不要有妄知妄見，不要傲慢，虛懷若谷。因爲這個是與那個理通的，你會得到的。雖然是妄言，能與道相結合。這是總答覆的最後解釋。

初頌拿水的漂流來合，合這個心性是一，云何生妄法。次頌又用火來合，火本無生，隨緣生起。完了再與風合，再與地合，四大種。以這個顯示什麼呢？顯示文殊所說的心性是一。文殊菩薩的問，他含的義理很多，覺首的答沒有固定的方式，也沒有固定的答覆，而是隨順他所問的道理，顯示體性是一的意思，令學人能體會到。體性是一，怎麼生起諸法？怎麼生起諸境？從答的文中就可以了。像地水火風，都是從一而引起的。像水成了波，或是水成了冰，基本上還是水，水就是水，心性是一，變了種種的相，還是一。水變了冰、變了波，或者變了波濤，還是一。不管海水，乃至你喝的一口水，水就是水，是一。你這樣去認識，這樣去體會。

這一段經義總的說來是讓你明，明什麼呢？明白你在生死六道輪迴，長時流轉當中，這是隨著業。隨著所造的業，長時無量劫在生死流轉，但是流轉的這個體，在生死無量劫經過這麼樣流轉，體性還是恆常、眞實不變的，本性恆眞，這是虛假之相。你那個本體是不動的，流轉只是虛假之相。眼耳鼻舌身意，一切諸法沒有失掉眞性，這是生滅之法，是生死流轉之法，不是生死流轉的性。因為我們這個性沒有失掉，所以才證得、回歸你這個性，就是佛。流轉當中，你迷了。因為你這個性沒有失掉，還可以回轉成佛，這不是虛妄的，而是眞實的。等你沒有貪瞋癡愛，眞智慧現前的時候，那就是眞，不是妄。沒現前的時候，還是妄。妄裡有眞實，就是你眞性不變故。眞性不是虛妄的，但你在虛妄當中，從現相上看，貪瞋癡愛，這些把你的眞智慧蓋覆住了，生死流轉。流轉相淨，名之為眞。波靜下來了，冰化的時候，水還是水。

在利益衆生的時候，就是覺他，在覺他的時候，自己必須先自覺。自覺覺他，這叫什麼呢？大道心衆生。發大心，願一切人成佛。發大心，把佛的眞實義顯現出來，讓衆生明了。明了什麼呢？明了你現在是在無明當中，但是無明是依眞體而起的，它是隨緣的，不是眞實的。依著無明而造種種的業，這是種種業的因果，等你明了，這一切沒有了，你自己覺！自覺覺他，令自性的眞理，實相的眞義，顯現給衆生，讓衆生認取，到了這個時候，眞妄兩亡。妄沒有了，妄盡還源，眞也不立。眞是對妄說的，到眞妄兩亡的時候，覺首，覺悟之首，讓你信，信什麼呢？信這個覺，信明。這些菩薩名字的涵義，就含著警覺我們。等到〈淨行品〉的時候，是智首菩薩。智跟覺有什麼差別呢？在意義上略有不同，有智慧者才能如是作，才能如是行。那個行就證實你本有的、眞正的、不妄的、不虛的、眞實的眞心。等到〈淨行品〉，行起來，就是你一天的生活。讓你的生活跟智首菩薩合，跟文殊師利菩薩合，你的行就是普賢行，這是《華嚴經》最主要的起始。

文殊菩薩問，覺首菩薩答，起什麼作用呢？讓我們生起堅固不移的信心，如是知一切法。如是知一切法，斷生死的流轉。等把生死流轉都斷了，也沒有什麼叫虛妄，也沒有什麼叫眞實，這是相對法，說法的方便，這叫方便智慧。沒有方便怎麼能達到眞實？必須假方便。現在我們都在方便當中，出家修道、剃髮染衣、皈依三寶、堅持禁戒，這都是向不流轉生死的方向走，斷你的貪瞋癡愛。自覺，還要覺他。自覺，自己要先知道，法性自性的眞理。法性的眞理是什麼？眞和妄兩個都沒有，一眞法界是對著不是一眞法界說的！眞妄兩亡，就是覺悟之首，是信法之初，信這個心地法門。這也是密宗三要道之一，從三要道才能達到無上道。你要想入佛門就從信心入手，覺悟開始，叫覺首。相信自己的身口意業，及一切衆生的身口意。

一個問，一個答，眞也好，妄也好，眞妄雙亡。妄盡還源，眞也不存在，這是入佛智慧海，這是證得不動如來的十智如來，因爲這些菩薩都是從不動世界來的，隨文殊菩薩來的，隨九首菩薩來的。這是十信當中最初所信之理，文殊師利、覺首、財首，乃至於智首，都是十信位之行，以行來立名，得了名，依名而知道行，一一菩薩都從這而立名，覺首、智首、財首，都是從這立的名。世界是妙色，妙色不是有的！妙色非色，妙有非有，妙色世界。這就是覺首菩薩所覺悟的道理，無礙智佛所證得的道理，以這個信心來明一切業的因果。業的因果是什麼呢？眞妄兩亡，眞和妄兩個都不存在。依你的智慧，依你的大用無礙，智用無礙，眞妄兩亡，智用無礙。

「如理而觀察，一切皆無性，法眼不思議，此見非顚倒。」我們怎麼樣知道一切諸法無性呢？要以法眼觀。在《金剛經》上，法眼當觀空。能夠如理地觀察，「如理」就是用法眼。像我們沒有證得，沒有明心見性，但是從學來當中，學到如理觀察。經過佛的教授，我們知道一切法都沒有自性，諸法無自性。你怎麼觀察到無自性？你不學佛所教授的方法，你也不知道什麼叫相、什麼叫空、什麼叫有？是因爲在我們學習階段，文殊師利菩薩教授我們，只是讓我們信，信了之後才能生解，解深的明白而後才能行。「如理」的這個理，把它說成空性也可以，就是用我們現前的一念心。說他見上，觀察是指見說的。「如理」就是如性，這個理就是性體。觀察一些事物，在觀察一些事物的時候，知道一切事物，一切諸法沒有體性的，是生滅的，是可壞的，不是不變的。

「無性」就是依著理而成就的隨緣義。「法眼」，就是擇法眼。現在我們是肉眼，不是法眼。在《金剛經》上講五眼，凡夫是肉眼，天人用天眼，修道者已經成了阿羅漢，他用的是慧眼，大菩薩都用法眼，佛用佛眼，佛眼觀一切，佛是具足五眼圓明。「如理而觀察」是用法眼觀察一切法，就叫「如理而觀察」，說一切法皆無性，法眼不思議。怎麼知道一切法無性？用法眼觀。法眼是佛所教授我們的。這個知見的見，這個觀，就是見，看問題你怎麼樣看？用法眼去看。我們怎麼知道無自性呢？用法眼觀故。稱性而起的諸法，隨緣而生起的諸法，有染有淨。法眼觀一切的無性是指著淨法說的，成就清淨的淨法緣起，「如理」就是如這個理，如理觀察、看一切法，這就是法眼，這個道理是決定的。一切虛妄分別，用法眼一觀，我們也經常說慧眼，這不是眼觀，而是心觀，心的作意，就是見。

觀是眼睛看嗎？是心看嗎？是思惟嗎？讀《心經》的時候，第一個字就是「觀」，這個觀就是心照，觀即是照。也可以說是思惟修，思惟修產生的見，就是看問題的看法。隨俗說，一般看都是眼睛看，實際上是心的觀照。知道一切法沒有自性，皆無性的。這個見是眞實的。

以下跟著這個偈頌解釋。「若實若不實，若妄若非妄，世間出世間，但有假言說。」因爲你示現有生，有生者就有差別。前面上一句說是法性本無生，一切皆空，這是顯實。但是它隨緣了，示現有生，生了這個染，看問題有差別，就是不實。法性無生，一切皆空，是說的實。示現有生，有眼耳鼻舌身意這些差別，就是不實。因爲不實了，妄心分別，就有一切法，這是虛妄的。「如理而觀察」，如理觀察就不是妄。這一觀察才知道一切妄法，是隨緣而生起的。是空不空，從空而生起一切法，是不空的。一切不空的妄法是隨緣而生的，所以就叫世間相，一切世間的流轉。在一切世間流轉當中，在生滅法當中，又回來如理觀察，成就世間法的隨緣義。這個見就是眼睛所見的，見他的眞實，不見他的虛妄。見他的眞實，就是幻化的色身，就是法身。在幻化的色身上，見他的眞實法身。如理觀察就不是妄，妄是緣生一切諸法，是一切世間流轉。

什麼是世間法呢？但有名言，只是名字，這個名字不是實在的，假名無實。我們現在，名必具實義，我們爲這個東西起個名字，名字底下一定有實在的東西。實在的東西不是眞實的，就是虛妄的世間相，等你如理觀察，才知道一切世間相，但有其名，而沒有眞實，沒有實體。什麼是不實的？不是實在的，這個不實得作一切不實的虛妄事物，沒有體性，它的體性是空的。所以，它沒有體性的，這是妄。但是，妄追求它的根源，你不可得，妄非妄法。我們這個人是虛妄的，是隨緣而生的，是流轉的，必具足不流轉相。流轉相是生滅的，生滅法是空的，這要思惟，不要聽著語言！生滅法是依著不生滅法而起的，生死即涅槃。說我們超出世間法，出世間有個世間可出嗎？這只是名言，無世可出。

染法跟淨法，生滅法跟涅槃不生滅法，實在都是隨緣義。這叫「言語道斷，心行處滅」。染淨雙亡，沒有染也沒有淨，只是名字文言。你能忘掉言語、忘掉形相，這就與道合。心裡不要有執著的我，不要有什麼事物，一切事物都沒有，虛懷若谷，這是與理通的，這個理就是指著眞實的理。「若實若不實」，這是若實的，「若妄若非妄」，世間出世間都是假言說的，不是眞實義。懂得這個道理，就明白這個偈子。

這是如理用文來解釋的。我們在生活當中，所有的世間相，包括我們的肉體、肉體所依的世間，肉體依著世間，你要生活，衣食住行都是生住異滅。等你覺悟了，認識世間相生滅的涵義，它的眞實道理是不生滅的，生滅是依著不生滅而生起的。回歸文殊菩薩，讓我們信，辨別了讓我們信，信什麼呢？即心是佛，信你一定能成佛，一定能覺悟，這是最首要的，所以叫覺首菩薩。

文殊師利菩薩問，覺首菩薩答。因爲配隨緣，隨位，講因果。自心本來是不動智爲佛。以你這個信心進修，依著現在這個信心去進修，修到成就了，得到無礙智慧，就成就了不動智。因此，文殊師利菩薩所問的，覺首菩薩所答的，是讓你生起一個信心的因，以這個因進修，得到無礙智、不動智的佛果位。現在只是讓我們生信。

二 教化甚深

爾時文殊師利菩薩。問財首菩薩言。佛子。一切眾生非眾生。云何如來。隨其時。隨其命。隨其身。隨其行。隨其解。隨其言論。隨其心樂。隨其方便。隨其思惟。隨其觀察。於如是諸眾生中。為現其身。教化調伏。

這是文殊菩薩問財首菩薩。他的問題是，佛說一切衆生非衆生，般若智都是這樣說的。「衆生即非衆生，是名衆生」，這類的句子，在《金剛經》常如是說。《華嚴經》也是這樣，一切衆生非衆生。既然衆生不是衆生，爲什麼「隨其時」？因緣成熟時，對機說法，隨機了。「時」是因緣契合時，佛經都是「如是一時」，就是指這個時，「隨其時」，就是「一時」。「隨其命」，命是存在的、現實有的，隨它的身，隨身體所作的事，隨它的慧解，隨它所說的言論。每個衆生都有心境的愛樂，每個衆生的言論不同，現在這個世界上有好多種語言，佛都能隨順他的語言，什麼時候有機會，機緣成熟了。機就是衆生，他可以聞佛法，那叫說法。「爲現其身，教化調伏」，「教化」就是給他說法。隨他的所作，隨他的覺悟，隨他的言論，隨他的心樂，隨其方便，隨他的想法，這樣的觀察。在衆生中現身來教化調伏，衆生非衆生，有什麼可調伏的？有什麼可以教化的？有什麼可以隨的？這是問難的意思。

前面問覺首菩薩也是這樣，心性是一，云何有這麼多差別？時、命、身、言論、心樂，問題是一樣的，只是言語變化了。若是這樣，佛見一切衆生有，不是空！但是第一句就說，衆生非衆生，空的。空的，還隨他的命，隨他的身，隨他的行，這不是不空？之後還要教化、調伏他！根本沒有衆生，教化什麼？還調伏他做什麼？這是問號。比如說我們現在道友們，煩惱即菩提，斷什麼煩惱？學什麼道？出什麼家？你煩惱來了，說：「這是菩提，我成佛了。」是這麼回事嗎？他又不是這麼回事，這就叫「妙」，妙叫什麼？不可思議！等佛一說，可思議！從可思議，才能達到不可思議。「衆生非衆生」是佛在理上觀照，他證得阿耨多羅三藐三菩提，才能知道「衆生非衆生」。在衆生的本身，「衆生非衆生」，連基本的本體還沒有，那個苦、樂，誰來受？事實不是這樣。「衆生非衆生」是佛觀，衆生本身還承認是衆生。

他設難說，衆生即是空的，佛爲什麼還要教化、還要度、還經過好多劫的去度他們？翻過來說，如果佛見衆生不是空的，而是有的，那度不盡！那就沒有大智慧，見不到體，只見他的相。我們設想，這一班小孩是初年級小學生，你能判斷他這一生以後的發展，在小學是平等的，沒有分科的，學認字、學生活，是一樣的。但是一樣之中有些不一樣，這個小孩聰明些，你教他一遍他就會了，有的孩子們教他十遍八遍也記不住，爲什麼有這些差別？一到中學，就漸漸分了，他的知識、文化程度就漸漸不同，等到大學就分科了。一到社會上去，士農工商，過去說三教九流，現在還如是。

爲什麼有這麼多差別相？同是一個媽媽生的，還是雙胞胎，長大了各自不一樣。在我們這裡住的兩個臺灣比丘尼，雙胞胎，姐姐學密宗，妹妹學顯宗，兩人意見也會不一樣，一個要去朝印度，另一個要來大陸。同是一個媽媽生的，這就說明什麼呢？種種的差別。假使佛見衆生不空，那不叫佛，他度不了衆生，哭的也跟著哭，快樂的也跟著去快樂，怎麼度？他看見哭的是業，看見樂的還是業，你這個業也是空的，最後什麼也沒有。但是在受報的時候，不空了，大家都是業生的，沒有業不生，有業就生了。業不同故，生的各樣，乃至你的智慧、學法跟思想狀況，都不一樣。用這個來證明什麼呢？如果佛不見眾生是空的，佛就沒有智慧，若是這樣看，這樣認識，這叫謗佛。佛見眾生都是空的，空了爲什麼還要現身、還要去教化、還要去調伏他們？問題就在這裡。在理上是空的，但在事上是不空的。

學《華嚴經》，得先把四法界弄清楚。理法界、事法界、理事無礙法界、事事無礙法界，都如是。在理上是通的，在事上絕對不通。一切國家交通工具，乃至一切國家的銀行，是誰的？有我們一份，人民銀行，你是這個國家的人民，就有你一份。有你一份是理上說的，事上不行，事上爲什麼不行呢？你坐飛機得買飛機票，坐火車得買票，沒買票上不去，你說這是我的，有我一份，現在沒有使用權。我跟佛一樣，平等平等，但是沒有使用權。

怎麼樣才能達到有使用權呢？無罣無礙，到什麼時候？說這是「我的」，是「我的」嗎？「我」都不存在，哪有「我的」？這是讓你去觀，觀就是思惟修，佛若見眾生不空，是沒有智慧；佛若見眾生空而不利益眾生，因爲眾生不空，佛證得了他知道是空的，眾生本身空不掉，他也想辦法讓他空，這才有教化設施。這個道理是很淺顯的，但一到經上，一用文字，一用觀察，一要證得，你就沒辦法，通不到了。「煩惱即菩提，生死即涅槃」，大家常這樣念，你「即」得了嗎？你煩惱是煩惱。懂得這個涵義，隨著所化的差別，佛化眾生的時候，眾生有聰明的，一聞法有智慧，開悟了。有的衆生，你度他一生、兩生、十生、好多萬生，他還沒有開悟。

《地藏經》中，閻羅王問佛說：「地藏菩薩那麼大神通，把衆生從地獄度出去，要度就度究竟，沒好久又回來，這是什麼道理？」佛回答說：「這個世界的衆生，剛強難調難伏，他不怕。」我們說人人都怕死，眞是這麼回事嗎？不完全一樣的。現在伊拉克那些肉身炸彈，拿自己身體綁上炸彈，他怕死不怕死？一開電門的時候，先炸死自己，那他是不是怕死？怕死，他把炸彈綁到身上，這叫害人害己。有個道友問我，肉身炸彈炸死人，還命債不還？他把人家炸死，他不還人家？他自己先死了，還不還命債？第一個。說怕死，他怕死不怕死？他知道這是死嗎？這個世界衆生，剛強難調難伏。煩惱即菩提，得到什麼程度？煩惱即菩提，沒有到那個程度，生死即涅槃，是說兩個東西原來發生的本體，說它的體，一個是沒得體，它是依另一個體而生起的，那個生起的本身也沒有。

得經常用思惟去想，你所經過的一些生活事實，再想到所謂甚深的妙理，從最淺處見到最深的妙理。所以西藏的無上密，是建立在日常生活中的最淺顯處，建立在你的念頭上，你想什麼？這一念成佛，下一念三塗六道，就在一念之間。成就什麼？成就個念。念念都是佛念，佛念是什麼念呢？無念。明白這個道理，你漸漸就能夠入了。

衆生的根有種種不同，現在很多人，明明知道那是假的，辦不到的事，他又要投入。人壽保險公司能保險你活到好多年？辦不到的事，但是人人要去保險，保險公司就會賺錢，人要死了呢？死了賠你錢吧！你保好多錢，賠你好多錢。人人都要死，人人都不想死，沒有一個想死的，和尙、比丘尼除外。我們是想死的，但是我們可不是把炸彈綁到身上炸死，那個死還不行，那死是要下地獄的。我們聽其自然，隨果報的安排，自己作業的安排。因爲我們在不明當中想求明白，每人都想求明白。好多事，他不知道，要問一問，這是很通常的。生死的事呢？只有問佛，佛就教授我們，衆生根機成熟的時候，這就是時。因緣有了，根機成熟了，就是時。隨他的命，「命中自有三升米，走盡天下不滿升」，這是平常的俗話，命中你注定了，命中就是福報，你的壽命注定了，只有三升米，這裡頭錯綜複雜，無量的因果，相信嗎？當你的時候成熟了，時來運轉，做什麼事都順利，不想發財都發財。但是，倒楣的時候，因爲你作業有善有惡，有好有壞，感你一生當中，也是這樣複複雜雜，波波匝匝的一生，有時候好，有時候壞，有時候變成了不齒於人類的狗屎堆，有時候變了人上人。

當你窮的時候，想吃口飯，沒有！沒有就是沒有，沒法求，求也求不到。當你有的時候，倉庫裡很多大米，你吃不完的，有好多人給你送，這叫時來運轉。這是時、命。我們這個身體，有時候非常健康，非常歡樂，從早到晚，衣食起居，睡眠的狀態，有些人他不害病，他看見害病的，他說爲什麼要害病？他不知道病是怎麼回事，因爲他從來沒有害過，沒有這個經驗，這叫身。

行呢？各自所作的不一樣，三教九流，五行八宗，還有不在行的和尙老道，士農工商沒有他。他也如是，他所行的，他所理解的，他看問題所看的，他的說話，他的談論，他的心裡愛好，他的種種方便思惟，觀察一切衆生！爲什麼佛是一切智人？不管三百五百，三千無量多少億，三億五億、一百億一千億，佛都能化度、教化、調伏。什麼道理？這是文殊菩薩問，財首菩薩答，等於這個道理你給我講講吧，就是這個意思。「問明」，就這一個問題都不是明顯的，都不明。「衆生非衆生」，如果不依照佛的教導你是不知道的。什麼叫衆生？什麼叫非衆生？非衆生即是衆生，衆生即非衆生，每句話都可以拿四句。一個先立，後面一定破，立了之後一定破。破之後再立，立完了再破。破就是破除，我前面說那話不算數，就叫破的意思。說有，有可不是眞有，非有，就給你破了。非有完了又達到有，這叫實有。以下是財首菩薩的答覆。

時財首菩薩。以頌答曰。

財首菩薩怎麼答？先看財首菩薩答的義，再看財首菩薩所說的。以下有注解的，注釋不代表佛意，大家看一部經，之後看經的注解，那個不是代表佛意的，但是不違背佛意，那是代表解釋的祖師，我們叫祖師也可以，叫法師也可以。他對這部經研究過了，他把他的看法，他把他的理解說出來，你可以信，你也可以不信。因爲他給你解說一下子，比原說的要清楚，你能進入，幫助你進入，理解佛所說經的涵義，就叫大意。

佛見衆生本來是空的，但不是斷滅的空。因爲不妨礙佛的隨緣教化衆生。比如說諸法空無我，諸法空的沒有我，那你隨報受生，隨業受生，執著爲我，加個執著，無我之中產生。佛知道衆生不能知道自己是眞空，不能知道而受種種苦。所以，佛以大悲心，隨著衆生的根機來教化。有這樣的偈子，「隨解取衆相，顚倒不如實」，就是他怎麼樣想的，他就取相，執著一切相，這叫顚倒，不如實，就是不能知道眞空。佛就給他教化，教化什麼？教化空的涵義。在教化的時候，也不離當時的現實。

佛教化我們，給我們講戒律，沒有一樣說是空的。大家學戒律，非常現實，一舉一動，一飲一啄，都是現實的，沒有跟你說空的。那是教化你，告訴你，你那個不順眞，不順空，必須糾正過來，要順空義。佛說一切法得有法，不異衆生空，跟空不異，不相乖違的，跟空不乖違的。佛說的寂默樂跟衆生的苦，苦跟樂不相違的。但是，有些意是靠著思索。依空故而建立一切衆生界，而衆生界都是不實的，都是空的。說法身，我們每人都具足。在流轉六道輪迴的時候，那叫衆生，法身本身沒有。當你流轉六道的時候，法身即是衆生身，法身就是衆生身，衆生身即是法身。佛成就法身，佛見到法身，他明白，但是衆生不明白，他想一切衆生也明白，這樣就叫衆生。這樣理解，法身即是衆生身，衆生身即是法身，佛也即是衆生，衆生即是佛，所以說平等平等，是在理上講平等的。道理是一個，理是一個。隨業就不是一個，而是無窮無盡。這種道理衆生不理解，衆生理解了，衆生就不會流轉。爲什麼《金剛經》上，佛跟須菩提說，你看我化度衆生嗎？有衆生可度嗎？如果你要這樣看法，就是錯了，無生可度。佛說衆生，即非衆生，是名衆生。理恆不異事，理跟事不二樣。但是有時候，單說理法界，不假事的時候，理跟事不和合。現在我們衆生不明理，不明理就不明白眞空，也不明白法性。等你明理了，明白法性了，也不要去壞這個假名，自己都變成眞理。

佛化衆生沒有衆生可度，無化而化，化即無化。化度衆生就沒有化度衆生，你如果把佛化度衆生認爲眞實了，是錯誤的，就這樣告訴你，化即無化。衆生不明了，他苦難，把假的當成眞的。如果我們認識苦諦了，認識眞理了，你沒有受苦的觀念，那個是智慧，不是害痲瘋病，若害痲瘋病，神經系統死了。植物人的神經系統沒有了，他可還活著，理沒有了。我們拿這個來比喻一切衆生不明理。過去有這麼句俗話，說這個人什麼事也沒有做，什麼也不懂，行屍走肉！行屍走肉是罵人的，說這個人簡直是沒用，是個廢物。行屍走肉，行動的行，屍體的屍，行走的走，肉是這一堆肉，沒有說骨頭，包括在裡頭，骨頭肉相連的。行屍走肉，說他不動腦筋，這是形容詞。佛菩薩的大悲必須得具足大智，衆生則沒有。

佛的大悲不是哭哭啼啼，也不是憐憫心。大悲者無悲，加個「大」，這個悲是體上而起的，體是空的，因爲空才叫大，因爲大才普徧。讓一切衆生都恢復本來面目—法身。在有的時候，就是在肉體當中，不妨礙觀空，你觀空才能入理。入理了而不妨礙你運用，大悲地教化，這樣反覆的思惟。能令一切眾生都悟得法身，都悟得眞空，契這個理。觀空的時候不礙有，有還是照樣成立的，不壞事相。我們也到市場當中，也到人眾當中，但是我們到那去了，我們該幹什麼做什麼，做完了就走了。出家人就是這樣，不貪戀不執著。佛、祖師經常作比喻，如蜜蜂到花裡的時候，不壞花的相也不壞花的味，只取花的味道就走了，釀成蜜。如果是證道的大德，他也跟人一樣的，觀念不同，看問題的看法不同，這叫空不礙有。假使有這個肉體，在你的肉體上，能經常這樣修觀，這是有，有也不礙空。

有不礙空的義，假使說觀想成熟了，就是修成道了。我們過去好多祖師，他給我們示現的，就是示範。大家知道道濟禪師，我說是濟顚，或者唐僧取經，你看他遇見那些妖魔鬼怪，其實是他心裡的變化。「孫悟空」就是唐僧的心，那個心一天都在動，不停地在動。「豬八戒」代表愚癡，不動就是愚癡，一個智慧跟一個愚癡對比，看你怎麼看。他告訴你，眞眞假假，虛虛實實，你當戲看！一切問題，你從事物當中認識，有不礙空，空也不礙有，空有不二，佛是不動眞空而隨緣化度一切眾生。財首菩薩的答也就如是答。

此是樂寂滅　多聞者境界

我為仁宣說　仁今應聽受

「仁」，就是稱文殊師利菩薩。說你問這個意思，是喜歡寂滅的，喜歡多聞的，我來給你說這個道理，「我爲仁宣說，仁今應聽受」。（按：「聽」字，或作「諦」。）「聽受」就是如理的，我如理的說，希望你如理的而聽。此經說，如來不說法，有沒有聽法的？聽法叫寂、多聞，即寂多聞。寂是沒有動、沒有聞，寂就是多聞。如來既然知道衆生病，也知道藥，什麼藥治什麼病，對什麼機說什麼法。樂寂靜是不動的。樂寂靜跟多聞兩個是相反的，財首菩薩說是一個，「此是樂寂滅，多聞者境界」。你問這個道理，這是佛的境界，叫寂而多聞。

分別觀內身　此中誰是我
若能如是解　彼達我有無

這個回答跟文殊菩薩的問話，好像不相干似的，意思是同一個意思，是相干的，不是不相干的。「分別觀內身」，「內身」就是現在這個身，隨你的身體來作答，把你這個內身分別！分別！你這個身體，哪個是我，此中誰是我，如果明白這意思，「此中誰是我」，若能如是的解答，如是地解了。「彼達我有無」，我到底是有到底是沒有？這個我有無。有是隨緣，無是性空。有？無？隨緣性空，隨緣的時候，有，性空的時候，無。隨緣答有無。在聽的時候，學的時候，好像是明白，不是證得的明白。就連這麼個明白，都很不容易。如果你經常觀照這個明白，八遍十遍一千遍一萬遍，十萬遍，觀久了成熟了，你能達到，我的有是隨緣的，我的無是性空的。本來無有，非有非無，說有不對，說無也不對。達到了，即有即無，有就是無，無就是有。無了回歸自性，不動。有的時候，隨眾生緣，說一切法。觀你自己的心，自己問自己。比如說參禪，參禪就參這一句話頭，「誰是我？」我在什麼地方？在哪找個我？在我這身體上找哪個是個我？

大家想想，如果能達到無我的境界，這還不是究竟成就，只是方便入門。我們能達到無我，假使說你證得無我，無我有兩種，一種是人無我，一種法無我。如果證得見思惑斷了，他有無明習氣在，就把無明習氣執著為我。我們現在是見思為我，就是見惑思惑，我見我思，總有個我。在理解上能達到無我，這是理解上，不是證得的事實。就像我們經常說，你感覺病苦的痛，或者撞傷了，或者像我們很多人一到冬天，去年的棉鞋不好，一穿，腳就歪了，歪了很痛。歪了不痛嗎？不敢落地，這個時候你修修觀。本來很好的，為什麼歪了？歪了為什麼又痛？誰知道的痛？就是覺。「有覺覺痛！」你有個感覺感覺著痛。痛呢？「無痛痛覺！」那個痛痛不到你這個感覺上。我們一個知，知道這個身體，知道這是我的身體，如果把我去了，知道這個身體，地水火風，《楞嚴經》上加個空根（見）識，就是七大所合成的，

菩薩問明品 第十
○釋 文

若是七大分離，缺一大都不行，缺一大就死亡。

在你觀察的時候，先按財首菩薩告訴我們的，分別觀你的內身，從身體內部觀察到外部，爪生髮長，脈轉筋搖，心肝脾肺腎，哪個是我？分開了不是我，和合又何嘗是我？這都是很多無知的東西，合到一起，究竟哪個是我？參禪就是問這個，找這一個，要找幾十年，等到一開悟，明白了。誰是我？我在什麼地方？那有時候觀要分別了，當父母未生我之前，誰是我？生了之後我又是誰？反反覆覆這樣觀照，「分別觀內身，此中誰是我」，若能夠這樣的解，能夠這樣理解了，達到我有無。現在我們聽佛的教導說無我，我都沒有了，煩惱從什麼地方建立？建立不起來。苦難是由什麼建立？什麼叫苦？什麼叫難？你能降伏！當最痛苦的時候，你這樣觀，如果平常就觀的很好，當最痛苦的時候，你感覺不痛苦，「痛者不是我，我是不痛者」，你這樣觀，沒有痛。假使觀不成熟，痛是眞的，觀可是假的。當成熟了，觀是眞的，痛是假的，身體是假的。這樣觀完了之後，多少有點進步。

三寶弟子跟沒有信佛的人就是不同。但是，這些事情又說回來了，現在連觀都沒有觀怎麼能達到無我？從來沒找過，你得依著佛的教導這樣觀。痛苦也好，煩惱也好，特別是煩惱的時候，不高興了，你靜下來，別隨煩惱轉。你觀那個煩惱是從什麼地方起的？煩惱是無形無相的，但是你煩惱了，別人就看得出來。因爲你不高興，說話也不大理人，因爲你自己就煩惱了，在那兒生悶氣，一點辦法都沒有。但是假使依照佛的教導修行，這才是眞正的修行。觀無我，觀身體，在內邊找！

此身假安立　住處無方所
諦了是身者　於中無所著

誰是我？我是假安立的。這個我住在什麼地方？找吧，眼睛是我，耳朵是我，鼻子是我，把你這個全身找遍了，找不著我。當人家一罵你，你就麻煩來了，「我」就出來了，他罵「我」。假使你無我了，他罵的是誰，你不知道。他罵「夢參」跟我沒有關係，這是假的。你說名字是假的是眞的？你說是假的，誰要罵「夢參」，我心裡還是不高興，打我那更糟糕了，我身上就感覺痛了，它並不假。這就要你去修，這是假安立的，沒有住處，沒有地方有個我。

如果這樣觀就入理了，在理上去找，從理上來找身體，沒有這個身體。沒有這個身體也沒有個我，對我不執著了。財首菩薩答覆文殊師利菩薩說，就是因爲有個「我」就壞事了。有「我」，一切的貪瞋癡慢疑都有了。這個身體是假安立的，沒有一個方所，你從理上去找，不要去執著。我們經常說看破、放下，對這個身體看破、放下。看破、放下，不就自在了嗎？

於身善觀察　一切皆明見

知法皆虛妄　不起心分別

假使你經常觀照、思惟這個身體，這個我就是心分別，心不分別了，這就是以毒治毒。我們哪長個毒瘡，拿用毒配的藥，就把這個毒除去了。用身來觀察你的身，你就明見！知道這個身，明白這個身，知道這個身是什麼呢？是虛妄的。知道身是虛妄的，你的分別心不生起了，心不生起，不起念了。要能知道我空，人我是空的，乃至法也空的。人我空、法我空，把人我執斷了，法我執也斷了，這是大菩薩。你就知道一切萬法都是虛妄的，沒有眞實的。

這個時候的觀，觀就是寂，就是定，定即是觀，觀即是定。心不生起，就是「牟尼」，釋迦牟尼佛的「牟尼」，就是寂默。這樣來觀心的時候，不起分別心，直接認識一切法，這就是善觀察。什麼是善？什麼是惡？這是分別心生起的。什麼是好？什麼是醜？什麼是大？什麼是小？息滅一切對待法，對待法不起。觀照就是寂，寂即是觀照。你在聽經時入定了，定中聞法，定中修道，定中度，並不是坐著才入定。你走路、吃飯、穿衣服，楞伽常在定。佛是常在定中，所以釋迦牟尼佛叫「能仁寂默」。度衆生是行仁道，大仁大智，大慈大悲。其實他在定中作的，他並沒有動，如來常在定，就是這個意思。

分別心不起，你作任何事物，沒有分別心，全是智慧，這叫明。文殊師利問這個都是問明、問智慧，怎麼樣明？不起分別心，無人我、無法我，達到了。「法」有兩種解釋，一般是指種種樣樣的，事事物物的，這也叫法。另一個是指心說的，心生起故，一切法皆有。心止息處，一切法皆空。「法本無生」，法本來沒有生，「因境有」，因外面有些境界就有了，遇到什麼境界就有什麼現相。我本來沒有，假名，假名不是我；但是當人家罵到假名的時候，沒有得到這個工夫，工夫還沒到，你就動了心，你就認爲是我。現在你叫張三，人家罵李四、罵王五，你都不在乎。一罵到張三，你動火了，因爲那是「我」。張三是假的，跟罵王五都一樣的。這是要你觀哪，常時觀。「於身善觀察，一切皆明見」，要能夠把這個身體一部分一部分觀，觀完了這個不是我，那個不是我，全都不是我，沒有我，這就達到無我。觀察這個身，無我，明見了，明見就是開智慧、明了。

知道一切法，先說身，身都是虛妄的，心是支配身；但是心是因爲身而動念的，這個大家經常思惟修一修。你的心念支配你的身，今天三點鐘，我要幹什麼事情，四點鐘我要聽課去，心裡起心動念，之後支配你的身，身就隨著你這個意念到法堂來聽課。你聽的是什麼？是我在聽嗎？是誰在聽？你這樣善觀察。身心都止了，善觀察呢？觀察什麼呢？觀察這個身，你就明白了，知道這是虛妄的。知道虛妄的，就不動念，不生起分別心。

○釋　文

壽命因誰起　復因誰退滅
猶如旋火輪　初後不可知

每個偈頌都要想到事實，想什麼事實呢？想你所受的，佛教授我們的這個事實。五十歲、三十歲、二十歲、十歲、五歲、三歲，壽命是怎麼來的？爲什麼有長有短？因什麼起的？又因什麼退滅的？

初不知後，知道你什麼時候死嗎？你不知道。後也不知初，誰知道你又來生，你知道你什麼時候要來生嗎？生到哪一道去，你知道嗎？觀完身體，觀完身體的壽命，命就叫命根，就思惟觀察你的命根。壽、命，色心相續不斷，就叫命。或者活十年，或者活二十年，或者活三十歲，或者五十歲，這叫壽。壽有壽限，限就是限制你只能活十年，限制能活二十年，這個叫壽。色法，就是你的肉體跟你的心，兩個總是這麼連著不斷。這一期報應，或者二十年，或者五十年。現在我活到九十歲，超過三十年、五十年。過去人說：「老而不死，是爲賊。」爲什麼？他知道的事太多了，從經驗得來。有時候人們把老而不死認爲是財富，財富就是他所經歷的事物太多了。

我們經常說壽、命，依佛的教導，什麼是命？什麼是壽？壽不是命，命也不是壽。你的心跟你的肉體兩個相連不斷，或者心病，或者身病。心是支配身，過去我們常說，物質變精神，精神變物質。物質，有因貪求物質而斷了生命！搶劫的、殺人的、國家互相爭奪的，你的色身跟你的心，兩個不連持了，分開了，命就斷了，心跟身是命。

你活到好久，那叫限，那叫壽。爲什麼壽長跟壽短呢？不一樣的。這個人一生盡害病，病特別多。有的人從來不害病，一害病就死。業的因跟果，兩者不同的。你的因跟他的因是不同的，所以你感的果跟他的果也不同的。因此，如是來理解。

「猶如旋火輪，初後不可知」，「火輪」，旋轉的火輪，初轉跟後轉，各各不相知，這是比喻的意思。一個輪子轉，不但前後，還分不出前後！火輪轉的時候，哪個是前哪個是後？不知道前後。我們這壽命，從一生的壽命來旋轉，你還知道。從無量劫來的你不知道。今生你受生，受生的因緣，你知道嗎？前生一切所做的，今生還記得嗎？未來生，你這個壽命盡了，壽命盡了轉到來生去，來生你還知道今生事嗎？你能三生不斷的知道？有人知道三生，知道過去自己無量生，什麼時候種的善因，現在得能聞法。什麼時候種了惡因，今生受了很多惡報，都是自作自受，不是誰加給你的。

你這樣理解，還有加一個願力。大家讀〈普賢行願品〉，都知道發願，〈普賢行願品〉第十大願，迴向給衆生，特別是代衆生受苦。我見念〈普賢行願品〉的道友們，我勸他說這個願，你考慮一下子，發了願，你做到做不到？如果發願是虛假的，那沒有什麼問題，若是眞實的發願，眞正代衆生受苦，你可叫喚了，你受不了，能代不能代？這些問題是讓你作觀，觀就是思惟修。形容初後不相知，沒有一個主宰的，主宰不了的，這是無我義。

在這個偈頌當中，財首菩薩以壽命來作答。壽命也是顯無常義的，什麼叫壽命？壽命因誰起的？復因誰退滅的？

智者能觀察　一切有無常
諸法空無我　永離一切相

思惟觀察什麼呢？觀察無常。「諸法空無我，永離一切相」，一切相就是境界，離開一切境界。思惟觀察，在一切相上，認識它是無常的、是空的、是無我的、是無相的。在任何有形相的、有言語所表達的，觀察一切法是無常的，這叫無常觀。跟我們最密切的，是你的身體。觀察我的身體，身體不是我，作爲對象來觀察你的身體。這點誰都認識得到。從你能記得到的，從五、六歲觀察到現在，二十多歲、三十多歲、四十多歲、五十多歲、乃至更老吧！你把你這個身體演變，是常的？不是常的？這個可能認識得到，是無常的。你這個身體成爲所觀，你能觀的呢？不要用你這個現在的妄心，這個妄心本身也是無常的。你觀一觀，也就是思惟一下，再說通俗點你想一想，想想你所見到的一切事物，哪一個是常的？你能找著一個常的？常者不變義，永久的。這個說你能觀察這個能觀，這個觀，作爲性體，能觀的是性體。

佛曾問波斯匿王：「你幾歲見恆河？」他說：「我三歲，跟著媽媽朝聖天，那時候看到恆河的。」「你現在幾歲？」他說：「現在六十二歲。」佛問：「現在你看恆河，你能觀跟所觀這個現相，有沒有變化？」他說：「恆河有變化，我這能觀的好像沒有變化，三歲看恆河如是，六十二歲看恆河還如是。」說你所觀察的，是無常的，是空的，所觀的境是無常的、是空的。前面講「無我」講了很多，這個非常不容易，要能達到無我，把我執去了，了了生死了，所以很難。我執、我見、我慢、我貪、我癡，都是因為有我。說無我觀，哪個是我？這得要通過分析，有兩種觀，其中一種是析空觀。析空觀由分析而能知道。知道什麼呢？知道不存在的，空的。

當我們這個觀照的觀，就觀你這個身體，客觀的環境，一年一變，一年一變。變了，死了，肉體消滅掉了，沒有了，沒有了。這肉體是物質的，我說精神，觀你這個肉體無常的，能觀死沒死？沒有死。肉體是生滅的、是無常的、是空的。能觀的這個觀，觀空、觀無我這個觀是不是也死了、也沒有了？它是存在的。這個是依著眞空而起的，依著眞空，能觀的那個識心，眞者常在，妄者消失，妄的就沒有了。因為種子沒斷，種子又發芽，又投生，這叫什麼生？緣起的。業報所生的，隨今生所作的業，又去流轉，流轉又生。是不是還變人呢？不見得。

我在美國，有位皈依弟子很喜歡小狗，家裡養條小狗，他回臺北，還惦記著小狗，小狗生病了，坐著飛機趕緊回去，比他媽媽生病還重要。這兩天給我打電話，他小狗在舊金山不好了，要趕緊坐飛機回去，照顧小狗。他問：「這樣愛衆生，我得什麼報？」我說：「你對牠非常關心，將來變成狗。」

諸法皆如是，一切法都這樣。你現在的心注重在三寶，念念不忘三寶，不要問未來的結果，自然永遠不離開三寶，三寶會攝受你，一切災難化爲塵。就看你緣念什麼？思惟什麼？如果你能夠把這肉體看假了，不執著的話，煩惱自然輕了。煩惱輕了，智慧就增長，就明了，能得到明。空、無我、無相，就是我們經常觀的時候，無我是最初步的，把無我觀觀成功了，之後觀空、觀無相。

怎麼能「無我」呢？空故。還不說怎麼進入智慧，用智慧觀當然是了。知道「無我」，但是有個眞我。眞我是什麼呢？法性體。觀無我的時候，知道能觀「無我」的這個觀！就像我們說你痛了，感覺痛的那個感覺是覺，覺是光明義。我們感覺痛苦，在最痛苦的時候，想解決痛苦的時候，你觀一觀，提起覺照。他那痛，你的觀沒修成，觀修成不痛了。觀沒修成也能減輕，因爲注意力轉移。在病苦的時候，你越想它，病越重。

三分病，有七分是你心裡頭幫助他。或者肺部也好、胃部也好、肝部也好，一切在肉身上的病是物質的，是你的精神幫的忙，這個叫觀。觀就是觀照，也就是你思想的注意力，注意到它上去了，那個心火，一切營養都到你所觀照的地點，若是你轉移了，漸漸就好了。因爲我們太執著我了，什麼都是我的。

我曾這樣試驗過，一個小孩剛滿一歲，還不會說話。你擺他的玩具，他就不許別人動，拿手抱著，有人搶他，只有哭。從一小，什麼都不懂，生下來就知道這是我的，別人不能動。感到會說話，他的小名叫牛牛，你一動，他就說：「這是牛牛的！」你不能動。我說：「這不是你的，還沒有給你，不屬於你的！」他就不說話。不屬於我的，那就不行了；給他，屬於我的，他就抱了。現在你對你的身體，你認為它不屬於我的，它並不聽話。我的身體還不聽我的話，你的身就不聽你的話，生老病死你都一點兒辦法沒有，你有什麼辦法？它能聽你的話。但是你讓它不變，天天在變，時時在變，你不感覺而已。如果不變的話，為什麼十幾歲、二十幾歲、三十幾歲、四十幾歲，都在變化，最後變變的變沒有了。

如果每個人依著佛的教授，這樣去觀察，觀察一切事物，不僅僅是你的身體，一切境界相。觀的涵義，就是轉化。怎麼轉化？用你的心，能觀的智，能觀是智，所觀是境，由智慧轉變客觀的現實環境。心能轉境，即同如來，跟佛相同了。如果你被外邊的境界所轉，就像我說你這個心，被你那個病，被你那個瘡轉了。心被境轉，你不但不能治好病，那個病還加重。說你想了生死、想求解脫，而一天一天的執著生死，往生死裡頭鑽，那你怎麼得了？不但不了，你幫生死的忙。我們觀無常，不要幫常的忙，這是跟那個恰恰相反的，意思是說你所執著的全是沒有性的、沒有實體的。性非有，體上沒有。為什麼性非有？性空。體性是空寂的，若不空，不能隨一切緣，只能隨一個緣。因爲它是空的，隨了緣，有了。但是，這空性不變。你這有是生滅的，有了又消失。我們這肉體消失了，如果死了，你還會找一個，又轉化一個肉體，那是業。隨你所作的業，作什麼業就轉化什麼。如果你的業空了，你觀照業空了，業空了就沒有業，沒有業就不轉了，不轉了就回到性空。一說到性空，絕對不是有。性空不是空，一定懂得，非有沒有，沒有是現相，性體不失，這就是我們所說的人人都具足有佛性。你所執著那個東西不存在，他那個性不是法性那個性，而是異性。這個執著沒有了，他換一個，另一個執著，這叫自性義。

自性空所顯現的是自性的性，是體性的性，它有三種涵義，一個是無性的空，沒有體性的空，沒有體性本來就是沒有的，所有都是幻化的，如夢幻泡影，是建立在無性的空，沒有體性的。還有異性空，你所虛妄執著的那一法，那一法的性體是空的，就是妄所執著的異性。異性，是你不同性體的，不是眞性的性體，水性、火性、風性，我們前面講四大，它的自性不同，但是總有個性空，那叫自性空。

「無我」，無我也有三種涵義，一個「無相無我」，無相，無我相，這是一種。一個是「異相無我」，妄心所執到的妄境那個異相，那個無我，就是「異相無我」。還有一個「自相無我」！你觀照的時候，這個非常重要的，一個無相的無我，一個異相的無我，一個自相的無我。「無我」有三種。無相呢？一切有相，皆是虛妄，相都是無相的。爲什麼第二種說它相無實故，但所有相，都是虛妄。無妄相，可不是妄想，第三種叫無妄相。

這三個無相含著這三種道理，要把它融攝起來，辨別自性空，自性本來沒有的。一切事物無常的，無常的是空義，無常生滅，生滅的空。但是自己思惟修的時候，不要被著這個所侷限，你想觀什麼都可以！觀的時候你要分別，分別的時候才能知道它的空。你觀你的人生，你說十歲時什麼樣子，現在二十幾歲了，三十幾歲了，十歲、二十幾歲那時候的事，都沒有了。當你病苦的時候，觀病苦，你好了，那病苦沒有。這是現相，不是本質，本質本來就沒有。這些諸相怎麼來的呢？「隨業生」。隨業招感來的，不是眞實的。

眾報隨業生　如夢不真實
念念常滅壞　如前後亦爾

這個偈頌就告訴你，所有的報是隨業生的，是空的，觀空是這樣觀。業報，造了業，業是空的，造了就沒有，但是會受報！業是空的，報也是空的。這個道理就深了，例如說你認識到這個、悟得這個、證得這個，下地獄受報的時候沒有，地獄是空的。你病苦了，病沒有實體的，哪裡來的？因爲有身體，我這身體也是假的，像夢幻，病也不存在。我們有些道友互相談起來，他害病的時候，還嘻嘻哈哈的，像沒有那麼回事似的，在別人身上痛苦的不得了，在他身上無所謂的。他這個空觀雖然沒有完全成就，但是他已經觀想轉移。知道一切重報，好的也如是，壞的也如是，都隨過去所作的業才有，「如夢不眞實」。在《金剛經》說，依般若智空來觀，佛說「一切有爲法，如夢幻泡影，如露亦如電，應作如是觀」，不眞實的。但是，在我們受的時候，空觀沒有成，乃至沒有觀，從來不懂得這個，也沒有聞到佛說的教授，沒有聞佛的教法，沒入佛門，他怎麼知道一切事物都是空的，這觀他修不成。

經常講「如夢」，我的思惟，經常想著如夢，夢是假的，我感覺著好像都是很眞實的，我作的夢都好像是眞實的。再進一步觀，這個眞實的也是假的，也是如夢。好像他的層次，一層一層一層一層，到究竟覺醒，那就成就了。我這個名字兩個是對照的，我的法名是「覺醒」，覺悟了醒了！那我改了，起個「夢參」。達不到「覺醒」，因此叫「夢參」。法名是「覺醒」，「夢參」是自己起的，作夢的不眞實，但是我感受的都是眞實的。但是這個眞實的也是在夢，問題是在這兒，現在我們這都是眞實的，大家都是在作夢。不過這個夢，等你醒的時候，覺悟了，入了初住。我們這裡講信心，等你信位滿了，入初住了，相似見眞理，等你見到眞理的時候，這都是假的。

像我已經九十歲了，八十九歲是假的，把九十歲當成眞的。到了九十一歲，九十歲又沒有了，又是假的。所以說「夢裡明明有六趣」，在作夢的時候，地獄、餓鬼、畜生、人、天，阿修羅是偏於五道的，有時不立就叫五道，有時叫六道，單把阿修羅定爲一道。這些都是眞的，夢裡六趣道都是眞的，你受的時候，眞的。「覺後空空無大千」，等到覺悟了之後，才知道這些沒有的，在自性、體性上是空的。經常如是觀，怎麼樣觀無我？無相的無我、異相的無我、自相的無我。這些相是隨業報生的，所以說無我。你作夢的時候也作很多事，接觸很多人，等你一醒了，沒有了，全部息亡。把這一切事當作夢一樣的，在你不作夢的時候，現在大家在這兒來聽，我來說，「念念常滅壞」，說這句話，前面這句話，滅了，壞了。後面又說第二句話，前面那話滅了，二句話才來。前面是假的，後面也是假的，一切法都是性空的。這就叫明白了，無常觀，一切無實，念念無常，念念生滅。

世間所見法　但以心為主
隨解取眾相　顛倒不如實

這是唯心識觀，觀世間一切法相，以心爲主。因爲心理解一切諸相，隨你的理解力，隨你明白的程度，明白的程度很高就有很高的境界，像普賢、文殊、觀音、地藏、彌勒這些大菩薩，他們所認識的諸相。現在我們向他們學，我們所認識的諸相，是從他們言語、身體力行，教授我們、傳給我們，授就是授受的意思。

我看諸位道友，相互遞個事物，爲表示男女授受不親，或者戒律上所說的，要擱到這兒，你再來拿。這算不算授受？我擱這兒，你來拿，算不算我給你的？若直接的遞，犯錯誤，擱到這兒你來拿，犯不犯錯誤？我擱這一件東西，我心裡沒允許你而你來拿，你犯盜戒，是不是這樣理解？我們自身跟自身，當你取相的時候，誰給你的？執著取捨的時候，你想過這個問題嗎？這屬於觀之類，你取的相是執著相。

七十年前我在上房（方）山，也就是河北省房山縣的上房（方）山，那個地方離北京只有六十華里，山裡有位老學究，沒有到過北京，他在房山縣考上秀才，是滿清末年的人。他閉門造車，聽到人家說，飛機、大炮，他不相信，火藥他相信。他閉門造車，作〈無飛機論〉，那個時候玉兒村能夠認識文字的、有學問的很少，他就拿到兜率寺的下院，我們跟他說：「你這個是閉門造車，飛機確實是有的。」他說：「那麼重、多少噸，能飛到天上，與理不合。」我們沒法跟他說清楚，你說你的，他自己有主見，有他所執著的，「隨解取眾相」就是指這個涵義。東北軍跟閻錫山打仗，東北軍飛機來了，炸涿州，傅作義守涿州，東北軍那時就有空軍。有飛機了，炸涿州。這位老先生看飛機在天上飛了，而且還炸到涿州了，離我們那兒很近，也是幾十華里。他說：「怪哉怪哉，子不語怪！」「子不語怪」是兩千多年前孔夫子，他不語怪，因爲沒有見過。

這是那個時候，現在我們所見到的時代，現在什麼力量大？大家想想看什麼的力量大？美國的海陸空都算上，什麼力量大？一個颱風來了，一點辦法都沒有，安德魯風，不論飛機、大炮什麼都摧毀了，吹的沒有了，只要一秒鐘，還不要很長時間，就這一秒鐘。這只是說風，風所吹起的水，風沒有實體的，他所吹起那個水的波浪，那海水吹到岸上，上了岸幾十里，水一退全都帶到海裡。什麼力量大？這是相，這是該是眞實的吧？假的！這叫現相，「隨解取諸相」，看你怎麼樣理解。

凡世間所見到的相，每一相都叫一法，你所看見的一法，以心爲主，都是顚倒不如實，這叫顚倒妄見。現在我們還說不上心，我們都是識，識只是妄的，不是眞實的，還是妄。以妄對諸妄，一個妄對一切妄，一切妄成就你這個妄，如果眞實的呢？妄都沒有了，所以說妄盡還源。怎麼叫顚倒？不常的當成常的，這是顚倒見。無我的當成是我的。就像我們說「我的」眼睛，「我的」身體，「我的」，「我的」不是「我」！這個觀念一定要糾正，它是「我的」，不是「我」。「我在哪裡？」「誰是我，我又是誰？」如是的思惟觀察，你可以狂心頓歇，歇即菩提。

頓歇是不要在一切境界相貪戀、執著，知道這都是沒有的。能分別的識，所分別的事物，二俱空，沒有一個眞實的。因爲你現在在顚倒迷惑當中，簡單說這一品的涵義，因爲不明所以才問明。「問明」是文殊師利菩薩問覺首菩薩、問財首菩薩，由問答當中、辨別當中，你就產生了一種明。我們不明，但是文殊菩薩、覺首菩薩跟財首菩薩，他們辨別這個，每句話都給你指示，讓你向明的觀念去觀，讓你向明的處所去做，不要再顚倒。你的那個理解力，你的那個所知道的，那不是明，那是執著取諸相，是顚倒、不如實的。那就是世間法，以你那個妄心爲主。財首菩薩是這麼對文殊菩薩說的，爲什麼執取那相呢？因爲他不明了。

世間所言論　一切是分別
未曾有一法　得入於法性

包括我們現在的說，我們是言語，講的是名詞，循章摘句，你說話的時候，這個不是眞實的，但是引你入眞實。文殊菩薩跟財首菩薩教導這個，言語、文字不是眞實的，但是言語的表達、文字的啓示，讓你入眞實。世間一切言論，一切分別，都不能夠入於法性。因於言語、言論、文字的啓示，讓你觀照。觀照的時候才能入法性，世間所見的法都是以心爲主，這個心是妄心，你心裡的理解，所取的相都是顚倒不實的。

因此世間一切言論，都屬於分別，一切是分別，就是妄想嫉妒分別心。「未曾有一法，得入於法性」。所以，你在言語之外、形相之外去觀照，觀照什麼呢？認識這些是虛妄，他有個不虛妄的，能觀照之智，所觀之境，境是虛妄的，智不是虛妄的，明不是虛妄的。世間一切法，沒有一法能夠入法性。我們是離世間，依佛所教授的指導我們入法性。無言、無以言說、無有形相、默契眞如，那就叫入法性。

能緣所緣力　種種法出生
速滅不暫停　念念悉如是

能攀緣的心與所緣的事物，這樣才出生種種法。事物是緣起的，緣起是依著性空的。是先有性空嗎？是先有緣起呢？緣起在先？性空在先？這是近一兩百年來爭論不休的問題。這是唯心論和唯物論。唯物論說，先有物質，後能依物而生心。唯心論說，先有心而後一切生物質，妄心變化一切妄境。《華嚴經》就如是，一微塵是一法界容一切。於一毫端現寶王刹，一毫端是事，寶王刹也是事。一毫端變成心，怎麼會以一毫端能現寶王刹？這個問題不是說不清楚，而是你沒辦法進入。當沒進入性體的時候，你說不清楚，語言文字表達形相都說不清楚。何者在先？

現在說我們現實的情況，例如我們在這裡上課，講《華嚴經》。《華嚴經》是心？是物質？《華嚴經》是一部經書，這部經書是心理？是物質？是佛說的《華嚴經》！先有佛？是先有《華嚴經》？因爲佛說《華嚴經》是佛說的，依著佛的心，依著佛的身口意來說的。是佛從前佛學的，他無始劫來種了善根，種了業的，好像是物質在前，說不清楚，知道嗎？沒有物質，沒有這個肉體，怎麼聞法？聽得耳朵聽、聞要耳聞，我不是耳聞，我是心聞，也可以！你這個心是什麼心？有能聞、有所聞嗎？有能有所有對待，有能緣有所緣有對待。假能緣跟所緣的力量，產生種種諸法。但是種種諸法，「速滅不暫停，念念悉如是」。這個偈頌很容易理解，能緣就是能攀緣的心。所緣一切事物的境界。速滅不暫停，後念起了前念滅了，前念滅完了，後念變成前念，那後念又來了，前念又滅，哪個是前念？哪個是後念？當你想一些事物，你是分不大清楚的。

例如我們一歲到十歲，這是前十年。十一歲到二十歲，這是後十年。但是後面又來了，二十一到三十一，有止息的時候嗎？前念消滅了，後念又來了，後念又變成前念了，前念的後面又有後念，念念不停，念念相續。這個問題如果能夠觀照好了，能所就是諸佛教化眾生的善巧方便。能緣是約有情，能緣是你這個心，所緣是一切事物。這些事物是人創造的，山河大地，我們講的地水火風，是人創造的嗎？如果沒有心力加持，沒有能緣，誰來分別？什麼叫火？什麼叫水？什麼叫地？什麼叫風？這個名字誰安立的？假使說從古以來，從立名字時開始，管風叫火，管風叫大火，管火又叫水，你也分辨不清楚，一代一代跟著承認而已。一切事物都如是，我們現在是人，人不知道是人，弄不清楚，是什麼樣人？男人、女人、老人、小孩，這你分得清楚，黑種人、白種人、紅種人、黃種人，這你也分得清楚。但是從理性上說，思惟是環境所造成的，各各想法不一樣的。如果你多接觸一些人，人有時候跟木頭、石頭差不多，如果沒有分辨能力，籠籠統統什麼都不知道。他也是人，他愈不知道，壽命還愈長。這叫不可思議。

能緣所緣，能緣必須有個影子，心是能緣，外面的境界相是你所緣。我們現在的心，想到美國人，想到歐洲人，想到日本人，想到其他民族的人，這是你的心能緣。你所緣的，你說那是人類？是物質？如果當成物質，是錯誤的。當成人類，語言生活習慣所作的事，好多的事不是人事。從你這個民族要求，溫良恭儉讓，這是從這個民族，別的民族不是這樣。「能緣所緣力，種種法出生」，這是非常複雜的問題，我們知道的太少了。為什麼？不明。

每位道友應當知道，我們的所知、能知，能知的心、能知的智慧跟所知的境，兩個是不相符合的。現在我們用科學儀器，我們能預言，就像現在預言明天的天氣就會快變了，一直到十月二號，天氣要降溫了，降溫要冷了，要你防範，這個是科學的研究進步。過去人說，颳風下雨，你能知道嗎？現在我們能知道，但是知道的少。颱風怎麼起的？火災怎麼發生的？科學家還沒測驗到，若測驗到了，讓颱風不起！我們也可以預防，測量不到的事太多了，能測量到河北省下那麼大的冰雹，我們可以避免它。還是不行，這叫智力所限，能緣跟所緣不相合。

假能緣跟所緣，生起種種的法，但這些法念念不住，念念不住的意思是速滅不暫停。前念起了，消失了，後念又來了，念念不停。晚上休息了，休息了嗎？肉體是休息，你那意識、神識是不停的，不管有夢沒夢，念念不停，就念念不住。前念消失了，後念又來了，後念就變成了前念，這個前念又消失了，後念又來了，這叫念念不停，念念如是，一切法的能緣跟所緣也如是。但是又總結收攏來，你能緣的心，能攀緣心生起，種種的境就來了。心一攀緣，攀緣一定有境，作夢都有境，不是無境的。能緣的心緣這個境，就產生種種的境。所緣的境起，種種的境又生起種種的心，如是循環不息，是心在前？還是境在前？這個你要觀察、思惟。一切虛妄生起之法，滅了，好像停了，但是沒有停。滅了又生，不是法生，而是你的心生。心生起的法一定滅亡，一定消失。它不能暫停的，永遠無止息。讓你求明，明了，止息了。

一切事物止於智者，一切事物的生起，或者謠言，或者是非，或者人跟人之間的一切，止於智者。生起的法一定要滅，不會暫停的，不會久住的，一切事物都如是。你用智慧觀照，要了達相無相，了相無相，生無有生。經常這樣觀照，一切法在相上了解無相。一切法生起的時候，了解無有生。無生故而無滅，無滅故而無生。這樣了解一切種種是唯心所現，就是你的心所現之境界。若了了無心，了了無性，無心無性無境，心、境兩亡都消失了，這時候你的心，住在什麼地方？無住。《金剛經》所說的，無住就是智覺，自己的智慧境界，不動法界，這就入了法性。智覺，覺自己的智境，智慧的境界，這叫不動法界，叫入法性。這樣來認識什麼呢？認識所有一切事物，幻人，虛幻的人生，對待一切事物的幻化境界，一切皆如幻。這個觀照能起到嗎？你雖然現在沒起到，諸佛菩薩證得了，就如是。讓你相信，生起信心！這是文殊菩薩問，財首菩薩答。

以下一位一位的菩薩都如是答，目的是什麼？讓我們明，誰能依著如是觀，依照著《華嚴經》的〈菩薩問明品〉，菩薩互相用辯論、問答的方式，啓發我們的明，就是這麼個目的。現在我們還沒有明，一定要相信，這個明就是了生死、證涅槃。這個明，就是明白你的心與佛無二無別，這叫信心。信了你的心，光信不行，進一步還得行，行完了之後才能證，證了才能得到。現在是學來的，學來的不行，用不上。那你先信吧！信之後到行的當中，你能證得好多，就享受好多。你得到了，那就叫得。得什麼呢？得無所得，得到個無所得。這個無所得很不容易得。學《華嚴經》的時候，這一品非常重要。重要到什麼程度呢？你作任何事物，都先得有個信，得有個因緣，你連信都不信，怎麼能契入呢？契入就是心智明白了、進入了，這個明白很不容易。得經過無量億劫，你才能得到入，過去連聽到都不容易，你聽到都沒聽到，怎麼能入！沒有這個信心。如果不學佛法的人，不是三寶弟子，不會相信這個說法。

如果相信這個說法，沒有學過《華嚴經》，你不會相信自己是毗盧遮那。我們學〈大乘起信論〉，只是相信大乘。我們學《華嚴經》，要相信自己就是毗盧遮那。這些菩薩都是入等覺位的大菩薩，他們是證得的。他們以他們自身的證得來證明，這種法是心法，是不可思議的，讓你證明自己是毗盧遮那。第一個，證明自己是毗盧遮那，你還得具足。這一段經文，財首菩薩說，你必須得具足法財，這個財是法財。財，大家都知道財富吧！就像我們生活，有錢了，什麼事都做，都能做成。有了法財，才能成佛。有了世財，一切無礙。我們有錢的話，大殿跟法堂早一起修起來了，沒錢就等緣法。我們沒法財，沒法財你自在不了，斷不了煩惱，也證不了菩提。先要覺，覺完了還得有法財，不但自己有法財，讓一切眾生都具足法。

以下文殊師利菩薩又問寶首菩薩。

三 業果甚深

爾時文殊師利菩薩。問寶首菩薩言。佛子。一切眾生。等有四大。無我無我所。云何而有受苦受樂。端正醜陋。內好外好。少受多受。或受現報。或受後報。然法界中。無美無惡。

眾生有六根不全的，爲什麼？有內好還有外好，內好五臟六腑，都是健全的健康的，有的少受多受，有的或受現報或受後報。但是法界中沒有這些，無美也沒有惡。

「寶首」是講純粹理性的，寶貝是可貴、尊重、希有，稱爲寶貝。很希少，很貴重，叫寶貝。什麼最尊貴？什麼最希有？法性。問他這個，在法性當中沒有這些。一切眾生都有四大，任何體都是地水火風所成的，四大種，「無我無我所」。在法性理體當中，四大的理，四大的體，沒有我，也沒有我所，我沒有了，我所當然也建立不起來。但是他有受苦受樂，怎麼說？沒有我就沒有受苦的也沒有受樂的，「無我無我所」。爲什麼還有端正的？有醜陋的？內好外好？就是這些問號。

這問的是指眾生身，四大所合的，四大是指眾生身說的，四大是假名的。四大沒有主宰義，四大無主，身亦無我。四大皆無主，四大所合成的，哪裡又來個我？

這麼一句話。我都沒有，還有什麼我所、我所有？我都不建立，還有什麼我所有？這是疑難。能造的、能受的，才說有個我，我是主宰義。有我了，才能建立說，這是我所有的，這是我的身體、我的一切財富、我的家園、我的土地，才能說到我所。既然沒有能造的也沒有能受的，有什麼住處建立我？我的若不存在，所造的、所受的，我所也不存在，那是我所。能造的能受的是我，所造的所受的是我所。因為無我故，沒有我了，也沒有能造能受的，那誰來使他受苦受樂？誰令其苦樂？苦和樂是約粗相說的。我們一般的感受，受苦、受樂。三塗就是苦，地獄、餓鬼、畜生就是苦，人天就是樂。

你念《地藏經》，看看地獄，那麼多名詞，那麼多受，何必要那麼多？受就是了，為什麼有那麼多不同的種種地獄名號？那是粗相說的。我們知道，這是苦的地方。變了畜生是苦，你問畜生，畜生是答覆不出來的，你也不懂。你問牠苦不苦？你看電視上，或者到峨嵋山，你會看到很多猴子。牠感覺是苦嗎？牠跳跳蹦蹦的摘水果，玩得很歡樂！牠知道是苦嗎？我們在座的道友們，苦沒來的時候，你感覺是苦嗎？因為你是從佛的教授分別出苦樂。什麼是苦的根本？有這個身體，它要享受來辨別的苦和樂。這是誰造的？誰給的？是你自己造的嗎？自己造都要造樂，誰要造苦。

我在香港的時候，我有位同學的弟子大多數是歌星、舞星。到他那裡，我參加過一回，我問他們說：「你們感覺這是樂是苦？你做那麼多種動作給人家看，唱那麼多的歌，喉嚨都唱的，又跳又蹦的，是樂是苦？聽的人，或者是看的人，他們是享樂還是受苦？」他們當然答覆不出來了，只回說：「這個問號很奇怪！」我說：「一點不怪。」在那兒，你兩眼瞪得鼓鼓的看，看人跳著耳朵又聽，眼睛又看，好像很忙。看完了，回來了，腰桿也痛，也不舒服，是苦是樂？眾生的顛倒就在這裡。明明是苦，他認爲是樂，還要花錢哪。掙完錢了就去，特別是喝酒的人，喝得，沒醉沒醉，又喝！醉得都吐了，還沒醉，難受不難受？醉一回酒，三天都恢復不過來。你說是苦是樂？眾生是以苦爲樂的。

不信佛的，看見我們比丘尼早晨起那麼早，晚間睡那麼晚，一天折騰自己，他們看見我們是很苦的。世間的榮華富貴、喜怒哀樂，他認爲我們好像都是悲哀，沒有快樂。他說老僧入定，老僧入定不是形容我們好。老和尚入定，什麼也不知道，一天在這坐著。顛倒眾生，知道這個顛倒了，你要認識你的四大，一切眾生都有四大。

苦和樂是粗相。苦裡頭還有重苦、輕苦，還有不苦不樂的苦。你說上班、掙錢、打工，爲什麼？爲了穿衣吃飯。你說名利，那些打工的工人有什麼名利思想？他這個思想沒有了，一天我給你做一天工，拿到一天錢，自己的溫飽，家庭的溫飽。現實的環境是什麼，想的就是什麼，他不能超出現實環境。人也如是。

說到這裡，我們四眾弟子的目的是求解脫！很多道友常說：「我業障很重，要了生死。」你天天是這樣想的嗎？你念念是這樣想的嗎？要了生死，怎麼了？「了」

字怎麼解釋？你怎麼才能了生死？你知道什麼叫生嗎？知道什麼叫死嗎？先把這個弄清楚。知道了，怎麼「了」？天天都學的就是這個。說你晚上不能吃飯，晚上不吃飯就了生死？想想看。人家要殺我，我不殺人，就能了生死？不殺，不殺是不是了生死？一切諸法當中，要多起問號，什麼叫解脫？什麼叫不解脫？什麼叫了生死？什麼叫斷煩惱？這是名言，這是話，不能離於文字。但是你作的時候，要加以思惟、考慮。我現在在作的是不是了生死？我現在所作的是不是能離苦得樂？我現在所作的是不是斷煩惱、證菩提？這要多假思惟。苦中有沒有樂？樂中有沒有苦？什麼叫苦？什麼叫樂？

這些名相是粗相，還有眞常流注。斷煩惱是粗的，這些粗相，你能認識到。細相呢？你還沒有覺察到，還沒有認識到。我們知道是果報，果報之中含著多少種。我們受的同樣都是果報，果報是因爲你作的業，業感受果。業是很複雜的，現在我們一天當中，你的思想當中，好多善念，好多惡念，好多不善不惡的念，這個念頭當中就叫惑。因爲這個惑，你要造業，業就是作用。身體所作的，口裡所說的，惑就是心裡想的。你這一天算算細帳，算細帳就是你這一天所起的念頭。這就是苦樂，苦樂的根本有多少，你一天起的念有多少。在有爲法當中，你所起的念頭一個一個一個，有的起個念頭就算了，有的念念相續，因爲惑而造業。因爲業，這就是因，這就感果了。因爲念頭很多，身口意作的又很多，這裡頭善善惡惡。在你人生當中所遇到的，時而好、時而壞，時而倒楣，時而幸福又來了。這些幸福，或者運氣好、運氣不好，全是假的。一個一個的，從惑而感召受果受報，從報又回來，驗果知因，知道我們過去的那些因。現在我們還在起，念念相續沒有間斷。有隔一生受報，有隔十生，有隔千百萬生。經常說遇緣了，你跟這個人本來不相識，突然間碰到了，他看到你就生起煩惱心，非殺你不可，什麼原因？過去你害他，這叫遇報受報。

文殊師利菩薩問九首菩薩的問答是，當你暫時的不能去斷，你也不能立時成佛，你要相信。文殊師利菩薩說問的這些，你從中去思惟參考，若達到明了，明白了一切問題都解決，我們不能解決的就是因爲我們不明。我們說這是讓我們向明的方向去追求、去做、去學習，這叫斷煩惱、證菩提。斷煩惱、證菩提，可不是一句話，那涵義非常之多。一直到等覺菩薩才把這個問題解決，你證到菩提才能知道。當最後一分無明習氣沒有斷的時候，還不算究竟明。

這段經文是文殊師利菩薩問財首菩薩之後，又問寶首菩薩，說一切衆生地、水、火、風四大組成的身體，「等有四大」，這四大是平等的。爲什麼在這個當中，無我無我所，云何而有受苦受樂呢？這一段經文，由問寶首菩薩這一段開始的，衆生身都是四大假合的，是無主體的！這個身體無我，我都沒有，焉有我所？這是一切衆生共同認識得到的。

我們這個身體受苦受樂是指著粗相說的，一般我們能感受到的。我們講到墮到畜生、餓鬼、地獄三塗就是苦的，那是純苦，沒有樂。天人是純樂而無苦，我們人間是苦和樂參半。有的一生當中，樂多苦少。有的一生當中，從他生下來一直都是受苦的，樂很少。生到人身了，總比三塗好一點點。在這苦中，人的相貌有很端正的，也有很醜陋的。有六根不全的，生下來就是盲者，或者殘廢人。樂也不同，有的生在富貴家庭，從小就吃藥，藥罐子不離身，一直到死的時候，就是病苦纏繞。這些問題存在於過去的業報當中。文殊師利菩薩問的意思，說一切衆生平等有四大假合的身體，爲什麼有這些種種的差別？寶首菩薩答覆的時候，說是他作的業不同，現在這個報身是過去的業果不同。

另外，文殊師利菩薩問的意思，每個衆生都平等具足法界性，在性體當中，每個衆生從他的體上看，沒有善也沒有惡，沒有苦也沒有樂。他受生之後，這苦樂從什麼產生的？爲什麼所受的不同？如果他所作的業亡失了，純粹就理上說，就眞體來說，是平等的。但是，他過去所作的業不同，因爲過去的業因不同，現在所感報的果也就不同。現在大家所受的就是業報身，業報身這裡有個緣，攬緣而成，本身是沒有自體的。因爲攬緣而成，緣是虛妄的。雖然緣起是虛妄的，但是業果不消失，所以受報就不同，這些差別是這樣有的。

時寶首菩薩。以頌答曰。

○釋 文

隨其所行業　如是果報生
作者無所有　諸佛之所說

寶首菩薩答覆文殊師利菩薩這個問，「隨其所行業」，為什麼有這些差別呢？是他所造的業。「如是果報生，作者無所有，諸佛之所說。」我們講這個是俗諦法，俗諦法是緣生的，緣起就是惑業所起。我們過去無量生，一生一生的，當生是受報，前生呢？當生的前生是業，是所造的業。業果不同，所以有種種差別。人都是人，人的差別太大了，為什麼呢？隨他個人所作業不同。但是，有俗諦有眞諦，在俗諦當中講，勝義諦就是空義，俗諦就講隨這個業惑，所感的果報，所以業果不同。這種道理，就像什麼似的呢？

譬如淨明鏡　隨其所對質
現像各不同　業性亦如是

譬如我們照鏡子，清淨的明鏡沒有作意的，什麼相來，就給你現什麼相。所對的相是隨其所對的質。所現的相不同，不同的原因，業性亦如是，你過去作的業，所現的報身不同，所以有種種差別。因為業報，你造的業、所感的報，沒有體相的，是虛的。但是在虛相沒壞的時候，是有。在業相壞的時候，是無，無就是業性本空。

但是，每個人所具足的，像我們最初所講的，本體的佛性是不動的，平等是約你本具的佛性平等。若相上說，是因爲你所作的業報不同，業報是虛妄無性的，這個不同，若虛妄相壞了，把業報還了，那就相同了。

誰是造者？誰是受者？那是你自己，造什麼業受什麼報。性體本一，所以種種差別，因爲你所造的業不同，在感果上就差別了。在人間上，貧富、壽命的長短、生老病死苦。當你初受生，所生的處所，跟所造的業有關係。像我們生到城市的，跟生到農村的，或生到邊地的！像有好些少數民族，跟牛馬是沒有什麼差別的，但是他的業報還是做了人，可是無知，什麼都不知道。這一品是「問明」，惑業當中迷的最深的，他連求一個做人平常的知識都沒有。像這類人不在少數，大家沒有接觸過，接觸過就知道了。

我們在西藏聽說有一個人，在西藏的北部，離拉薩還有兩千多里地，大概活了有好幾百歲。我就好奇了，約幾個人去看他。找到他，問他什麼時候生的？究竟好大歲數？不知道。距離拉薩兩千多里路，是位藏民，他沒有居處的，逐水草而居，放牛放羊，隨著這個牛羊馬群，哪個地方有水草，就在哪支個帳篷，就是他臨時的家。我們找他問他多大年歲？不知道。什麼時候生的？不知道。現在拉薩的達賴喇嘛，第幾世了？不知道，一切都不知道。他只知道他生的時候，皇帝叫乾隆，就知道這麼一點。乾隆哪年的？不知道。他只知道他的牛、他的羊。那時候他一個人了，還有兩匹馬。問他兒子、媳婦、孫子，他說全都死光了，就他一個人。有人羨慕他的壽命很長，我就問他：「這樣活著有什麼意思？」連自己的歲數不知道，連家庭成員也不知道，就知道有幾頭牛，幾隻羊，這樣活著跟木石有什麼差別？哪地方有水草，哪地方有了。這也是人！

你到昌都，屬於西藏的地界，西藏也管不到他們，政治勢力沒有到那個區域，叫類烏齊，三十九個民族，人數不多，三十九種的話不同，生活習慣不同。吃糌粑，吃糧食，一年都吃不到，他不種糧食。穿的是牛羊，吃的還是牛羊。像這樣的做人有什麼意思呢？沒有語言，文字非常少。你跟他說西藏話，他不懂，漢話更不懂了，他僅知道他那個民族。他不知道民族之外，還有別的民族。他生到那個地區，死到那個地區，將來變牛羊，牛羊變成人，人又變牛羊，來回輪轉，永遠解脫不了。

這就是業，大家懂得這個業，你觀想必須得觀想變化。爲什麼男人身，女性的習氣却很重，不曉得多少生都是女性，沒有轉變。轉變得靠力量，得靠意願，男性女性本來是互相轉變的，中國人外國人互相轉變的。哪個是中？在佛教講哪裡有佛法，哪裡就是中國，哪裡沒有佛法，哪就是邊地。以佛教聞法，能夠了解生死，少起惑，少造業，那你報就轉了。爲什麼不能轉？因爲妳生爲女性，女性習氣特別重，生生世世都是女性。有些女性看起來很像男性，她由男性剛轉來，轉的習氣不太重。也有女性轉成男性的。我跟一些演員的道友說，假使你現在是男生，來生你會變女的，模仿女性的生活習慣，就變成女的。現在比丘尼模仿比丘僧眾的習慣，按佛制要求你，讓你變成男性。男性跟女性這個業也是互轉的，這些現相各個不同。

爲什麼？業。你所造的業，業果是從緣而起，沒有自己體性。緣起諸法，因爲有新來的道友，略微說兩句。緣起是沒有體性的，我們經常說遇緣了，遇著什麼緣，你的生活習慣事情就是什麼業緣。一般人大多數是隨父業而成習業，父親是個泥水工人，或者父親是個木工、人工，或者是個學者，爲什麼過去的小說，經常說書香門第，認爲讀書是最高貴的，書香門第。爲什麼打工永遠是打工，不能當老闆？在西藏是奴隸制度，當奴才的永遠是奴才，一輩子是奴才，孫子是奴才，傳多少代還是奴才。這家就是這家的奴才，除非這個主人把你賣了，或者把你送人。送人了，你到別的家當奴才，不屬於這家。

我在西藏拉薩的時候，人口總共不出兩百萬，只給三百家貴族服務，永遠如是！一代一代，奴才總是奴才。好像定業不可轉，只有一途能轉。什麼呢？信佛，學佛法，當喇嘛，出家了，學的特別突出，畢了業當上格西，當了堪布，就叫喇嘛貴族。此後，他的父母、弟兄姐妹，全變成貴族。現在的達賴喇嘛第十四世，他是青海人，父親是牛毛帳篷裡的，沒有文化的，達賴轉世，把他請來了，他的一家人就到拉薩，給他修王府，他的弟兄姐妹都變成是貴族，本來是青海人，變成西藏人。這是業緣。

性體呢？貴和賤沒有區別的，性體上沒有什麼貴和賤。所作的業，業就是造的業不同，那看你怎麼造。中國的歷史，漢高祖就是黑幫的小頭頭，在他那個地區當個亭長，後來在亂世起義，當了漢高祖。他的子子孫孫都變成貴族，這種改變是很不容易的。明太祖他家裡很窮，當和尚去了，他不是願意當和尚，沒辦法，在大覺寺能吃口飯。後來他又當兵去了，他很有本事的，有這些業，他創立了明朝的天下。這種都是突出的業轉。現相不同，過去他有福報，過去的業，今生使他的業轉化了。業是沒有性體的，不是固定的，是報感的。雖然是虛假之相，得有虛假的業來顯現，你作什麼業就受什麼報。做了皇帝，錯殺了很多人，這一生享受了，無量生去還，還到什麼時候都不一定了。要懂得業報的轉現，懂得心的顯現，要相信業果。

如果大家讀一遍《金剛經》，讀一遍《彌陀經》，未來你就感報，就是一遍，別說你修行成道了。這就是你遇到佛法的因緣，殊勝了，所感的果報。或者是持誦、禮拜，感得把你過去的業消了，業轉化了，生天了，乃至在天上下來，到人間，還可以做國王、做大臣，還可以享受多少年。

如果善業相續，你就得善報，如果善業變化了，惡業重了，就得惡報。但是，從眞體說，像過去講〈大乘起信論〉，你這個佛性的本體，不論業緣怎麼變化，乃至墮三塗，時間不論好長！你這個眞性的體性，遇到佛法的因緣，種下善根，像我們共同學習《華嚴經》種了善根。你死後，今生不見得相續，今生沒成道，死後過去別的業果成熟了，就隨那個業果去轉。等你聞法的業果成熟，漸漸又恢復了，發菩提心、行菩薩道，或者是成佛。如果今生能掌握好，不要希望等來生，「此身不向今生度」，說你現在的身，今生你若不把他度了，「更待何生度此身」，你還等待哪一生來度這個身。

現在我們這裡講，要精進，不要懈怠。就像明鏡裡所現的相不同，那個相不是眞實的，而是影子。你所作的業，就像現相上的相，你造就受，有什麼業就有什麼相。你做不是人的事情，雖然是個人的人性，但人性變了，現在很多人做的都是畜生性。大家看一看，大家可能明白，人不學人，人不學聖賢，而是化很多種相學畜生，學畜生將來就變畜生。但是，業也好，業是惑，果報現生受身也好，這些都是鏡裡的影子，不是眞實的。眞實的是，最初我們講《華嚴經》，勸大家發菩提心，相信自己是毗盧遮那。因爲，我們的性體跟毗盧遮那是同體的。所有的現相，現在我們所受的報，都是業緣所感的，要恢復我們明淨的本體。在我們心裡明淨的本體上，隨過去種種的業因演現出種種的相。這個相不是鏡子本有的，鏡子沒有，你的相隨時變的。但是，鏡子的本體，鏡子不會變的，那個鏡是明鏡，像我們的本體是原來具足的。

講這個鏡，在經上拿這個比喻，大概有幾種，一者是什麼相呢？稱眞心所起的空鏡，叫眞實空。沒有這些雜念境界相，離心、離識、離意，一法不現，就是我們所說的萬法皆空，心識境界這些相都沒有。這是什麼？就是現在這品經所說的明。鏡子是形容大般若智的本體。「明」，就明其所有照了的義，這一切法一照，這一法都是空的，沒有實體的。

第二種是熏習的，我們講〈大乘起信論〉，是給講《華嚴經》的方便。兩種熏習，一個染法熏淨法，就是一心起念了，不覺故心妄動，心妄動而起的業相，業相不停地造，業相一現就轉。越轉越粗，轉了就變成現相，現就是現眾生相，業轉現。但是，這個清淨本體是不動的，它是常住的。一切法隨時變化，是因眞而起的。一念不覺生出三細相，業相、轉相、現相，這三個得八九地菩薩才斷得了。業相、轉相、現相還不離於一心，還是一心的境界。智相、相續相就不同了，無量的分別，但是一相續，越造越粗，就執著取捨。相續不斷分別執著，這就起業了，起業就要造業，執著名字，執著假相，計名字相，執取相。起了業就被業繫住了，業一繫住你越執著，越染越粗。執取、計名字、起業、業繫苦。你造業，業把你繫縛住了，再也解脫不了，這是熏習。

宿世的善根業，聞佛所教授的方法，在這個方法知道我們這些虛妄的煩惱，沒有實體可以轉化，可以斷除的，叫「法出離」。恢復你那個心境的平靜，「法」是指你的眞心，出離這些煩惱的深淵。但是得假外緣，外緣就是讓我們聞法，三寶弟子聞法，聞法就是熏習，天天聽，天天熏習。之後你也天天念、天天念，持誦、禮拜，專指四衆弟子說的。依照佛所教授的方法，出離這些業繫苦相，這個法就像鏡子一樣的，光明照耀，照耀你的心，令你的心修善根，念佛、念法、念僧，隨你的念而示現。翻過來了，能得到什麼呢？空。知道一切外物之體，一切法沒有實體的，都是空的。《金剛經》所說的，依般若智照，一切法如夢、如幻、如泡、如影。心外無法，這個心是指眞心說的。但是你現在空不了，還有種種的相。

還有肉體，你空不掉，那就靠修了！你認識到空的境相，想達到空的境相，現在你這個不空業繫著，知道業繫可是空而成的，還能恢復清淨本體，那就離開塵，離開六塵境界。對色聲香味觸法，眼耳鼻舌身意六根，在根對塵，你不起執著，漸漸地修行磨練，離開這個塵垢，漸漸恢復本來的清淨。因爲我們現在所處的環境，社會一切的現相，生活的一切資具，全是業緣。但是，業的性體是清淨的，本質是清淨的。但是染上這些雜垢，就不清淨了。以前，十歲以下的小孩，很清淨的，不造什麼業。現在不同了，現在三四歲的小孩都造業，三四歲小孩就拿槍打死人，這就業太重了。但是，人的性體本來時候是清淨的。但是，隨業的緣越染越粗，業越來越重。人不知善惡的心，他是隨緣而成的。如果你當小孩，跟調皮的小孩或者壞小孩在一起，先染壞了，這跟前生的業有關係。有些不受染污，有些就受，隨業緣的染變，他的本質就變化了。爲什麼？業所生，產生現世的果報，由果報而生起的，你由心造業，又增加惡果，那就越來越粗。我們若修善業，惡業又轉變，你現在的善業就感善果，由你善業的因，感善業的果，惡緣越來越輕，善業就越來越重。

根據這種意義，善、惡、無記，共有三種，善業就作善多，善業熏習，作善業的，惡緣就少了。如果惡緣勝，善業的緣輕，你就隨惡緣轉了，越能增加惡業。因爲沒有體性的法是隨緣，你隨什麼緣就染什麼，熏習就是染義。不能明了自性，就隨外緣而產生，隨外緣而成什麼，但是緣必須得有你的種子，沒有種子不會生芽，你有什麼業的種子就會生出什麼業的芽。三寶弟子，現在我們這個種子是以三寶，我們的本性是清淨無爲，大家懂得跟佛是無二無別的。但是我們遇到三寶的緣，逐漸地隨三寶還歸淨的本體，染緣就漸漸消失了。但是，隨染的因緣，越染越深。說田地，你得種下種子才生長，沒有種子怎麼發芽呢？每個衆生的體性跟佛無二無別，所以你遇到三寶緣，遇到佛法僧三種緣，遇到這個緣，一個是內因，一個是外緣，再加你的修，這樣子你漸漸就轉惡向善。

惡業、善業、無記業這三業，看你遇到什麼樣的因緣，遇到善業，你有過去的善根，今天又遇到善緣，善根逐漸的增長。你過去有善根，今天遇上惡緣，那善根漸漸就受影響，把善變成惡了，緣是非常重要的。有些善根深厚的，遇到惡緣，他不被惡緣所染，他的力量大，還能轉惡爲善，轉惡人成善人，那是諸大菩薩度衆生。像我們是有選擇的，這個人很好，我們願意接近他，要收徒弟、作道友，都選擇善知識，誰選這個惡知識？不會的。但有些你跟他的緣非常深厚，離不開。

現在的社會跟過去的社會不同了，過去社會要是夫妻結合之後，那就沒有辦法了，永遠在一起，現在可以離婚，隨時可以離。但你得有這個緣才能結爲夫婦，離了就隨便了，沒有這個緣。因爲現在的業跟緣，變化非常之大，未來變化更大，這叫什麼呢？佛所說的末法。但是佛對緣生諸法有個定義，因緣所生的法，在佛教授我們的觀點是空的，是可以隨時轉化的。這轉化當中，你在造業當中有善有惡，看你的惡業深厚，還是善業的善根深厚？三寶弟子在末法能聞到法，而後能進行修道，就說明你無量劫來善根深厚。在深厚善根所產生的一切緣起，因爲過去善根深厚，你種的種子，它會長出善根來的芽，一生一生的善根芽逐漸增長。

但是這個因跟果，這個緣跟性，各各不相知的，不能知道的，各各都不了知。我們這個業性跟眞性的區別是什麼呢？一個人的習氣，過去的業就在你隨時表現，在哪地方表現呢？身、口、意，你聞法了，不論是大乘小乘的教義，凡是佛所教授的方法，一聞到法了，他生大歡喜心，深信不懷疑。有些人聞到了，還會懷疑，因爲信還不夠，要等信到有根，信成了根，根就不動搖了。這個時候，你能夠從信而進入住，住到你這個心上，認識自心，住到自心上。這個住是什麼樣子呢？是無住的住，不是有個形相住在我這個房子裡，住在屋裡，那個住是住即無住。

文殊菩薩在《華嚴經》啓示我們，這一品「問明」，問明的涵義是叫你開智慧，認識一切有爲法的現相，什麼是有爲法？什麼是無爲法？什麼是性？性有兩種，一種是性種性，這是每個人本具的，跟佛無二無別。還有一種是習種性，得熏習、鍛煉，使你的性種性生根發芽。我們現在是在習種性當中熏習，聞了佛所教授的方法，

第一個條件得信，現在從文殊菩薩的〈光明覺品〉、〈菩薩問明品〉、〈淨行品〉都修習一個信心，讓你聞法生信，相信自己的本心跟佛無二無別。相信現在所遇的緣是外假三寶之緣，成就內心的本性跟佛無二無別那個佛性。在我們都是佛性，都具足佛性，因為具足佛性了就說明人人都能成佛。怎麼能成到佛？就靠你信之後還得住，相信自己的自心，讓它住，住是什麼呢？住到無住上。這個道理很深的，《華嚴經》就講這些問題。住完了之後，能去做就叫行，十住、十行、十迴向。之後到了登初地的菩薩，決定能不墮三塗。但是，一到了住位再不墮落，信位還不可靠，進進退退。

亦如田種子　各各不相知
自然能出生　業性亦如是

等信到成根可靠了，就像田地裡種的種子，還得雨水的緣，氣候的緣生長了，等它初長了，等到結子的時候不怕了。中途之間還會遇到挫折，乾旱了，那個芽不見得就長得好，因此你要培育。像我們信了佛，信了佛的你得修行、得經常聞法，經常誦經，經常念三寶。

如果你受完了不念了，雖然遇到了得不到。儘管我們也剃髮染衣出家，可是心不在道。所以佛教授我們說，一失人身萬劫不復，說這個人身失掉了，還想得個人身太難了。佛有個比喻，失掉人身如大地土，像大地土那麼多，得到人身的如爪上塵，指甲蓋裡有點灰塵。這一得一失，相差太遠了。我們現在不但得人身，八難之中，佛法難聞，我們也聞到了。

從這個道理講文殊菩薩，寶首菩薩答文殊菩薩所問的，前面的第一個問也如是，體性本是一，云何有這麼多種種不同？心性是一，就是人人都具足體性，為何有染有淨？有善有惡？我們現在種地、種糧食，要選擇良種，好種子種下去保證你能高產，這個道理懂得了。現在你學佛也如是，因為過去的因緣使我們現在能遇到三寶，遇著佛法的緣，就像我們在田地裡種種子，三寶的田是什麼？是福田、智慧田。你怎麼能得到福德智慧？那就看你的業，你的業可以轉化的，業能轉的！業果不能轉，我們學佛乃至出家都沒有作用。因為能轉，我們過去所作的業能轉化，但是你得有力量，靠持戒精進堅固信心，好好的修道轉過去的業。轉完了這個業又變成種子，種子又再產生業緣，再產生種種緣，這樣進修的時候直至成佛。我們這個心地就像田地一樣的，看你怎麼種。我們現在所聞到的法，使我們的身心都能照著法去修去做。之後我們的種子就種的深了，茁壯成長，將來直至成佛。

又如巧幻師　在彼四衢道
示現眾色相　業性亦如是

「巧幻師」，幻現種種的色相。「幻師」是比喻過去的業因，業是從緣起，一切都是緣生的。幻師幻的這些因緣，我們知道都是假的，幻境相不是眞實的。在你看著沒有哺鴿，他從袖子裡幻化些哺鴿飛出來了，看著是實的，其實是假的。你知道那個是假，你這個肉體能知道是假的嗎？就跟幻化師幻化是一樣的，是你的業所感。這業就是幻化師，幻化種種一切不空的色相，就像眼耳鼻舌身意六根所對的六塵，根跟塵造種種的業，在這業跟塵中，你造業的時候並不感覺在造業，就像我們所說，爲了工作爲了生活，爲了家庭爲了自己幸福，爲了自己的子女幸福。但是你必須得有錢，錢是什麼？造業的，爲了追求錢就造一切業。錢又是爲什麼呢？爲了自己生活、助緣，衣食住行。衣食住行是爲什麼呢？爲了所謂的幸福。誰的幸福呢？這個肉體。肉體本來是四大假合的，不是眞實的，知道是幻化的，但是貪著取捨，爲了自己肉體的享受，爲了自己的家庭造種種的業，社會上說不擇手段。什麼都不不管了，坑人、害人、騙人、欺詐，造種種的業。

現在大家知道機器人，過去叫機關人，機關人是木頭做的，像三國演義諸葛亮製造的木頭車，其實就是獨輪車。在那個時候就很先進了，現在這個時候沒有用了。它也能代替人做些事，用某種的技巧做些工具來代替人的操勞。現在做的機器人可先進多了，這個大家都知道，舉這麼個例子。它能示現種種色相，但是這些都不是眞實的。但是對我們的肉體，我們是不是把它當成眞實的？它是無我，不要執著我。

若是眞我呢?眞我就不會消失，不會死亡的。因爲我們這肉體會死亡的，會生病的。遇著緣不好，出車禍突然間就死了，那是緣不好。他本不該死，不該死遇緣。壽命也有變化的，大家讀《藥師經》，前兩天打藥師七，念過《藥師經》。如來說九種橫死，不該死死了，他的壽命本來還有，但是遇一個車禍，像飛機從空中掉下來了，這是你想不到的，死於非命，不該死死了。在現在這個世界上，天災人禍，一個大水災，一個大火災。懂得這些道理，這些法都是幻化的，幻化就是不實在的。

如機關木人　能出種種聲
彼無我非我　業性亦如是

做個機關木人能出種種聲音，彼非我，也不是我。你所造的業，業不是你，業性本空，不是你。但是這個肉體具足過去的業，當沒有證得無我的時候，你還空不了。我們經常懺罪，拜懺、懺悔。有些人經常問這些問題，佛在很多經論上說，造業了一定還報，不還報是不可能的，沒有這個事。不是空的嗎?「業性本空唯心造」，是不錯，你的心造了業，「業性本空」，還報也是空的，還也是空的。跟人的因緣也是空的，沒有實體的。過去有俗話，無有不散的宴席，乃至到餐廳裡頭去，或者請客宴席，最長也就是兩三個鐘頭，宴席完了都散了，各回各去處，各回各的家。人生就如是，大家庭也好、小家庭也好，沒有不散了。特別是年歲大的人就知道了，感覺過去的道友、過去的親朋，大多數死了，眞死了嗎？這是幻化的相，另一相又出來了。也許又在一塊堆，因爲有緣才相聚。

寶首菩薩打這麼個比喻，像機關的木頭人，能演唱也能做一些事，它無我，也不是我。所造的業相，不是我，但是你可得要受，受了也不是我，就是這個涵義。再深一層，我們懺悔罪業，因爲我們有罪業，修道不得成，成佛很艱難的，要經過多少幾劫。說業性是空的，但是受起來不空的，不空，你空的了嗎？害病的時候，說我連身體也是空的嗎？病沒有，你還能像沒病的時候歡歡喜喜那樣嗎？到死的時候你作得了主，說我不死！還得活幾年，活幾年再走，辦得到嗎？有人問說業能轉不？想轉變過去的業。假使不能轉變，沒有成佛的，否則你修道做什麼？說能轉變，那我就造，到時候再轉。

這兩種都是不對的。說業要不能轉，沒有成佛者，說業要能轉的話，輕易就轉化，那佛所說的因果報應就不存在。這兩種是靠什麼呢？就看哪個力量強，強者先牽。是業力強嗎？還是修道的道心強嗎？道心強就把業障轉了。精進不夠，修行的力度不夠，那個業照樣得受。害病一樣害，誰都害病，在害病，你感覺痛苦，在你能轉業報的時候，心裡有這個認識，那個痛苦就不同了，減輕痛苦。在苦上認得苦的性，苦是沒有體的，苦的性是空的，空的誰在受苦！你這肉體是空的，人家打你，你說打誰？不知道。能做到這樣嗎？

在北京聽人家跟我講，有位河南人他到了北京。那個表弟傻呼呼的，到北京找他來了。夜間他表弟起來要撒尿，尿池旁邊有條自來水管，晚上人家把自來水管放在那兒，放自來水，明天缸都裝滿了。他表弟在旁邊尿尿，他去了很久了，他表兄說：「怎麼還不回來，你幹什麼去了？」他表弟說：「我在尿尿，它一直流不停！」他表哥就看，不是你在尿尿，是自來水在流。「自來水在流？不是我在尿尿，我當成我在尿尿呢！」

我聽見人家給我講這笑話，我覺得很有道理！我怎麼想的，人生如果這樣的看，把那個業作如是看，你的業就像自來水流，跟你沒有關係嗎？跟你有什麼關係。那你隨那個轉，你認爲你在尿尿，尿吧！自來水什麼時候停你才尿完，那一夜不要睡覺了。聽起來好像是個笑話，人何嘗不如是！每一個都是傻子，一天的奔波勞動，空的不是你的，是別的業作。本來不是我，却要計我想，說這個肉體不是我，你把它貪著的，執著的不得了，所造的業是虛的，「業性本空唯心造」。修道者在那兒觀想、拜無我、想無我，跟著佛的教導，開慧性，得到光明得到智慧，知道這是虛妄的、假的，修行的目的就是達到這個。我們每個人不是求得到解脫嗎？學佛目的說：「我要解脫，我要了生死！」這不是一句話。什麼是生死？先要認識清楚，完了說我要怎麼，你要依著佛的教導去學。先認識造業的業性，現在還不停的造業，業有善有惡。什麼是善？什麼是惡？先分別清楚。

在〈淨行品〉，智首菩薩問，文殊師利菩薩答，我只取其中四個字，「善用其心」。心裡怎麼思惟，當你作這件事，目的是什麼？作完了所得到的成果，把它用到什麼處？現在你這個人的肉體，過去的善業多惡業少，說你變了人，同時是人，人家在那繼續作大善事。同是一個人，你在造殺盜淫，乃至五毒具全。這兩個怎麼能來比？同是業，這一定得信，相信業果。

我們這幾百人吃穿住，乃至建大殿建法堂，我們幹什麼勞動？士農工商當中，沒有我們哪！修道是給自己修，爲什麼有人會送東西來？現在天氣冷了，有好多人給我們送棉衣服，送冬天的保溫設備！爲什麼？雖然社會上還破除迷信，這些人不認爲是迷信，乃至於用種種業，把辛辛苦苦掙來的錢供養我們。爲什麼？我們怎麼樣回答他？他想求三寶加被。如果他求一次不靈，求兩次也不靈，求三次就不來了！他所要求得的看著是虛的，他得到了，得到了又是實的，但是得到了也是虛的。除了這個之外，現生得到的還不算，他未來生的善根，這叫福田。佛給我們制的衣服是一塊一塊的，像地裡田地一樣的，這叫福田衣。福田衣是給人家培福的，如果自己不修行，人家說「常住一粒米，重如須彌山」，須彌山我們沒看見，一粒米重如五臺山也不輕了，五臺山好大！如果你不了道，如果沒得到成就，變驢變馬變騾子變牛來還，披毛戴角還，就是這樣意思。

我想到自己在中國佛學院教書，帶我們第一批同學來朝五臺山，那時候還沒有台懷鎮，只有騾馬大會，台懷鎮全是騾馬。滿山都是放騾子、放馬、放牛。就在黛螺頂底下做交易，我們必須穿過馬群上黛螺頂去朝拜。有同學就問我，他說：「五臺山是聖地，怎麼這麼多騾馬？」我說：「你小心點，如果不了道，你就到騾馬大會來展覽！」這不是笑話，業性如是。你了道了，不想再墮落，就發心修道。不然，你修道，人家來供養你，他求什麼？你修的道，你所作的善業，得給他一份，不是白吃的，還起來很困難。在供齋的時候也都如是。但是還也是假的，受報也是假的，一切如夢幻泡影。要能夠無我、非我的業性本空，經常這樣修。我剛才說的是促使你，心裡頭念念在道，道經常要修行，不但自己得益處，一切眾生都得到好處，使他們供養的不會空虛。我們這裡若有十位修成者，都替我們還債了。我們所享受的福報，佛儘管滅度已經快三千年，佛的白毫相光一份福報留給末法弟子，不會凍死和尚的，當然包括尼姑在內，也不會凍壞比丘、比丘尼，不會沒衣服穿的，不會沒飯吃的。這不是我們的果報，而是佛的果報。

現在有一種因緣，叫末法。好多不是和尚的，也剃個頭、穿上衣服，也是和尚。比丘尼更怪了，在北京，到我親屬家化緣，她並沒有剃髮，她拿一個灰布纏上，挨著門口化緣。我們有位居士說：「妳是假裝的，妳說的話不像比丘尼師父！」把她的布一摘，滿頭頭髮，她扭身就跑了。這就叫末法。但是我們修行的時候，給他們觀想，迴向給他們，別再造業了，這類眾生冒充四眾弟子，敗壞佛法，有信仰的人會對我們有怎麼看法？這是就世間相講的。文殊菩薩問寶首菩薩，寶首菩薩則是從理上講。

亦如眾鳥類　從殼而得出
音聲各不同　業性亦如是

你看這些鳥類，說性體是一，相上就變了。鳥是好的，是雄壯的，在殼裡叫的聲音就不一樣。我們在初發心的時候，一修道、一出家，那就不一樣。什麼不一樣呢？性是一，相不同。我們的體性跟一切眾生都是一樣的，都具足有佛性，但是現在我們依止三寶出家，染衣出家，給眾生作福田。「常住一粒米，重如須彌山，若還不了道，披毛戴角還。」好像很重了，你一天念一卷《金剛經》，看看念一卷《金剛經》的福德多大，那豈止一粒米！怎麼還？就是這麼還。念一卷《金剛經》，還你們債了。或念一卷〈普門品〉，那還得更多了，無量劫的債都還了。讀誦大乘、禮拜三寶，就念一句阿彌陀佛，功德無量，給他們迴向。但是你怎麼念？問題在這裡。念念從心起，不要打妄想。觀世音菩薩是大慈大悲的，你求世間法也可以。

鳥還沒出籠、沒出殼的時候，它的體性是一的，但是叫的聲音是不同的，是別的。在世間相上說，我們有種種類類，也有造業的，也有修福的，也有求智慧的，也有了生死的，也有成道的。性是一，相是殊，相不同了。鳥在殼裡，性體是一個，同一性；出了殼了，音聲就不同了。鸚鵡、八哥，那音聲更不同了，那你所感的報、所受的報，各各業受各各報，惡受惡報，善受善報，沒報是你受報的時候還沒有到。體性是一，相有種種差別。這是寶首菩薩答覆文殊菩薩的問號，爲什麼性是一、相不同？因爲業不同。

譬如胎藏中　諸根悉成就
體相無來處　業性亦如是

研究人和衆生在胎中，爲什麼人長得像人、牛長得像牛，馬長得像馬，在什麼地方來的？在胎臟裡頭，一切成就諸根。他的體相沒有來處，根據他的業，還得假緣，有緣才能生起。

又如在地獄　種種諸苦事
彼悉無所從　業性亦如是

又比喻在地獄裡頭種種的苦事。不用看地獄哪，現在我們人間就是地獄，好多的地獄，水火、監獄，不是嗎？地獄跟監獄差不多。那裡頭種種的苦事，從什麼地方來的？人爲的。人爲什麼要這樣做？業。他有他的業，你有你的業，衆業成城，和合而成就的。

譬如轉輪王　成就勝七寶
來處不可得　業性亦如是

這七寶怎麼來的？不是人工做的，是天上掉下來的？差不多，自然形成的。哪七寶呢？第一是輪，看是金輪、銀輪、銅輪、鐵輪，生下來就自然具足的。但是，這七寶是在他身體之內嗎？不是的。在身體之外嗎？身體之外怎麼來的？那是從外界來的。七寶之一是輪寶，輪寶大一由旬，輪寶好大？在印度一由旬等於中國的四十華里、六十華里、八十華里，有三種，最大的是八十華里，輪子有這麼大。第二是珠寶，珠寶不是人間的珠寶，自然的珠寶，八楞，八個角。第三是象寶，象稱寶者，說象，你騎上能遊四大部洲，人間的象不行。第四是馬寶，帝釋天所養的。第五是兵寶，兵寶是什麼？統帥的夜叉將，夜叉大將，大家讀《藥師經》知道夜叉將護持這個輪王。第六是臣寶，臣寶是主藏大臣，就是地神。第七是女寶，意思是很多侍女來侍奉他的。輪是他的業報所感，都有如是輪，這是輪王所有的七寶。現在這個世界當然沒有輪王了。

又如諸世界　大火所燒然
此火無來處　業性亦如是

這是指無漏的業果，火是什麼火呢？是智慧火。以智慧把你所有的惑、所有的業都燒光，燒光就寂然了。這是成道的時候，知道一切法，業果是寂然的，因爲性如是故。現在我們所依的都是幻，覺幻法，一切諸法都如幻。現在世界還沒到大火所燒燃，大火所燒燃的時候，整個世界被大火所吞沒了！海水也燒乾了，山也燒化了，把山上的石頭都燒酥了，都焚了，化了。一陣風，什麼都沒有了，還歸於空。形容我們無漏的智慧火，燒光有漏的一切事物；智慧因發的時候，把業障全燒光，光明一照，黑暗全消，涵義是這個意思。這幾個都是比喻，鏡子也好，火也好，說現在身體所住的地水火風，沒有哪個是我，假的。也沒有我所，無我，當然就沒有我所。

我們每天說話的時候，哪兒有病了，耳朵有病了，「我」都加個介詞「的」：「我的」眼睛，「我的」身體。不論哪個國家，哪種人，沒有說「我身」，我鼻，中間都加個介詞。介詞就是「我的」，「我的」不是「我」，「我的」身體不是「我」，「我的」所有使用，「我的」腦殼不是「我」，「我的」嘴巴不是「我」。都不是我，「我在哪裡？」「究竟誰是我？」參禪就參這麼個問題就夠了。等你開悟了，明白了，這是說不出來的。無我，我都沒有了，什麼是我所有的？我都沒有，我的身體還有嗎？我的身體是我所有。業性就是這樣，「業性亦如是」，不但水火，就連我的身體，我的四大，假合的，沒有眞的。四大分離了，我不在了。

業有種種的不同，各人的業各人不同。我們肚子餓了，你自己吃飯，各人吃飯各人飽。業得自己消，各人的罪業各人了。皈依三寶了，不是求佛加持嗎？佛加持得你求，還是你自己。我們這樣求佛菩薩加持，好多道友們跟我說：「好像不靈，佛菩薩不加持。」我說：「感應，你感得不夠，應就沒有。感應，有一分感，那就有一分應。」再說佛慈悲，兩分、三分，一分感、十分應。你感的不夠，不能夠了明自心，你在有為方面去琢磨。有應的沒有啊！除非求了道、了生死，這個應很困難，你得付出相當的代價。要是求發財，求個病好，求個六親眷屬迴向，小災小難小病苦，效果很靈。因為你求的就是你感，一感就夠了。要求了道，你那個感做得不夠，應很不容易應，那就多求吧！等你的感達到了，應也就應了。應就是佛菩薩應現，佛菩薩應現是他加持你，使你更加精進，更加用功，更加觀心，更加消業障，還是自己了的。佛菩薩只能告訴你方法，他不能包辦代替，包辦代替衆生就度盡了！他能解說、啓發，讓你明白。明白了，你自己就會修行，自己就會證得了，業障就消失了，那不就了了嗎？是這樣了的。

這品是〈菩薩問明品〉，文殊師利菩薩問，前面問了三位菩薩，現在是寶首菩薩。每位菩薩所答的，文殊師利菩薩所問的，目的是讓我們明白佛是怎麼成的，明白我們這業是怎麼造，明白善惡因果，明白了之後就成佛了。但是最初是讓我們信，下面到〈淨行品〉，〈淨行品〉不但信了要去作，作了才能證得。以下是文殊菩薩問德首菩薩。

四 說法甚深

爾時文殊師利菩薩。問德首菩薩言。佛子。如來所悟。唯是一法。云何乃說無量諸法。現無量剎。化無量眾。演無量音。示無量身。知無量心。現無量神通。普能震動無量世界。示現無量殊勝莊嚴。顯示無邊種種境界。而法性中。此差別相。皆不可得。

這個問義，只是在文字上變化，法性是一，云何有種種差別相？跟覺首菩薩說的、跟財首菩薩說的、跟寶首菩薩說的，只是文字上的變化。在義理上僅是一個，如來所證，如來所得，就是一法。爲什麼有種種差別諸相？說一法就好了，但是說一法眾生能進入嗎？因此佛說法是爲了利益眾生，眾生無量，眾生愛好不同，眾生思想不同、緣慮不同，因此佛所說的法也就種種不同。明白這種道理，不要在相上去追求，在性體上悟，只有一個。如是的問、如是的答，目的是什麼？讓我們信，信而後能解，說法的目的是讓我們能明了、解了，這品是問明，都說的明。明白了，明白了就是理解了，以後才能起修。

我們現在爲什麼要聞法？天天聽，就是求理解，理解就是明白，明白一切因果的差異，明白善惡的區分。如布施供養，同是一樣捨給人家，但是這裡差別非常之大，什麼樣差別呢？好像同是以物施於人，同是行布施，爲什麼得的果報不一樣？

不只我們這樣有這個問號！根據《地藏經》，地藏菩薩問佛，同是布施，爲什麼受報不同？有的施的很少，但是他的果報非常之大，一生、兩生、無量生，福報都是無量的。有的布施物質很多，受報呢？很少，乃至一生就受盡。什麼原因？現在我們這裡頭，文殊師利菩薩問，德首菩薩答，問佛是一味，法界一味，唯是一法，讓一切衆生都回歸悟了自己的本性，證了自己的本性，就是這麼一個法。因爲你想走這個直路，很不容易，必須得走彎路。彎路呢？就說這一切法，這都是彎路。如果佛一說，心性是一，你馬上就悟得心性，什麼事都沒有了，不要學那麼多，也不要行的那麼苦，無量劫修行。問題不是這麼容易，不可能。所以要說無量諸法，現無量佛身，化無量衆生，衆生的緣不同，各性不同，愛好不同，貪瞋癡煩惱的厚薄淺深，種種的不同，所以佛才說無量法，現無量身，就是這樣一個意思，其他的都沒有。總說就這麼一個涵義，前面問寶首，這又問到德首，每位菩薩答的，從理上講也是一個，從事上講就不同了，各有各的因緣。

現在大家在這個講堂裡頭，這是一吧！一個講堂，一個人說大家在聽，這是一，但是你問每一個人，聽的如何？有的說，我明白一點，有的明白很深，有的說他沒講我也懂，我比他懂得還多，各各不同。

這個道理是淺顯的，你可以知道。如果我們都是開鞋業公司，人家很賺錢，你很倒楣，爲什麼？同是鞋業，一樣的工作，一樣的掙錢，鞋是一樣的，他就不同。

例如我們齋堂，供應是一樣，平等的。你能吃好多，就供應你好多。人家吃兩碗，吃兩個花捲，吃兩個饅頭，你一個也吃不下去，那不怪人家不供給你，因爲你的肚皮小，胃口不開。懂得這個道理，你知道佛法就是這樣，隨你取好多，佛法猶如大海，看你的量吧！有的人一聞就得解，能信入，有的學了一二十年，連門還沒入，還不知道佛教是什麼。大家在這裡學戒、學法、學經、學論，學的很多。有的出家幾十年，什麼都不知道。

例如說普陀山梵音洞，有間比丘尼廟，她還是住過好幾年的閩南佛學院學生，我也不認識她。我朝梵音洞，她給我頂禮，她說她在閩南佛學院住，聽過我講經。我問：「妳現在在這兒幹什麼呢？」她說：「香客來了，收收門票。」我說：「還幹什麼呢？」「每天就幹這個，沒什麼幹的了。」我說：「你在閩南佛學院學什麼呢？」「我早忘了。」我說：「好了忘了，那個忘了，這個可沒忘。」

學佛法，大家要入心！你學法，不入於心，那是沒有用的。用心就是自己觀想一下，文殊菩薩爲什麼問這麼多？問這個菩薩，問那個菩薩，文殊菩薩不懂嗎？給我們作例子，他這樣問是讓我們來學。學的目的是要我們信，進入這種道理。信之後，你還想一想，這個信就有淺深的不同。淺的，聞法種善根，心裡想，我將來開智慧，這是好的。反正，普壽寺規定的，我不去聽課，應當我聽的，不聽不行。不去，要問我爲什麼不去聽？這是被迫的聽。主動的聽，就是主動的去學，想想爲什麼文殊師利菩薩這樣問，爲什麼問這個菩薩，變化一套名詞，爲什麼問那個菩薩，又變化一個名詞，這是我們想的很多，不是菩薩想的很多。假使問財首菩薩，你已經理解了，再問德首菩薩也增長你的理解力，增長你的信心，這是從另一方面說，因爲根機不一樣，就像吃飯，供應一樣的，但是你的量小，吃的很少的，他的量大，他就吃的很多。

懂得這個道理，之後你再學，佛是證得的、悟得的，是一個法，爲什麼要說這麼多？文殊菩薩這樣問，看看德首菩薩怎麼答的？德首菩薩就答了。有問才答，互相演暢。我們把這些菩薩看成是演戲的，有主角、有配角。我們這些人看戲的、聽戲的，看你怎麼聽？會聽不會聽？特別是以前看京戲，上面在演，底下也在演，還要打板眼。會聽戲的，他第一個先認識，這些都是假的，像演員本身知道，化起裝來演的都是假的。文殊師利菩薩跟德首菩薩、智首菩薩、寶首菩薩，乃至覺首菩薩，他們都明了，這些所問所答都不是眞實的。

心性是一，心性怎麼顯現？讓我們怎麼能明到自己本來的法性？怎麼能證實我們跟毗盧遮那無二無別？說這些話，都要達到一個目的。這個目的是讓我們信，以我們現在的智慧、能力，能夠達到信的智慧就不得了了，因爲我們在這個迷當中不明，就來互相辨別。辨別的涵義，是讓我們明。明是理解，知道這樣子，在他的問答當中，你作這個思惟，作這個觀想，用這個假的，把貪瞋癡慢、妄想執著都除掉，最後這個假的也不立了，把那都除掉，這個假的也沒有用處了，當個工具。木工用斧子、用鋸子，他把木工鋸完了，工具也沒有用處，得有如是的智慧來認識。你從事相上理解了，文字上也如是，因爲佛所說的一切教法，絕不離開世間生活，也不離開你的思惟，也絕不離開現實。如果你把佛法明了了，那你的生活非常愉快，什麼煩惱都沒有，就是隨緣！但是，原來我是空，因爲是空的才無礙。現在我們什麼都有礙！天都冷了，在外邊待半個小時不行了，凍耳朵，這還僅僅開始給你送個信，還沒有到冷的時候，這個地方，開始要冷了，你要注意。

經也是告訴你，不要生煩惱，煩惱要下地獄的，知道嗎！給你送個信，讓你認識了，什麼煩惱也不要生，達到什麼目的呢？「隨緣消舊業」，隨著因緣把過去所造的業都消失了。「更莫造新殃」，別再造新罪了。從落髮那天起，我們在家兩眾從皈依三寶那天起，惡止、善生，一切惡從此止住，一切善從現在成長，止惡行善。之後再一步一步深入，這個善到什麼程度呢？到究竟成了佛，圓滿了。到最圓滿的時候，沒有諸惡也沒有諸善，但是我們離這個義理還遠呢！

我剛才說這段話，是說諸位道友學習的時候，先有這麼一個體會，你才能學的進入，不要聽到很深，看到一顯那個義理在文字上，在顯心性、空、般若，我們這僅僅是開始，到了《華嚴經》〈離世間品〉，是普賢菩薩跟普慧菩薩的酬答，那個酬答跟這個酬答不同。言語、詞句、道理都不同，這個是在信位，還是淺的，《華嚴經》的最開始是生信，就是這麼個目的，教大家學習怎麼進入？你越學，才能夠越生歡喜心，越學越能深入。要不然，越學越糊塗，本來是問明，明還問出來，就糊塗了，先不明了，學的不起勁！還不如我們讀《華嚴經》，天天照是讀，懂得這個道理，學的時候才能深入。

時德首菩薩。以頌答曰。

佛子所問義　甚深難可了
智者能知此　常樂佛功德

德首菩薩用偈頌答覆文殊師利菩薩，你問這個道理，很深很深的，不容易知道，非得有智慧的人，非得明白的人，才能知道。知道什麼呢？「常樂佛功德」，同時讚歎文殊師利菩薩，說你問的非常深，你是故意問的。你已經都知道，爲什麼這樣問呢？讓一切衆生都能得到佛功德。從文字上答，這就答明白了。但是，這深在什麼地方？什麼甚深難明了？就像前面答覺首菩薩，你觀想所問的，說我們體性是一，爲什麼有這麼多差別？「甚深難可了」，證得的時候，要從世間相生活當中，我們用淺的來影響深的。例如說我們終日吃飯，沒吃一粒米，天天吃飯很淺的，說一粒米沒吃，天天在吃，豈了一粒？那就甚深了，爲什麼我吃了，却說我沒吃。

所問的道理甚深、難明了，就是理，這是《華嚴經》講的理法界，相信自己是佛，這個理是很深的，你光相信，作用還不大；但是現在我們沒有相信，這個理就很深了。「常樂」，這個「樂」字可以念「要」。樂是希求的意思，樂是我已經得到了，歡樂，常希樂佛的功德，這就是利益。這個問題是一和多。如來所悟的是一法，所說的無量法、無量身、無量衆生，這就是多。一跟多有什麼差別？含著這麼個問題，深跟淺又有什麼出入？這就靠智慧，這個問題有智慧者能知道。佛利益衆生的時候，經過無量億劫修成佛道。佛法是一，爲什麼有這麼多的差別？法沒有差別，因爲衆生有差別，所對的機有差別。答覆這個問題就假了很多的比喻，比喻就是比方的意思，要想說明這個事，這個本身不好說，繞了很多圈來顯明白。

如果是說，普壽寺道風很好，在這裡住的師父都很修行，怎麼樣修行？說普壽寺裡頭住的衆生都很好，很修行，這是總說，這就是一。你了解每一個道友，了解每一個師父，了解比丘尼師父，讓他給你答覆答覆，五百人答覆五百樣，這就差別了，有時恰恰你問到的剛來這兒，他也什麼都不知道。有住十年以上，有住三年、五年以上，所理解的不同，這叫差別。

譬如地性一　衆生各別住
地無一異念　諸佛法如是

這是第一個偈頌，他答覆的順序是地、火、水、風，不是按地水火風那麼樣順序答覆的。這沒有什麼關係，四大種隨時的。說大地是一，而眾生在這個大地上住，可就不一了。人類蓋房子，現在越來越高明，要住樓，各個裝修的不同，有沒有住窯洞的？現在還有。我們五臺山也有，從觀音洞往外走，還有很多住窯洞的。以前我們後邊也挖些洞，現在都取消了。各別住，住的不同。有的沒住到大地上，江南船家盡住到水上，他住到船裡頭，船就是他的家，一個小船就是他的家。但是水還由大地承受著。地性是一個，眾生住的地點不同，而土地不同，廣狹、大小、厚薄，地水火風空災，這個地上頭的風災、水災、火災都不同，這個只說一句。

地性是一，地能荷載，眾生蓋的房子就不一，以前人多的時候，擠的時候九平方米住的一家人。現在條件好了，一個人住個一百平方米，這個是辦公室，這個是寢室，那個是接待室，各各住不同。大地一樣的負擔，負荷。地本身沒有念，要怎麼建就怎麼建。像現在普壽寺建的，那邊是戒研部，這邊是淨土部，那邊是華嚴部，前邊走廊幹什麼？隨你站，隨你住，說我們走路，下雨天可以在走廊裡頭，不下雨，冬天保溫也好一點。地沒有一念也沒有異念，你要怎麼住，就怎麼住，你要怎麼修，就怎麼修，隨你怎麼建築，地不給你作障礙的。

「諸佛法如是」，一切佛法取多取少，你投入、不投入，他不限制你，沒有約束性。一跟多是不障礙的。地性是一，一切眾生的住可就不一了，而地的本身沒有一沒有異。佛說法隨衆生各得解，你能解了就好了。佛在世的時候，佛只爲你說一法，你來了，見了佛，佛就給你說一句話，說念無常、念無我，去修去吧。聞法者就照著佛所教授的去行，這就證道，就證阿羅漢果，斷了見思惑，斷煩惱了。那時候斷煩惱了，斷見思惑了，就了生死了，生死也了了。佛那時只說分段生死，所斷也只有分段生死，沒說變異生死，因爲資格還不夠。佛心所證得、所悟得，這是一法，隨衆生的因緣不同，他說的法就不同了。大地是負荷的，怎麼修都可以，用地來形容佛法。

亦如火性一　能燒一切物
火燄無分別　諸佛法如是

火性是一，說火性，它的體是一，能燒一切物。是不是一切火都能燒一切物？看你怎麼樣裝飾、怎麼樣控制？如果火沒有控制，那把大地都燒完了，人類也沒有了，都燒了，不是這樣的。懂得火性一，它的功能、用處、量，能燒一切物，這是火燄，沒有分別的。「諸佛法如是」，一切佛法都是這樣，看你怎麼取怎麼用？它能燒、有這個功用，但是我們控制它，讓它不燒，這個涵義應該懂吧！像電燈不燒，我們只是取其照明義，它燒起來把我們這屋子都燒完了，那還行？我把它控制起來。一切煩惱燒我們的法身慧命，我們用佛法把它控制起來，是這樣一個涵義。用火形容，佛悟得是一，爲什麼要說這些法，這些法種種樣不同，機不同故。

亦如大海一　波濤千萬異
水無種種殊　諸佛法如是

「亦如大海一」，大海是說水的。不要在名詞上執著，大海爲什麼有東海、南海、北海，還有地中海、大西洋、太平洋，那要說起來，水的名詞太多了，水性是一，大海的水性是一，只說水，風浪大，那海水的浪濤大，遇到風起浪，那個海跟那個海不同，海水有黑的、有藍的、有紅的。但是海是一，波濤不同了。「水無種種殊」，只要說是水，管它是海也好，江也好，河也好，乃至小水溝，乃至自來水管子放出來的水，只要是水就是水，水就是水，水是流動性的，水沒有種種樣樣的，水是一，「諸佛法如是」。三藏十二部一切諸法，佛所教授的方法只有一個，教授你回歸自性本體，就是一個。那些種種的方法是達到這個目的，一切衆生成佛。

亦如風性一　能吹一切物
風無一異念　諸佛法如是

這是先用地火水風。風本身沒有形相的，誰能把風抓住？抓不住的。誰能把海量乾，海是不會量乾。假使你能把大海量乾，就能把風抓住，那本事很大了，這樣的人還沒有。大海可量風可繫，大海我們用量把它量出來，有多少斤？多少分量？

量不出來的。風，我們把風抓住把它繫縛，讓它不流動，辦不到的。但是，即使你這個能辦到，要想理解佛法的涵義，甚深的性體涵義，不能得知。你的本事能把風抓住，讓它不動，能把大海水量出來，這一海有好多的重量，沒辦法知道。這是形容說你對佛法的理解，你達不到，沒有這個本事。等你眞正理解到了，也沒法表達出來。你看文殊師利菩薩這麼大的智慧跟九首菩薩來說，目的是什麼呢？只是讓我們來信，相信這個道理。

亦如大雲雷　普雨一切地
雨滴無差別　諸佛法如是

「亦如大雲雷」，空中的雲彩，起的雲霧水份很重，上空就變成雲。「雷」，現在我們知道陰電跟陽電兩個交觸就打雷。但是在佛教講，雷有雷神，雲有雲神。在我們說社會的現相，就實體來說，他是陰陽電所錯的，也是這樣。但是能在大地降雨，要打雷一定要有雨，興雲布雨，要打雷的。這個雨點下好多，沒有差別的。誰能算出來嗎？昨天下了好多雨？下了好多點？我們怎麼樣算呢？它把地打濕了，印進去好多。把這個地印進去一寸，或者一尺，但是只有你這個地區，別的地區你又知道嗎？下雨是普徧的。接受的程度不一樣的。佛所說的教法是一樣的，但你的理解力不同，所以「如來一音演說法」，他這一音說一個法，但是大家聽起來，各個衆生所取的就不同了。

亦如地界一　能生種種芽
非地有殊異　諸佛法如是

「亦如地界一，能生種種芽」，這又說大地。界是生長義，形容大地是生長的，能生長什麼？你種什麼種子發什麼芽。你種的是穀子，絕不產生出黃豆；但是地界是一，大地是一個，它又生出來種種的枝芽。還有草，誰能把草的類分別出來嗎？草裡頭還是草，又變成藥。形容佛所說教法無量，但是地界是一，佛悟得的是一，但是演說就不一。爲什麼？因機而說法。不是地有殊異，地沒有殊異。「非地有殊異」，這句話我想了很久，說地沒有殊異，可是南方的土地跟北方的土地爲什麼不同？有的土地可以種稻田，有的土地只能種黃豆、種大米，大米跟高粱完全不一樣，不是都是地上長的嗎？

爲什麼這個人聞法能證得阿羅漢，爲什麼那個人聞法了證菩薩？佛說的是一樣，但是所聞法，所得的效果不一樣的。這個道理不在地，也不在佛所說的教法，機還是有差別。有的他一聞就產生無量勝解，有的一二十年之後，還是什麼也不知道。例如有些人認爲磕頭、禮拜，可以消災、開智慧，爲什麼西藏人磕大頭，要全身趴下去？爲什麼我們漢地五體投地就可以？單合掌小低頭，這也算磕頭。爲什麼種種差異？這個裡頭，善根有厚薄，信仰有差異。聽到這個他很信，他就這樣做了。人家磕大頭，或者磕五體投地的頭，或者像我們這樣拜，單合掌小低頭怎麼比呢？《法華經》就說，「單合掌、小低頭，皆共成佛道。」有經可以證明，單合掌小低頭都可以成佛，可是我一天的磕頭，爲什麼業障還消不了呢？

我們有個同學就這樣問過，他說：「我這樣磕頭，感覺業障沒消，智慧不開，單合掌小低頭都能成佛，什麼道理？」我給他解釋，「善用其心」，用心不同。天天磕，你想什麼？你在打妄想，磕下頭去，有時候回到世間法。大家知道送子觀音，他拜觀音菩薩就求給他一個兒子，送他個兒子！人家拜觀音菩薩求解脫，求觀音菩薩大慈大悲，使我解脫了生死。求的目的不同。問題就在這兒，知道一切無殊異，諸佛法如是，一切佛法都如是的。

如日無雲曀　普照於十方
光明無異性　諸佛法如是

太陽出來普照十方，有沒有照不到的地方？很多照不到的地方，它是普照的，沒給你作障礙，是你本身承受不了，因爲你見不到太陽。佛教導的方法，佛所說的法是普徧的、平等的，不管貧富貴賤，壽夭老小，男男女女，什麼差別相都沒有！但是有聞有不聞的，你不要怪佛，要怪你自己的業。太陽沒照到你，能怪太陽嗎？

是你自己作障礙，經常作如是思惟。

亦如空中月　世間靡不見
非月往其處　諸佛法如是

「空中月」，我們剛過八月中秋，好多道友在屋子裡頭沒有看見月亮，亮的程度如何？我就沒有看見！沒看見不是月亮對你不照，而是你不去觀，佛法也如是。

譬如大梵王　應現滿三千
其身無別異　諸佛法如是

大梵天王在三千大千世界，示現一切處都有大梵天王在教化衆生，諸佛法如是。這個比喻我們只能這樣說。

地，極樂世界的大地，南方不動世界的大地，這個大地是一，跟娑婆世界的大地，總說一切法是依著剎，剎就是諸佛的法，諸佛教化的剎土，佛說法的處所，就是土地的處所，沒有勝劣的。爲什麼極樂世界是那樣？娑婆世界是這樣？不動世界又是那樣？這就是業，形容我們的業不同。例如火燒，大火不管什麼木頭，不選擇這木頭是好燒不好燒，不選擇這是煤炭哪。昨天電視上播出火山爆發，把石頭變成柴火了，石頭燒得冒火，石頭還起火嗎？火山爆發就是石頭燒，石頭變成火了，這叫不可思議。一跟多是無量的，佛教化眾生，涵義都如是。

五　福田甚深

爾時文殊師利菩薩。問目首菩薩言。佛子。如來福田。等一無異。云何而見眾生布施。果報不同。所謂。種種色。種種形。種種家。種種根。種種財。種種主。種種眷屬。種種官位。種種功德。種種智慧。而佛於彼。其心平等。無異思惟。時目首菩薩。以頌答曰。

文殊菩薩又問目首菩薩，如來的福田！我們知道如來是福田，大家看到比丘、比丘尼的衣，這衣就是學佛的福田，衣上一塊一塊一塊，福田相，這叫福田衣。三寶就是福田，田是土地，這塊土地種什麼呢？不種高粱、穀子，這個土地種的是福。這福沒有一也沒有異。見了三寶都是種福田，佛法僧三寶沒有差異的。爲什麼眾生布施的果報不一樣？你布施一塊錢，他布施一毛錢，你布施這一塊錢還不如他布施一毛錢的功德大，什麼原因？同是種下種子，種不同故。種福的時候，你那個心不同，發什麼心種的？像我們剛才說拜懺，你的心怎麼觀想？「能禮所禮性空寂」，如果能觀想我能禮的我，我所禮的佛，他的體性是空，是寂定的，如一體性。既然是空的，能禮所禮是一個的，爲什麼「感應道交難思議」？這裡有不可思議的事。所以，種福田的不同。

佛在世的時候，有一位貧女撿了一枚金錢，她是要飯的，她就想：「爲什麼人家那麼富貴，自己沒得穿又沒得吃？人家大概種了福，我沒有種，我現在撿到一枚金錢，全部供養佛。」到油鋪裡打油，就是這一枚金錢，賣油的老闆看見她拿這枚金錢，他說：「我看妳的生活很困難，爲什麼把這個都買成油？還是買點糧食吃。妳衣不遮體，做件衣服穿吧！」她說：「我不是這個想法，我過去生大概沒供養，把這個錢買成油全供養佛。」這個老闆受她的感動，他說：「妳打油得拿個傢伙來吧？連個盛油的東西都沒有，我給妳裝到哪裡？我給妳個罎子，多打幾斤油供養佛，罎子是我的，油是妳的，我隨喜妳的功德。」

她就把這油盛到佛的燈裡，供佛的燈。她供養佛的這一天，正趕上波斯匿王拉了好多車的油，把所有的燈都供養滿了。夜間都點著了，第二天早晨是目犍連尊者當香燈師，早晨目犍連尊者就熄燈，其他燈一熄就熄了，只有這盞燈熄不了。他就不相信，用他的神通力來熄滅這盞燈，還是熄不了的，越熄越亮。佛就跟他說：「這個燈你熄不了的，以你的神通、你所證得的智慧，這個燈你熄不了的。這盞燈叫竭盡施，給的很少，它的力量可大了。」什麼叫竭盡施呢？就是全部的財產她全供養了。我們布施，得靠有餘的，隨緣的，先管自己的生活。別看供養我們的，多少萬多少萬，不如布施一毛錢，有時候那一毛錢的災消不了的，一萬塊錢的你還容易。就看他供養的心，問題就在他的心，福田是沒有一、沒有異，看你用什麼心來供養？她是竭盡施來供養。

這只是福田，跟我剛才說的禮拜，「能禮所禮性空寂」，這個就不同了，這個是成佛，你供養的因是要成佛，乃至於單合掌、小低頭，這個功德不可思議。比你那磕一萬個頭，一邊磕頭一邊想別的事。這個問題很大的，就是用心如何？制心一處，無事不辦。你那個心哪，三心二意，妄想心、貪愛心，什麼心都有，那你這個禮拜誦經效果不大，但是有福德。爲什麼你要一心？我們拜懺也好、誦經也好，要一心，你能達到一心嗎？問題就在這裡。

如來的福田是沒有分別的、沒有差異的，是種福的人，他怎麼樣的心種，所以眾生布施的果報不同了。我們一般都說供養錢多的一定福報大，供養錢少的一定福報小，不是在物質的多少，而是注重在心裡。竭盡施，或者用身體的布施。《金剛經》上說，早晨用無量身體供養佛，日中又用無量身體供養佛，日末又用無量身體供養佛，一天三時每一時都用無量身體供養佛，不如誦一部《金剛經》的功德。這是佛說的，大家讀《金剛經》都看到了。我們好多道友每天都要誦《金剛經》，你怎麼誦的？他施這麼多的身，還不如誦一部《金剛經》的功德大，原因在哪裡？他怎麼用心，求什麼？誦《金剛經》的，他達到空性，達到般若智空，成佛的種子，一個是出世間功德，一個是世間福德，這兩者絕對不一樣的。所以福田是平等的，沒有一、沒有異，而衆生受的果報不同，不同就在此。

所謂種種色、種種形、種種家、種種根、種種財、種種主、種種眷屬、種種官位、種種功德、種種福德，佛對這一切，其心平等，沒有另外的思惟。如來的福田是平等的，衆生布施的果報不同了。因爲衆生心是不平等的，各各所求的願不同，所希望的不同，也引起種種的不同。目首菩薩答覆文殊菩薩所問，也用地水火風答。

譬如大地一　隨種各生芽
於彼無怨親　佛福田亦然

看你怎麼種的，種黃豆種芝麻，種什麼長什麼。佛是平等的，大地對彼一切事物是平等的，你種什麼，種子種下去發什麼芽，佛對一切衆生平等的，沒有怨也沒有親。佛的福田，你供養三寶，福田的差異、果上的差異是供養心的差異，不是田的差異。

又如水一味　因器有差別
佛福田亦然　衆生心故異

你拿瓶子裝的水，拿碗裝的水，拿個大鍋裝的水，拿一大車拉的水，那是器皿容量有差別的，佛的福田也如是，是平等的。「衆生心故異」，因爲衆生的心異了，所以受的果報有差異。當你布施供養三輪體空，這個功德是不可思議的，沒法限量的。能施所施，能施的人沒有，受施者沒有，無我相無人相，我相沒有了，人相沒有了。還有受施的物，拿什麼施？或者供養一件衣服，供養一塊餅，乃至供養一個物件都算，沒有這個形相、沒有物，這叫三輪體空。無我相無人相無衆生相，無受施之物。得的福報？成佛的福報。空、無相、無願，這全是明，這才是眞正的供養。福田也如是，就看你是什麼心，你看我來世，當官發財的好，我將來也當官發財，你來世就得這麼個報，一報就完了。但是當官發財，你可別造業！當了官，發了財，造業去了，不但今生的福報一盡，來生就還報。如果在福報上再增福報，你很富貴，供養三寶，修布施衆生，施捨，就看你的心如何。

亦如巧幻師　能令眾歡喜
佛福田如是　令眾生敬悅

佛的福田令衆生生起恭敬心，生起歡悅心，就像魔術師一樣的，他的目的是讓你歡歡喜喜的，掙幾個錢，就是這個目的。

如有才智王　能令大眾喜

佛福田如是　令眾悉安樂

有財有智慧，國王的政策使他的國家人民安樂幸福，人人都歡樂。若是碰見不好的國王，國土危脆，災害四起，鄰國互相仇殺，這個國王沒有智慧，大眾不是歡喜，而是愁惱。他一生作國王帶了很多罪，拿這個形容什麼呢？形容佛的福田，三寶給眾生是修福的田地。「才智王」，我們現在這個世界上不是才智王，好多國家不是國王的制度，而是一小眾領導一大眾，隨時換班的。各各國家的總統，四年一選，這四年你造了很多的罪，未來要還債，四百年四萬年四千萬年，還不清的。爲什麼這個國土裡也有歡喜這個政策的？他制定一個法律，有歡喜的也有不歡喜的。這個就不同了，就像福田有差異，你在福田當中，福田是平等平等的，但是你種的不同，種子不同，得到的回饋也不同。

譬如淨明鏡　隨色而現像
佛福田如是　隨心獲眾報

像鏡子，像玻璃，幾天沒擦就不清淨，所現的相就不眞切。明鏡是什麼樣的相都現。佛的福田像明鏡一樣的，你的影像，就是你種的福報，你種什麼現什麼，種的深現的深，種的淺現的淺，這是約意念，心爲主導。等你獲報也如是，你種福田種的是因，等你受報是感果，而且感的果不同。

如阿揭陀藥　能療一切毒
佛福田如是　滅諸煩惱患

「阿揭陀藥」（按：「陀」字，或作「陁」），翻華言叫「普去」，普徧的「普」，「去」是沒有的意思。「普去」是這個藥能使你的一切病都能好，能治一切毒。佛的福田也如是，種福了，看你求什麼。你求世間衣食住行的福報，這也是求；但是佛的福田，我種下去，要斷煩惱，證菩提，滅除一切煩惱的憂患，這個發願就不同。不求世間衣食住行的福報，只求斷煩惱證菩提，這叫除煩惱毒。

亦如日出時　照耀於世間
佛福田如是　滅除諸黑暗

想求明白，〈菩薩問明品〉，要有智慧，有智慧就破除愚癡。佛福田種了，就使你黑暗消失，漸漸能成佛，看你怎麼求的，這得看眾生的願。

亦如淨滿月　普照於大地

佛福田亦然　一切處平等

每天從早晨睜開眼睛起，一天所遇到的，吃飯、穿衣服、下床、洗臉、進洗手間，一天所作的都在福田當中，看你會種不會種？看你下什麼種子？我們將來講〈淨行品〉，就是「善用其心」，清淨行。從你一睜開眼睛起，一直到睡覺，文殊菩薩告訴我們發一百四十一種大願。那是智首問文殊，翻過來了，跟這個是對照的，講起來就知道了。一切都平等的，看你怎麼種吧！

譬如毗藍風　普震於大地
佛福田如是　動三有衆生

「三有」，有時候說九有，欲界色界無色界，三有生死的衆生。「普震」，風是普震，毗藍風是很大的風，佛的福田也如是。

譬如大火起　能燒一切物
佛福田如是　燒一切有為

佛的田種下去是了生死的，證無爲的，這個火是什麼火呢？智慧火，能把一切物都燒掉。佛的福田也這樣，能燒掉一切有爲。一切有爲法是空的，把有爲燒完了，剩下的都是無爲。無爲還有嗎？無爲就沒有了。無爲是對著有爲說的，有爲是顯無爲說的，無爲就無作，無作就無相。無作無相還有受嗎？那就是般若智空，佛的福田就如是，讓一切衆生皆證無爲。

六 正教甚深

爾時文殊師利菩薩。問勤首菩薩言。佛子。佛教是一。衆生得見。云何不即悉斷一切諸煩惱縛。而得出離。然其色蘊。受蘊想蘊。行蘊識蘊。欲界色界。無色界。無明貪愛。無有差別。是則佛教。於諸衆生。或有利益。或無利益。時勤首菩薩。以頌答曰。

勤首菩薩是表示精進，佛所教授的一切言教，一切的法，衆生得聞得見的，爲什麼他聽了，不去斷煩惱？爲什麼不出離生死苦海？佛的教授是讓我們回歸體性，體性是一，衆生爲什麼不求出離，不斷一切煩惱求出離？五蘊三界，無明貪愛根本，佛教授一切衆生都如是去求出離。爲什麼有些衆生得到利益，聞到法得到利益？爲什麼衆生聞到法不得利益？或者還有沒聞到法的。說是衆生斷煩惱求出離，這個道理是一樣的，沒有差異的。佛所教授的方法都是，目的就是這麼一個。爲什麼有差異呢？懈怠。

勤首菩薩的答覆，「勤首」就是精進，精進就是對治懈怠。每位道友都知道，斷煩惱證菩提，斷煩惱的方法我們也知道，爲什麼不斷？爲什麼又斷不了？爲什麼對於苦集滅道，斷煩惱就是斷除感苦果的因。證出離是滅，苦集滅道的滅，這是平等平等的，佛所教授的方法都如是。五蘊、十八界，佛叫你出離，叫你斷。我們也知道要斷煩惱證菩提，也知道方法，禮佛、拜懺、念佛、誦經、參禪、靜坐思惟，都知道！不去作，作得不精進。「勤首」，勤就是精進，懈怠了，懈怠成不了佛。知道了，不去用，沒有辦法。

惰性是無始時來的。有人說是饞當廚子懶出家，要是愛吃東西，嘴饞就當廚師，一天都可以吃，還先吃。懶呢？不願意做什麼，當和尚去吧。這是完全錯誤的，根本不理解出家人在幹什麼。

唐人有首詩：「鐵甲將軍夜渡關」，古來的時候，當大將軍作戰，他穿著鐵盔鐵甲，夜間多冷，本來就很冷，他穿著鐵盔鐵甲，鐵是生寒的，這是武將。「朝臣待漏五更寒」，當文官的上朝，必須天亮以前，做官是很不舒服的。「山寺日高僧未起」，太陽都出來了，很高的太陽，和尚還在睡覺。「算來名利不如閑」，爭名奪利，都不如修行。

我說作這首詩的人，根本就不認識佛教，也沒有體驗和尚、比丘尼的生活。我在北京的時候，就有一位，他也不怎麼信佛，他說：「師父我看你，一天很忙。」我說是很忙。他說忙什麼？忙自修，忙幫助別人修。他就給我念這首詩。我說：「你錯了。」「怎麼錯了？」我說：「你知道我們和尚一天做什麼事嗎？」他說：「不知道。」「山寺日高僧未起」，是我們和尚上殿過堂完了，要休息一段時間，我們還有第二步工作要來。你看見我們「山寺日高僧未起」，是和尚睡回籠覺的時候。為什麼？上殿下來了，吃完飯，有一個時間休息，大概是一個多鐘頭。結齋完了，到上課，這中間有一段時間，再睡個回籠覺吧！這部份被人看到了，才說「山寺日高僧未起」。好處是什麼呢？名利放下吧！我們和尚一天睡大覺還成什麼道？成不了道了。

精進，就是現在我們一天睡好多覺，你工作好多個小時，我們的工作是給自己，修行也好，聽經也好，聞法也好，乃至給人家迴向也好。我們的付出比人家付出的多，我都九十歲了，一天還上兩個班，你們一天上一個班。一個班八個鐘頭，我兩個班十六個小時，這是不知者。文殊菩薩這樣問，勤首菩薩用偈頌答。

佛子善諦聽　我今如實答

或有速解脫　或有難出離

你如理的聽，我也如理的答。有的人一聞法，他就證得了，能夠了生死。有的人出離不了。為什麼？速解脫，精進不懈，晝夜二十四小時，或者參禪，或者誦經，或者禮拜。「難出離」，就是「山寺日高僧未起」，那你出離不了，一天睡大覺，不精進。爲什麼用勤首菩薩？勤就是精進。佛有時候對懈怠衆生以精進爲首，對貪吝衆生以布施爲首，對散漫不守規矩的衆生以戒律爲首。佛是對機說法的，六度萬行也如是。有的很快就證得，有的是一輩子、兩輩子、三輩子，修了好多劫還出離不了。一個是精進，一個是懈怠。

若欲求除滅　無量諸過惡
當於佛法中　勇猛常精進

要出離諸惡苦難，出離二種生死，但是在出離的過程中，你作很多的過惡，這過惡得消失了，得懺悔乾淨了。一個是懺過去的罪惡，一個是現在勇猛精進，再不作了。懺悔懺悔，懺是懺過去，悔是改未來，未來再不作了，三塗再不去了，貪瞋癡煩惱再不起了。從起處下手，不是造成事實，造成事實那就晚了。起心動念，一定要觀照般若，這得有智慧。一天觀照你的思想，不讓它生起懈怠。精進是講你的意念精進，先把你的念頭看好。不是有那麼一句話！「打得念頭死，許汝法身活」，胡思亂想辦不到，成不了佛。這樣就能速解脫，懈怠就不行。

「若欲求除滅，無量諸過惡，當於佛法中，勇猛常精進。」不是一時，也不是一段時間精進了，打個佛七，這七天精進了，過了七天睡大覺，沒打之前就準備了，要養精蓄銳，我要打佛七了。打完佛七又睡大覺，這樣的精進不算是精進。心念常不懈，你心的念頭，永遠保持，念念的精進，這是眞精進。除滅一切過患，要勇猛精進哪！不精進，懈怠是成不了的。

譬如微少火　樵濕速令滅
於佛教法中　懈怠者亦然

火力又不大，柴火又濕，擱進去，火就滅了，不會再相續燃了，火大無濕柴。你在水裡泡的木頭丟到大火裡，馬上看木頭乾了，乾了就燒著，化爲灰燼。你學佛法，若是懈懈怠怠的，成就不了。

如鑽燧求火　未熱而數息
火勢隨止滅　懈怠者亦然

過去古來的取火方式是磨擦，用木頭磨，鑽木取火。我們都看不到了，拿個石頭打，拿棉花擦在上頭，就取火了。意思是拿木頭鑽，取火，還沒發生熱，你就休息一下，完了再取，再休息一下，永遠發生不出火，必須一氣呵成。若是懈怠，好比你要修行用功，將要有些煖氣，你停下來了，煖都沒有了。如果我們大家學過法相的，煖、頂、忍、世第一，這四個地位，你連煖還沒有呢！學佛法修行，連煖還沒有發生，怎麼去證果？若在世間上達到第一，很快就證入初果。

如人持日珠　不以物承影
火終不可得　懈怠者亦然

說你要拿一個取火珠，在太陽底下取火。過去古來時取火的方式很多，那時候也沒有火柴，打火機更不消說了，根本就沒有。取火的很多方式，拿一個珠子，在太陽地裡頭取火，必須這樣取，如果懈懈怠怠的，那火永遠也取不出來。過去取火的叫艾草，或叫艾蒿，專門生火的，現在有打火機很方便，什麼也不怕。

譬如赫日照　孩稚閉其目
怪言何不覩　懈怠者亦然

沒有智慧的微劣者，就像小孩子似的，他看不見，因爲沒有睜開眼睛，閉著眼睛，怎麼能看得見？你對佛法沒有聽也沒有理解，沒人跟你指點，怎麼能會去思惟修呢？聞思修三慧，你聞都沒有聞，怎麼能會去思呢？思是思考，觀是由聞來的，聞了之後觀照。從文字般若，之後才生起觀照般若，才證得實相般若，不然你得不到的，這得靠精進，懈怠是不成的。

如人無手足　欲以芒草箭
徧射破大地　懈怠者亦然

沒有清淨信的手，手是作用義，手能幫你做一切的。手拿著定的弓，之後射你那個惑，射惑，破除你那惑業！你懈怠，就說明你沒有一個淨信的手。因為沒有定的弓箭，又沒有信定，怎麼能入佛門？卑劣、沒有智慧，當然也沒有慧箭。因為所造的業很深厚，沒有智慧箭是穿不透的，穿不透就是你那個智慧達不到空義，沒有空來破除有，效果達不到的。

如以一毛端　而取大海水
欲令盡乾竭　懈怠者亦然

拿一隻鵝毛也好，或者什麼毛在大海裡蘸，要把大海水乾竭，能辦得到嗎？這是說你懈怠想求成道，不可能的。

又如劫火起　欲以少水滅

於佛教法中　懈怠者亦然

懈懈怠怠的，要想把欲望、貪瞋癡都熄滅了，辦不到。

如有見虛空　端居不搖動
而言普騰躡　懈怠者亦然

虛空、不搖動，知道空性得靠智慧才能證得，以智慧來破迷惑。智慧是明，破你那個不明，才能夠自在騰躍。如果你懈懈怠怠的，什麼也得不到。

七　正行甚深

爾時文殊師利菩薩。問法首菩薩言。佛子。如佛所說。若有眾生。受持正法。悉能除斷一切煩惱。何故復有受持正法。而不斷者。隨貪瞋癡。隨慢隨覆。隨忿隨恨。隨嫉隨慳。隨誑隨諂。勢力所轉。無有離心。能受持法。何故復於心行之內。起諸煩惱。時法首菩薩。以頌答曰。

文殊師利菩薩次第相問，這段經文問到法首菩薩。文殊菩薩稱讚法首菩薩說，佛子，佛是這樣教授的，若有受持正法者，受持佛所說的教法都是正法，能夠除斷煩惱，爲什麼有受持正法的，隨貪、瞋、癡，隨慢，隨煩惱的現行，於他心內生起煩惱？爲什麼衆生聽了法不能夠斷煩惱，他的義理在哪裡？貪瞋癡都不斷！忿恨隨嫉慳貪諂曲，一共有十一種。義理在哪裡？持就是受持，受持不忘的意思，受持正法，就是憶而不忘，常時回念不忘。佛說能斷而今不能斷，相違了，原因在哪裡？義理在哪裡？這是問號。爲什麼加個「隨」？隨煩惱不是煩惱，隨順煩惱，加個「隨」，隨貪瞋癡、隨慢、隨覆，乃至於隨諂。對他的心離不開煩惱，煩惱還能煩擾他的心，什麼道理？這只是問號，問誰呢？問法首菩薩。法首菩薩隨文殊師利菩薩問，就答覆他說：

佛子善諦聽　所問如實義
非但以多聞　能入如來法

總的答覆是，不能只靠聞法就可以斷煩惱，「非但以多聞，能入如來法」。多聞不行，還得加上什麼呢？還得去作，還得去行。若是沒有聞，你又怎麼能去作呢？必須聞解而後才能奉行。勸你諦聽聞法的時候，不要有貢高我慢的心，不要有雜染心，不要有輕慢心，不要有怯弱心，所以稱爲「善諦聽」。而且還能如理地聽，這就是悟性，求悟了，專心致志，掃除心的雜念，這樣的聽聞。「如實」，就是稱理的意思。這段答覆的意思是這樣說，只靠多聞不行，還得有修行。聞是修行的前方便，不聞你不知道怎麼修！聞了之後，知道怎麼修了，修了就要起行，行了就是去作。這個問跟答的意思，就說是失掉了行，你不修行不行，不但你聞的得不到，而且把所聞的毀壞掉。若不多聞，你行依什麼去行？因爲多聞，聞佛所教授的，照著佛所說的去作。這個是能多聞而不能行，糾正不行，行才能得。還沒有說出道理，只是讓你問這個道理我答覆，光說答覆，怎麼答覆呢？

以下就是他答覆的話。說你聞法的時候，有幾種必須得具足，一個是聞的時候能夠至心，心不雜亂。聞了之後就去作，聽到了就去作。叫你不殺生，絕對不能再殺生。聞法叫你作的，那是說戒律。要你行，要你觀心，例如我們拜懺也好，念經也好，聞法也好，叫你一心。一心就是叫你不要散亂，心不散亂也不要昏沈！散亂昏沈是聞法的障礙，要專心聽法。聽了之後，還得繫念，繫念是聞到這個道理，心裡不離開，常時縈繞著，想想這個道理。還要如法修行。一個人的力量不夠，爲什麼要搭同參？爲什麼要有善友？互相的共同修行。像我們在常住裡，道友之間，這叫共修。共修當中是有些雜亂，在雜亂當中你能夠繫心，繫心是把心繫爲一念。假使你不聞法、不學，你沒有善巧方便慧，多聞能生起辨巧的方便慧。同時，使所聞的法，轉入你的心，以後要依照所聞的法去修行，糾正你的行爲，糾正你的思想。因爲學多了，聽多了，就有了智慧，多聞出智慧。

行有兩種，一種是自行，一種是輔導別人行，把所聞的法之教義轉向給別人，我們所說的弘法，幫助別人修行。如果你不聞，口齒又笨，一個道理講不清楚，那你顯現不出來佛的眞實意義，不能發揮法寶教育的涵義。要廣學才能夠開智慧，光說是不行的。說法必須得兼著自己去行，聞了法自己要去作，作了之後你自己產生一種體會，體會就進入，你再去說，那效果就非常之大。如果光說不行，效果不大。說法施無慚愧，無慚愧就是自己不作，光說而不行，就像乾打雷不下雨，效果不大。因此，在答的當中，要知道這個意思，知道什麼呢？要聞，聞了要去作，聞而不作，等於只有聞的功德，不能斷煩惱，也不能進入道果。這是法首菩薩答覆的，他又舉個例子說：

如人水所漂　懼溺而渴死
於法不修行　多聞亦如是

在大水裡漂著，不敢喝水，一喝水，怕淹死，結果是沒有淹死，但是渴死了。他不喝水，不渴死了嗎？形容「於法不修行，多聞亦如是」。比喻說爲大水所漂，以喻合法，在生死苦海裡頭漂流，生死苦海裡漂流的時候，你若是聞了法要用，要修行，你不修行，沒有效果，還是被煩惱束縛了，脫離不了。在法上不修行，就像你雖聞到很多，得不到它的道理，對於自己的慧命，還是得不到。像好多人用藉口說，沒有時間修行，或者有障礙因緣，不能修行，聽聽就好！這類道友很多，聽而不去作，這多分是指著在家二衆說的。出家衆呢？他心裡煩亂！像我們在常住當執事，一天忙於事物，連聞的時間都不多，我們把他加個讚歎的符號，叫什麼呢？大菩薩，盡是幫助別人，忘掉自己。大菩薩確實如是，但是他成道了，我們跟大菩薩不能比。

我曾經在一個地方講課，也如是講，隔幾天，請我的法師跟我說：「老法師，你講的是不錯，我們執事都不幹了。」我說：「不幹好了，你關門好了。」他不幹了，就把廟門關上，也不掛單，減少一切事物。他說：「關上門，那還行？」我說：「怎麼不行？關上門，都去修行。」乾脆打佛七、打禪七、打淨土七、打讀誦七，不行嗎？這叫因噎廢食，吃一口飯噎到了，飯也不吃了，那不吃，餓死了，事實上就是這樣。學法的時候要能善學，善學得怎麼樣呢？聞著就去作，這個作不是說是我關上門來做，不是這個意思，聞法要轉變你的心。

法首菩薩答的是，他在水裡漂流不敢喝水，張口喝幾口也沒有關係，沒淹死是渴死了。在法不修行，聞的很多，但是不去用，法身慧命還是失掉，那就被煩惱淹沒了。

如人設美饍　自餓而不食
於法不修行　多聞亦如是

聽是聞，聞而不思。聞了，你要想想，這句話說的是什麼道理？思而不行，就是不去作，你所得的利益非常之小。自己做很好的飲食，美食，但是自己肚子餓的不得了也不去吃！這說是以法爲施，一天在說法，而且自己不去做、不修行，僅得個功德，而不能斷煩惱、不能證菩提。在輪轉當中，他的福報大了，福報大了就容易墮落，如果「於法不修行」，聽的再多，又有什麼用呢？

如人善方藥　自疾不能救
於法不修行　多聞亦如是

醫生懂得病，懂得藥理，也知道這個病吃什麼藥就好了，但是他就不服藥，不服藥病就不能好。像我們有病，聽到法，有哪種病就服哪種藥。貪心太重，你要修布施。散亂，你修禪定，就是這個涵義。知道而不去用，知而不用，不能對治煩惱！知道貪不對，知道發脾氣不對，知道生氣是不好的，遇事就生氣，不能克服，不能轉化自己。

如人數他寶　自無半錢分
於法不修行　多聞亦如是

我們看銀行出納員一天當中不曉得數好多萬呢！他自己一個月，或者一千或者兩千，工資很少的。這個跟那個不能比，貪污，那就更糟糕了。他讓你修行，修行要自己去作，自己去掙錢。講經的人是數他人之寶，都是佛的，都是大菩薩的，自己不投入。「於法不修行」，佛教授我們的方法，不去作、不依教奉行，多聞就是這樣。佛說阿難，「多聞總強記，不免落邪思」，與其多聞強記，不如自己去作。

如有生王宮　而受餒與寒
於法不修行　多聞亦如是

生在王宮裡應該富有，但是你生到王宮，吃也吃不飽又受凍餒。這個是自找的，就是這樣一個涵義。在法上要修行，不修行是不可以的！就像王子生到王宮，應當是聽到王的教法，可是王子違背王的教法，照樣受法律制裁的，所以他饑寒，是這樣的意思。你是佛子，依照佛的教法，你不去作，照樣爲業障所轉。

如聾奏音樂　悅彼不自聞
於法不修行　多聞亦如是

一個耳朵是聾的，音樂奏的很好，是給人家聽的，他自己不行。「於法不修行，多聞亦如是」。

如盲績眾像　示彼不自見
於法不修行　多聞亦如是

盲者是瞎子，他做種種的像，像的好壞，自己不知道，因爲他是瞎子，自己怎麼能看得見。聾子、盲人，聾子是奏音樂，聽不見，盲人是自己繪畫，自己看不見。

譬如海船師　而於海中死
於法不修行　多聞亦如是

猶如航海的導師，航海的導師就是駕船的，一條船有大副、二副，大副就是掌舵的，二副就是助手。他一生都不離開船，那船不可能永遠不失事，最後還是死到海裡。在修行當中，在生死當中，聞法的目的就是超生死，了生脫死。但是你若不修行，就像船師駕海船，最後是離不開死亡，被海淹死了。海裡頭淹死的，淹死會水的，不會水的不敢沾水，會水的他不在乎，最後還是被淹死。你在法上，聞了法不修行，在生死苦海當中不能出離，出離不了，要修行才能出離。

如在四衢道　廣說眾好事
內自無實德　不行亦如是

說的很好聽，作的不是這麼回事，形容自己沒有實德，沒有眞修，說的是佛所教授的，他自己不作，一點也得不到。這個答覆跟問號都非常簡單，一共用了九個比喻。第一個喻淹水中；第二個你隨著慳貪不捨，慳吝不捨，就好像做飯不自吃；第三個隨你的嫉妒，看見人家好了，作好事，不讚歎、不隨喜，而且給人家作好事的作障礙；第四個比喻是諂媚無實德，所作的跟所說的不一樣的。第五個比喻是瞋忿隨這些煩惱你不能消失。第六個隨覆，自己知道自己錯，而不但不去改，就像人家形容說，知道這個事不對，要隱蔽，不敢袒露，就像我們經常說的，不發露懺悔的意思。就像偷人家的鈴鐺，把自己的耳朵堵上，自己聽不見就算了，那別人聽見聽不見？第七個隨癡，就像盲無見，自己的繪畫怎麼好，自己看不見。第八個隨慢；第九個隨誑，欺誑，自己沒有實德，吹噓自己有功德，吹噓自己了不起。

文殊菩薩問法首菩薩，如佛所說的，一切衆生受持正法能除斷一切煩惱，爲什麼受持正法而不能斷煩惱？這有十一問，上頭答覆的就是這十一問。這個菩薩叫「法首」，他是在西北方，專求無懈，以正法自利利他，專求無懈。他住的世界名金剛世界，堅精無懈怠，因此說金剛。那個佛叫自在智，以自己精勤觀照，達理業亡，悟得眞實之理，業全消失，就叫自在智佛，自在的智慧佛。以下是文殊師利菩薩問智首菩薩。

八 助道甚深

爾時文殊師利菩薩。問智首菩薩言。佛子。於佛法中。智為上首。如來何故。或為眾生。讚歎布施。或讚持戒。或讚堪忍。或讚精進。或讚禪定。或讚智慧。或復讚歎慈悲喜捨。而終無有唯以一法。而得出離。成阿耨多羅三藐三菩提者。時智首菩薩。以頌答曰。

問智首菩薩，佛法所說的證道本體跟助道因緣。斷惑，斷你的煩惱、斷你的迷惑，得到智慧。這是靠智慧，靠大智了。既智慧爲上，只讚智慧就好了，爲什麼還讚其他的呢？讚歎布施、讚歎持戒、讚歎忍辱、讚歎精進、讚歎禪定，六度不要這麼多，只讚智慧就好了，爲什麼還讚這麼多呢？還有慈悲喜捨。「一法而得出離」，修一法就能出離，讚歎智慧就可以出離了，就能成阿耨多羅三藐三菩提，爲什麼佛讚歎其他？問號是說，只有智慧就好了，布施、持戒、忍辱、禪定都毋需再去宣揚。意思就說只讚歎智慧，不讚歎其餘就好了。就是隨意聽而得三昧，隨他心令他歡喜，那就對了，問號在此。智首菩薩答覆說：

佛子甚希有　能知眾生心
如仁所問義　諦聽我今說

說你問的很好，「甚希有」，這是讚歎文殊菩薩希有。能知道衆生的心，希有就在能知衆生心，文殊菩薩是大智；所以，他能知道衆生心，智首菩薩也是大智。這是以智慧表一切法。你所問的道理，我給你說，「諦聽我今說」。

過去未來世　現在諸導師
無有說一法　而得於道者

三世，過去世的諸佛，未來世的一切諸佛，現在世的一切諸佛，都能知道衆生的心。說過去三世諸佛，現在未來的三世諸佛，「無有說一法，而得於道者」，不是說一個方法就入道。「方便有多門，歸元無二路」，方便善巧的門太多了。因爲機不同，每一個佛教化衆生的根機都不同。所以必須得說多法，因爲佛知道衆生心，衆生心是愛好不同。就是一個人，每個道友可以回憶，想想自己，你只愛好一樣嗎？愛好很多。尤其是在六度的法門當中，他過去以這法得度，對這法的根機聞的多，宿習深厚，你只說一法，不能普度，就是這個涵義。因爲一切衆生心，性格不同，愛欲不同，隨他所應當得度的，就給他說什麼法。

佛知衆生心　性分各不同
隨其所應度　如是而說法

不止六度！佛說法是方便有多門，很多很多，開了十度，有愛聽好話的，有讚歎的，有求功德的，有求福報的。

慳者為讚施　毀禁者讚戒
多瞋為讚忍　好懈讚精進

慳貪嫉妒的人，不肯捨，就給他說布施度。經常愛隨便，生活行爲不檢點，佛就給他說戒，讚歎戒。瞋恚多的人，「多瞋爲讚忍」，對瞋恚給他讚歎忍辱，懈怠的人給他讚歎精進。

亂意讚禪定　愚癡讚智慧
不仁讚慈愍　怒害讚大悲

心裡頭一天散亂的不得了，給他讚歎禪定，讓他修定。愚癡，給他讚歎智慧。從來不生憐憫心，從來對人家沒有仁慈心，那就給他讚歎，讓他修慈悲喜捨。憐憫眾生，愛憤怒的，就讚歎大悲心，大慈悲是不憤怒的。

憂慼為讚喜　曲心讚歎捨

如是次第修　漸具諸佛法

「憂慼」，常時愁的解不開，讓他生歡喜心。心地不曲直，什麼事都捨不得，就讚歎捨。六度加上慈悲喜捨，共十個，那是對機說法，不能專說一法。就像我們開個餐廳，飲食得多味，只買甜點的，吃甜的人上你這來了，愛吃鹹味的，就不到你這來了，山西人愛吃醋，那也不到你這店來。你什麼樣都有，苦辣酸甜諸味具全。都如是，這個我們都理想得到的了，都如是，這個問題很簡單。應該次第的修行，六度都得具足。

如先立基堵　而後造宮室
施戒亦復然　菩薩眾行本

要發修行的因，才能得到斷煩惱的果，你要想止住惡，要防護惡事不作，那你得學戒。因此，你要想修行，是多方面的，不是單一的。佛教導，修行要一門深入，諸行拒絕！你要一門深入，不要太多了，太多了，你修不了。但是，說法不能只說一門，不是只爲一個眾生說的，而是爲無量眾生說的。看哪個眾生，他經常散漫，不守規矩，給他說戒。愛發脾氣，瞋恨心很重的，讓他修忍辱。慳貪不捨的，要給說布施。因爲佛所說的法，是爲了一切眾生。

譬如建城郭　為護諸人眾
忍進亦如是　防護諸菩薩

例如建一座城堡，建一座城郭，是爲了保護城裡人民的安全。佛所說的忍辱、精進、禪定這些是防護諸菩薩修行的。使衆生修行，各得其門而入。

譬如大力王　率土咸戴仰
定慧亦如是　菩薩所依賴

因爲一切衆生，散亂壞他的靜慮，散亂心，思想不集中，修行就不能得入。有些人看問題跟人家看的不一樣，我們叫邪知邪見，那個邪的知見就把正知正見壞了，必須得有智慧。要是他不定、散亂、惑亂，讓他習定，靜下來。如果他的理解力不強，對世間的一切諸事，他沒有辨別的能力，必須得修慧。所以方法有多種，方便有多門，目的是達到成佛，「方便有多門，歸元無二路」，「歸元」就是到成佛的時候，萬法歸一。

亦如轉輪王　能與一切樂
四等亦如是　與諸菩薩樂

自他安樂的果，是由無量因所招感的，招感果的因是無窮無盡的，所以佛才說了這麼多法。定之後也能開智慧，忍辱之後也能開智慧。沒有智慧的人，忍辱不了，忍辱之後，就開了智慧，他就能得智慧了。一切法都如是。

九 一道甚深

爾時文殊師利菩薩。問賢首菩薩言。佛子。諸佛世尊。唯以一道。而得出離。云何今見一切佛土。所有眾事。種種不同。所謂。世界眾生界。說法調伏。壽量光明。神通眾會。教儀法住。各有差別。無有不具一切佛法。而成阿耨多羅三藐三菩提者。時賢首菩薩。以頌答曰。

問賢首菩薩，「賢」是普徧的善意，諸善之首就叫「賢」。文殊菩薩就問他，佛教導我們是一道出離，修一法就能出離生死，隨你修哪一法。爲什麼一切佛土，所有眾事種種不同？一法出離，爲什麼說那麼多？所謂說的世界，眾生界，說種種法，調伏的種種方法。壽量的種種不同，長短，還有光明、神通，乃至教的儀式、法住，各有差別。無有不具一切佛法，而成阿耨多羅三藐三菩提者。

這句話是總說，必須得具足一切法，而能證無上正等正覺，才能得成就。但是，一切世界，有染有淨。像我們舉的這些佛世界，都是清淨的，像極樂世界是淨的，娑婆世界則是染的。染中也有淨，淨中也有差別，方便有餘土跟實報莊嚴土就不同，凡聖同居土跟方便有餘土又不同，說是世界有染淨的不同。世界上所住的人，有作惡事的，有作善事的。諸乘不同，小乘大乘中乘，一乘二乘三乘四乘乃至於五乘，都有無量廣略的不同。用佛的戒定慧三學，調伏他們，折伏他們。折伏，像《地藏經》就是折伏的。《占察善惡業報經》就是折伏的，用戒來調練。散亂的用定來調練，愚癡的就用慧來調練。

壽命也不同，有長的有短的。〈佛名經〉上講梵聲佛，壽命十億歲，月面佛的壽命一天一夜，《地藏經》上講的月面佛。最長的十億，還有無量億的。〈大智度論〉上說須扇多佛，朝現暮寂，早晨現身說法晚上就入寂滅了。阿彌陀佛壽命無量，無量的。釋迦牟尼佛的壽命是八十歲，不滿一百年。

光明是各各色相不同，所現的不同，有的常現，有的偶然一現。有的光明照遠、有的光明照近，遠近的不同。所居的土，有染土有淨土，染淨不同。人有各異，有這麼多差別，有的是菩薩多聲聞少，有的是聲聞多菩薩少，各各不同。乃至有的凡夫多聖人少，現在我們這個世界上就是凡夫多。像我們想遇到一位聲聞、一位阿羅漢都很少很少了，遇不到！佛在世的時候，你出出入入碰到的都是阿羅漢。有的菩薩多，有的菩薩少。有的你的業見不到，人家說五臺山菩薩最多，看你怎麼觀的！如果以菩薩心觀一切人都可以成菩薩，以佛心觀一切眾生都是佛，那是從理上講，不是從事上。你看我們出家人，都稱呼人家是菩薩，這是尊稱的意思，不是他眞是菩薩。懂得這種道理，就知道差別道理。

諸佛各各不同，爲什麼呢？化法、化儀不同。化度衆生的儀式不同，同一尊佛，化度衆生的儀式不同。這個「儀」字，像在我們這個國土，我們穿這樣的衣服，圓領方袍，這叫和尚的衣服。在印度不同，同是釋迦牟尼教化之下，不是這樣。我出家之後，最初看到日本這個衣怎麼這樣披！他掛在前頭做一個衣。西藏喇嘛沒有勾環，沒有漢人聰明，漢人說這樣披著不方便，做個勾環。金勾白玉環，這個勾環是皇上賜給的，這是漢族的獨特。泰國的和尚就不是這樣披的。這叫佛儀，是佛教的外表儀式，儀式各各不同。

我們的衣服生活起居形式，跟釋迦牟尼佛時候不一樣。馬祖建叢林，馬祖才修大廟，大家共住。我們看印度比丘都是山林曠野，各住各地方，不像這裡幾百人住一處的。馬祖建了叢林，大家住在一起，怎麼辦？百丈立清規。我們這個廟上沒有，古老的叢林前面有兩個石方凳，一個清一個規，叫清規戒律。清規戒律，清規不是戒律，這叫佛教的儀式。

是不是有相違的？有。百丈立清規的時候，建這叢林大家修道還好，不修道幹什麼，一天坐一塊堆聊天，幹什麼？立了清規，叫你出坡。出坡就是勞動，我們這兒也出坡，我們這來了一年先要你出坡，我們這修建，搬磚運瓦，勞動，但是可不能落髮，剃了髮了再去勞動，不合佛制。百丈立清規，都是和尚出坡、種地，做各種事業。我們學戒律的，你種地犯戒不犯戒？你挖地不傷害蟲子嗎？印度比丘把他綁到草上，草繫比丘，他都不敢動，我們拿這一鋤頭挖了好多草？我不是擡槓，這跟佛所教導的不同。

一個國土有一個國土的儀式，同是佛的弟子，日本佛法是從中國學的。日本的佛法就跟中國的不一樣的，他就加以改良。中國是從印度學的，中國又跟印度不一樣。西藏是直接跟印度學的，離著近！西藏跟我們漢地也不一樣，也跟印度不一樣，單立個喇嘛教。同是一個喇嘛教，蒙古跟西藏又不一樣。隨緣利衆生！哪個地方的因緣，你不要執著，哪個是對的！哪個是不對的！一法不立萬法不生，佛教導的法，以無念無爲無相，不必在相上分別。文殊菩薩問，賢首菩薩答，以下看賢首菩薩的答話。

文殊法常爾　法王唯一法
一切無礙人　一道出生死
一切諸佛身　唯是一法身
一心一智慧　力無畏亦然

賢首菩薩稱文殊菩薩是「文殊法常爾」，文殊師利菩薩，一切法就是這樣。什麼樣子？「法王唯一法」。「法王」是一切無礙的人，「一道出生死」，什麼道？菩提道。一道離開生死就進入涅槃道，菩提道。

「一切諸佛身，唯是一法身。」不要在相上去分別，相上是有差別的，釋迦牟尼佛跟阿彌陀佛就不一樣，但是法身一樣的。一切諸佛身就是一法身，唯有一法身。十方一切佛，一心一智慧，十方所有一切佛一個眞心，眞如法界心叫眞心。「一智慧」，這個是最後究竟的無礙智。一切諸佛都是一法身、一心、一智慧。十力四無畏，也如是。佛的十力四無畏，一切法皆如是。

文殊菩薩問的時候，好像有很多差別，賢首菩薩答的時候，沒有差別，義理是一。爲什麼不同？隨著衆生的機，佛的眞身、佛的法身說，無二。賢首菩薩稱文殊菩薩說，你應當認識到一切法常爾，他知道文殊菩薩是認識到的，他說文殊師利一切法常爾。法王就是一切諸佛，就是一法，於法自在就叫法王。王是自在義，唯是一法，什麼法呢？心法。一切無礙人，還是佛，佛是無障礙的。他是從一道出生死，什麼道？菩提道。

諸佛爲了利益衆生，有報身、有化身，有大化、有小化，大化是應身，小化是化身，都是一個身。哪一身呢？法身。佛是以法爲身，一心一眞如心，一智慧大圓鏡智，十力四無畏亦如是。這是約佛所證得的，佛所證得的是法界爲身，體是同的。《大般若經》，佛是無罣礙智慧身，智慧身無罣礙還是法界身。名字是一，爲了利益衆生進入，乃至示現種種。心是一，但是在一切衆生就變成八，八識心王。爲什麼變成八？眼耳鼻舌身意、意根、阿賴耶，八識。即是一爲什麼變成八？八還是一。智慧是一，哪有四智，也有三智，還有二智，巧立名目。十力是一，四無畏也是一，一切法皆是一。這是不分別相，只取體。體是什麼呢？體是空的，法身空寂。

如本趣菩提　所有迴向心
得如是剎土　衆會及說法
一切諸佛剎　莊嚴悉圓滿
隨衆生行異　如是見不同

前面說都是一，事實上不一。不一是什麼呢？是衆生的見，不是佛。一切衆生趣於入本，本具足的菩提道，人人本具足的，我們的眞心跟佛的心無二。所有的迴向，自己所作的一切功德，所修行的一切事業都是一個目的，作的時候迴旋於向心。乃至於佛所住的國土，乃至佛所處的法會當中一切聞法者，乃至於佛所說的法，「一切諸佛剎，莊嚴悉圓滿」，都是圓滿的，沒有缺陷的。爲什麼有不同？「隨衆生行異」，衆生的業不同，佛國土的不同。比如我們娑婆世界，釋迦牟尼佛隨著我們衆生的機，他現了這麼一個國土。什麼世界呢？五濁惡世。極樂世界呢？

清淨無爲，這是衆生的機，因爲機不同而有異，國土也有異。佛的壽命，隨著衆生的機活了八十歲，就是百歲。極樂世界阿彌陀佛無量壽，這也是隨著衆生機。

佛刹與佛身　衆會及言說
如是諸佛法　衆生莫能見

衆生不見佛的圓滿果德，佛的國土跟佛所現的身，乃至佛在會中所說的諸法，衆生不能見的，衆生明了不了的。這個見不是眼見，而是衆生的心領會不到。衆生不見是不是沒有呢？不是的，衆生不見是沒有智慧，沒有福德，所以你不能見，等你把福德智慧修好了，你就能見了。現在阿彌陀佛極樂世界在我們眼前，不能見，念佛念到成功了，你就能見。「諸佛法」，就是佛所教授我們的一切法，在你智慧眼沒有開啓，沒有悟得，沒有明心見性，修道還沒有修成，那是凡夫小乘的見不到，那些菩薩都見到了。

阿難問佛：「爲什麼佛說《阿彌陀經》的時候，極樂世界、他方國土、藥師琉璃佛、不動智佛世界，那麼清淨，你的因地不清淨，所以現這娑婆世界？」文殊師利對阿難說：「我見的不是這樣，我見的是清淨的，跟他方國土、淨佛國土一樣的。」佛就假佛的神力，以足趾點大地，當時這個世界就變了，阿難看著就不同了，清淨佛國土，跟諸佛國土一樣的。因爲我們這個世界衆生，福薄陋劣，沒有福，所以見不同。我們所受用的都不同，一切都不同。我們這個山河大地，比如說看著的是美境清淨，這個世界是染污的，五濁惡世，見染見淨都不同。

我們朝黃山，黃山是聖境，我問山上的人，他們在這兒住慣了，也沒有感覺哪個是風景，沒有什麼感覺。剛去的人看著黃山，這個山也不同，乃至幾棵松樹都不得了了，這個松那個松，寫個名字。「司空見慣渾閒事」，就是這樣子。我們看五臺山，住久了，沒有感覺到五臺山的殊勝。那朝山的來了，他心裡嚮往說，這是聖地寶地，有的稱神山、聖山。問問我們這些師父們，在這兒住上幾年了、十幾年了，說你在這兒有什麼感覺？山就是山、水就是水，沒有什麼感覺。冬天冷的厲害，昨天看北台的雪，今天早晨三四點鐘恐怕將近零點了。五臺山有什麼奇特？冷的很，這是第一個答覆。還看見什麼？樹木很少。你到那些名山去看，茂密的森林，各人所見的不同是隨你的見，隨你的業。你以一個殊勝心來朝五台，朝黛螺頂，一萬菩薩繞清涼，天天在那兒轉，那就不同了。

佛說的《華嚴經》，將來學到〈諸菩薩住處品〉就知道，東方的國土，「名曰震旦，其土有山，號曰清涼。」文殊菩薩的道場是殊勝道場，大地壞的時候，五臺山不壞。這個你只是信，信也是出家人、學佛的四衆弟子信！不信佛的，他不願意來看五臺山，願意看黃山，黃山風景好？看浙江雁蕩山那石頭，白天看的所有山不同，晚上看的又不同，光線變化不同，見不同。佛刹與佛身，乃至佛所有的言說，衆生所見的不是眞實的，都是假相，所見的不同而已。

其心已清淨　諸願皆具足
如是明達人　於此乃能覩

什麼人才能看到眞實的呢？他的心清淨了，沒有貪瞋癡愛，沒有一切垢染，「諸願皆具足」。「諸願」是說你發的那個願，是自在的力量，是清淨的意念，清淨的愛樂，這屬於他受用，不是約佛的自分說。佛的自分，佛與佛無二無別，佛土與佛土無二無別，清淨土染污土無二無別，業不同，你看見的就不同。

比如說我們發心的菩薩到了五臺山，在五臺山住，他看的又不同；他能住上十年八年，乃至於終生在山裡住著，他感覺著安靜、非常的舒適，修道成道的快。如果貪著五欲境界，貪著紅塵，你拿這兒跟北京比，那就差的太遠了。因此，所見不同，這是屬於心的愛樂不同。還有，你所造的業，業就把你繫縛住了，那個業所感的果所感的不同。是你的見有差別，不是佛的國土有差別。一種是佛的威神力，一種是衆生的業力，所見不同。佛的佛土，就是佛居住的處所，沒有分別，佛佛道同，沒有憎嫌也沒有愛樂，無憎無愛。此是隨衆生心不同。

隨衆生心樂　及以業果力

如是見差別　此佛威神故
佛剎無分別　無憎無有愛
但隨眾生心　如是見有殊
以是於世界　所見各差別
非一切如來　大仙之過咎

是眾生的心不同，他看問題的看法就不同了。世間相，所有的世界是隨你心的愛樂不同。「大仙之過咎」，「大仙」是指佛說的，不是一切如來諸佛的錯誤，而是你的見有錯誤。就像我們帶上有色眼鏡，帶上綠眼鏡看著世界都是綠的，什麼都是綠的。帶個紅眼鏡，看世界都是紅的。你所見到的是假相，不是眞相。

一切諸世界　所應受化者
常見人中雄　諸佛法如是

「受化者」，受感召的人，希求於諸佛的人，他能「常見人中雄」，常時能見佛。大家感覺看見佛像，好像很容易了，你到五臺山，你到台懷鎮，販賣佛像的人很多。有人這樣問過我說：「販賣佛像的，下不下地獄？」我說：「看他心裡怎麼想的，這個我不能斷定答覆！」有的不但不下，還有功德，有的要下。我說：「他沒受菩薩戒，不犯戒，但是從另一方面說，他若不這樣流通，讓你能見佛像，衆生見了佛像就種了善根。」看受者、流通者是什麼心？他若是取利，搞欺騙，銅的說成金的，刷成金色，鎏上一層金就說這個是金佛像，那是搞欺騙。我們有時候看佛像，評論這尊佛像莊嚴、這尊佛像不莊嚴，這都是犯錯誤的。所以你不學，犯了錯誤還不知道，造了罪了還不知道。你說這個像是假的，豈止像是假，釋迦牟尼佛、阿彌陀佛都是假的。只有法身佛，法身佛你又見不到。但有形相，但有言說，都是虛妄的，這是諸佛的教導，隨衆生的心，隨我們的心，你看問題怎麼看法，是你的見有殊，是你的見有差別。這個見不是眼見，而是說你心裡想，心裡所看的。

「以是於世界，所見各差別，非一切如來，大仙之過咎。」你對世界怎麼認識，是你的見差別，是你的過，不是一切諸佛的過。「一切諸世界，所應受化者，常見人中雄，諸佛法如是。」衆生爲什麼不能見到淨佛刹呢？是你的業，你沒有見淨佛刹的善根，沒有這個善念。如果有這個善根、有這個善念，你在五臺山所看見的是金色世界，不是我們所看見的沙石瓦礫，天天可以看見文殊菩薩在各地說法。你不見是你的見有差別，你有障礙，文殊師利菩薩對你沒障礙。

你看這個所居住的報，報就是你所住的依止處。受文殊菩薩教化進入的，他看見五臺山就不同，五臺山整個就是一個道場，誰的道場呢？文殊師利菩薩的道場。

我們所見到的就是在五臺山裡住的這些人，我們見不到來五臺山的大菩薩，他方無量世界來五臺山的，來到這兒向文殊師利菩薩來求法聞法的，這是我們見不到。只有受化者，跟文殊師利菩薩相應的，他就見到了，能常見文殊師利菩薩。

「一切諸世界，所應受化者」，相應就是受化者跟教化者相應。衆生與佛相應，我們就說五臺山的話，來受化者跟文殊師利菩薩相應。「常見人中雄」，就是常見佛。一切諸佛的佛法都如是。佛的神力能使世界清淨，佛的神力能使衆生所見的世界是暫時的，就像阿難見到大地突然變化，那是假佛神力，但是不能夠長，衆生有衆生的業力。衆生的業力，所以感到這個國土如是，業力不同感受不同。

大家知道伊拉克巴格達天天遭受轟炸，今天就炸了好幾十起。那個人心是什麼心？我們在五臺山，不看報紙，外邊的情況什麼都不知道，連見聞的業都沒有。我要看看電視，因爲我有見聞的業，想見想聞。如果你不要這個工具，沒有見聞的業，一切無所知。

諸佛的聖境，我們現在所說的這段經文也如是，我們沒有這個業。像我們想知道巴格達每天的戰亂，每天的殺人，每天的放火，放導彈炸，得有那個工具。我們要想知道諸佛世界，淨佛世界、極樂世界的工具是什麼呢？大家念阿彌陀佛，那就是工具。念《阿彌陀經》，念〈普賢行願品〉都能生到極樂世界。說人還沒死，在你夢中，你修的業消了，跟極樂世界相結合了，你就能見到，那是暫時的。永久的呢？在你臨命終時，如果淨業成長，惡業消失，念到一心不亂。臨命終時，八苦交煎、四大分離的時候，你能清清淨淨的念阿彌陀佛，決定能生極樂世界。四大分離的時候，你已經在這個世界消失了。但是有個條件，什麼條件呢？娑婆世界，什麼事都放下了，沒有一念的貪戀，沒有一念的繫念，意不顛倒、心不貪戀，不貪戀這個世界，這個世界放下了，那個世界你才去得了。所以一切諸佛在諸佛國土度化眾生的時候，都隨當時佛國土的眾生心，他怎麼認識所住的處所。

我們所在的清淨寶山，清涼是沒有一切的熱惱、沒有一切的煩惱，人當是煩惱了，天氣再冷，你心裡頭發火，煩惱火燄增勝，現實生活跟經上所說的義理是一個，不是兩個。如果你這樣觀想，自己會理解到的。沒有熱惱，沒有煩惱，不就清涼了嗎？

今天我們講的這一段經文，主要是讓你認識這個世界。認識這個世界跟文殊菩薩所說的這個世界，認識你自己，之後再來學〈菩薩問明品〉所教授的話，你現在明白不明白？你看看文殊師利菩薩跟這些菩薩互相辯論，讓我們達到什麼目的呢？讓我們明，讓我們開智慧，讓我們在自心裡生起一種認識的感覺，感覺到自己過去錯到什麼地方。煩惱太多了，光明就不顯現了，把你自身具足的明之力量，沒有你現在的煩惱力量重。現在我們懂得了，懂得是回事，是聞法聞到了懂得了，但你不能做到，你也向這方面做，做了雖然不能斷煩惱，使你光明顯現，那你就加倍努力吧！要修行，使你的煩惱斷除，光明現前，自在無礙。

十 佛境甚深

爾時諸菩薩謂文殊師利菩薩言。佛子。我等所解。各自說已。唯願仁者。以妙辯才。演暢如來。所有境界。何等是佛境界。何等是佛境界因。何等是佛境界度。何等是佛境界入。何等是佛境界智。何等是佛境界法。何等是佛境界說。何等是佛境界知。何等是佛境界證。何等是佛境界現。何等是佛境界廣。時文殊師利菩薩。以頌答曰。

〈菩薩問明品〉，將要結束了。〈菩薩問明品〉假問答的方式，讓我們都開智慧。明者是智慧照了，開智慧。這裡菩薩辨別的很多，例如說三世因果，我們過去作了什麼因，現生所受的得到這麼一個果，但是我們不明白，我們現在所作的果又變了因，現在所作的，未來又結到什麼樣的果？我們常說這麼幾句話，「欲知前世因」，想知道我們過去都造什麼業、作什麼因，「今生受者是」，你今生所領受到的，就是你前生所造的因。未來的果，就看你現在所作的，要知未來的果，要知你未來，再來生、再十生、再百生，你現在作的就是這個。現在作的是因，未來就感果。

這是因果互相交參，怎麼叫互相交參呢？我們今生所受的，時而運氣來了，環境也順利、家庭也美滿、身體也健康，但你一生不常是這樣，有一段時間他變了，變了什麼呢？環境不順利。如果是身體健康的時候，那還快樂；身體生病了，就逼迫性了，苦的逼迫。這說明你在因中，時而善，時而惡，時而向佛，時而向六道，時而又向三塗，所以感的不同。種種的因你不明白，種種的果你還是不明白。感到因果交參的時候，錯綜複雜，你更不明白。

「問明」是讓你有智慧，對於這些事，你都照了，清清楚楚的，不是在黑暗中摸索。因爲愚癡，貪瞋癡念很重，嫉妒障礙，煩惱總包括了，煩惱本身就是無明，就是不明。你不明白，思想被那個事物所逼迫的，你產生煩惱了。因此，在你皈依三寶、學法之後，你的信心、你的知見，是不是正知正見？我們好多人是邪知邪見，自己覺得自己還不錯。但你發的心是不是眞切，是不是出離心？有沒有出離心？有沒有菩提心？對於這個世界你厭惡不厭惡？當你高興、處於順境的時候、生活條件好，你做的事業又順利，升官發財，平步登雲。當你這個時候，就忘了。現在這個「問明」就是究竟的果，究竟果是一直到成佛，這個路怎麼走？怎麼才能走到成佛的路？文殊菩薩是表智慧的，九首菩薩互相的問答，讓我們發起一個眞正的信佛、信法的信心。

大家還沒有深入學習不知道，現在〈菩薩問明品〉將要學習圓滿了，知道我們自己究竟有沒有信心？發了菩提心沒有？怎麼樣進入？進入什麼？進入這個明，再加一個字，明白。你明白嗎？明白什麼？煩惱從什麼起的？爲什麼會煩惱？爲什麼會有生老病死？爲什麼有愛別離、怨憎會、五陰熾盛？不明白。怎麼樣達到成佛？

怎麼樣墮落到衆生？因有種種因，這裡講佛的體相用，佛的本體是不動智慧。佛的妙用是文殊，文殊師利是佛的妙用，是慧用現前。佛與一切衆生，他的根本智慧是平等平等的，這個我們用不上，只是具足而已，你想用，發生不出來。在名義上我們的性體跟佛的性體，在體上是一個，在用上就差別了，體和用不同。信我們的本體跟佛無二無別，相信我們自己跟毗盧遮那佛、跟阿彌陀佛、跟不動智如來，平等平等。用呢？我們把他用到煩惱上，用到貪瞋癡上，那就不平等。諸佛把他用來利益衆生。所以用文殊菩薩的信心！九首菩薩問文殊菩薩，問文殊菩薩讓文殊菩薩的來答，先是文殊菩薩問九首菩薩一個一個的問，九首菩薩來答，能辨別，讓我們能夠明白；現在到了最後，九首菩薩又問文殊師利菩薩。讓文殊菩薩答，一個諸佛的境界是體，一個文殊菩薩智慧的妙用是用，大方廣就是體相用。所以，我們這個信心難發、難信也難入，難發是發不起這個信心，所以需要這一品，讓你怎麼樣發，怎麼樣有明白、有進入，但是你得先信後入。

這品快結束了，九首菩薩問文殊菩薩，就不是文殊菩薩問九首菩薩那樣的意思，完全是問佛境界。在這個問答之中發明，讓我們相信佛的境界。佛的境界是甚深，我們信了佛境界，用我們十信的觀力，問明之後，有信心了你就觀察，觀察就觀照，觀照也就含著行，觀就是明白。那就發起信，信什麼呢？信佛的境界，感到文殊師利菩薩答的完全是佛境界相。

「爾時諸菩薩謂文殊師利菩薩言」，不是一個一個菩薩問，而是九位菩薩合起來問，大家同一個意願，同一個思想，同一個問號，「我等所解各自說已」，說我們所能解到佛的境界，讓一切衆生發起信心，我們都說完了。「唯願仁者」，是指文殊師利菩薩，說以你的妙慧、妙辯才，演暢如來所有的境界。總稱讚，向他問。以下就分別說。「何等是佛境界」，什麼才是佛境界？這一句說佛境界是總說，以下是分別說。

「何等是佛境界因？何等是佛境界度？何等是佛境界入？何等是佛境界智？何等是佛境界法？何等是佛境界說？何等是佛境界知？何等是佛境界證？何等是佛境界現？何等是佛境界廣？」我們是依著文字來答，但是問文殊師利菩薩的就不同了，這些是能問的人，能問的人就是從覺首菩薩乃至到最後的賢首菩薩，九首菩薩共同的問。大衆同問，不是一位菩薩一位菩薩一個一個的問，不像前面文殊問這些菩薩是一個一個的問，現在大家合起來問文殊菩薩。初句問的是總說，問境界的不同，分別的問，十地因後果位之法，這是大菩薩境界後的法，唯佛所有。唯佛所有，這都證到佛位，也唯有文殊師利菩薩能說。這個境界，一個是問佛的境界分齊的大小，一個問佛所緣的境界。佛的境界是以什麼為因呢？佛的境界怎麼樣度生呢？問佛度生的境界。佛對每一個衆生都有不同的應機說法，普入世間。

為什麼諸佛的境界各有不同？為什麼阿彌陀佛跟藥師琉璃光如來，跟本師釋迦牟尼佛都是入世間，所入的世間不同，教化衆生的智慧不同。能知的智慧、所說的法、所知道的法，佛圓音說法、圓音演暢，爲什麼會有這麼多的差別呢？佛的體、佛的相，佛不是平等嗎？對一切衆生都平等嗎？那是說內證的。佛證的，佛佛道同，阿彌陀佛、藥師琉璃光如來，乃至不動智如來、毗盧遮那，都是同等的。但是化緣不同，顯現的法，所說的法門不同，量的大小、示現因位的作用，各個佛的因位作用不同；乃至於成佛之後，度衆生，能度的方法，所度的衆生各有分齊，各個因緣不同。爲什麼有這麼多差異？究竟說到佛境界，沒有言說的！言語是說不到的，思惟也達不到的，唯佛與佛乃能究竟。問號裡頭就有這麼多問義，這是諸菩薩向文殊菩薩啓問，說你有妙慧、有妙辯才，對於如來所有的境界，只有你能演說、演暢。這是前面的十個問號，文殊菩薩就答十個偈頌。

如來深境界　其量等虛空
一切眾生入　而實無所入

這是總說。要想想佛境界的分量，想佛境界的寬廣，那是甚深的，如來境界是甚深的，用什麼來形容呢？虛空。只能用虛空來形容，其他的沒有能形容出來。虛空無量，虛空能量嗎？說虛空大、說虛空小，這一定是傻瓜。我們說虛空，虛空有形相嗎？就是個空。說佛的境界、佛的智慧、佛的相、佛的智慧、佛的語言、佛的思惟，跟虛空一樣的，一切眾生怎麼能入？怎麼能入到佛的境界？入即無入，「而實無所入」。這是文殊師利菩薩總答這些菩薩所問的。你們問佛的境界是什麼樣子？虛空。拿虛空作比例，你了解虛空就好了，一切眾生想入佛境界的，時時的無能入者，也無一個所入者。

說佛的體，體是沒有分量的、是廣大的，就像虛空，你分辨不出來虛空有好大？沒有。有好重？沒有。面積有好大？一切諸佛國土都建立在虛空當中。虛空是沒有形相的，沒有體積的，只能用虛空來比喻佛的境界。眾生從修行發心行菩提道，到成佛果，唯到證得佛果了，與佛無二無別，自然他就明了了。一切眾生入，入佛境界，無所入。無所入的意思是什麼呢？虛空有什麼能入所入呢？一切沒有，空的。虛空對你沒有障礙的，你要建房子就建房子，障礙是人給你障礙的，虛空本身沒有障礙。如果有物質了，就不叫虛空，就這樣一個意思。因爲約眾生的心，是心是佛，是心作佛，你這個心跟佛無二無別。讓我們信，信我們自己的心，信佛的境界就是我們心裡頭本具足的。但是你沒成佛之前，什麼都不明白，前面這個問明，就是讓你明白這個道理。如來怎麼成就甚深境界？是有因的。

如來深境界　所有勝妙因
億劫常宣說　亦復不能盡

這是在理上講。在事上呢？舉例來說，釋迦牟尼降生在印度，有形相了。但是這個是化身，不是眞實的。眞實的是什麼呢？毗盧遮那，那是眞實的。所示現的是隨衆生的緣，不是佛的本身。佛最初怎麼能達到佛甚深的境界？那是殊勝、微妙的因。現在每位都能成佛，你這個因可就多了，現在你聞法就是因，現在你學法就是因，哪怕你聞一句、一字，這都是因。佛的境界是殊勝的。我們說佛佛道同，除佛之外，沒有與佛相等的。我們說玄說妙，佛的境界是微妙的、是殊勝的。佛的境界是廣大的，說之不盡。前面問號裡問這個佛，爲什麼？「我等所解」，佛的境界是什麼的境界？佛的境界因是什麼？怎麼能入到佛的境界？你答的話，佛的甚深境界量是不可得的，像虛空。怎麼樣入佛的境界？一切衆生入實在無所入，虛空也沒有什麼入，也沒有什麼出，拿虛空來形容著。

衆生怎麼能成佛？佛最初怎麼成的佛？如來的深境界，殊勝微妙不可思議的因，佛是成就佛果，因又如何？就光說這個修行成佛這個因，說到無量億劫，「億劫常宣說」，也說不完，「亦復不能盡」。到後面〈離世間品〉，普賢菩薩跟普慧菩薩，專說佛的功德。大家讀〈普賢行願品〉，普賢菩薩就跟善財童子說，佛的功德、佛的境界，永遠說不盡的。問佛的因，佛的因是殊勝的、微妙的、廣大的、說之不盡。但是他能夠利益衆生，隨著佛心的智慧，能給一切衆生、引誘衆生，令一切衆生，都能得到好處。

隨其心智慧　誘進咸令益
如是度眾生　諸佛之境界

「誘進咸令益」，這句話是文殊師利菩薩的答，我們可以想想自己，這個道理是甚深，我們從淺處入，從最淺顯的入。每位道友信佛的時候，總要有一個因吧？什麼因使你進入佛門，還不說出家，就說你在家信佛，總有個因吧！你心裡頭有這個善念、善根，或一遇著外緣，那緣一引起，你感覺著殊勝，殊勝你就投入，越行越深、越行越深。當你出了家，或者入了佛門，皈依三寶，普通說是皈依三寶，這就是因。這是什麼因呢？將來你成佛的因。還不說今生，今生在釋迦牟尼佛的末法，你能夠信入，在這個之前還有因，那我們就不明白。如果沒有前因，今生是遇不到的，不會入佛門。

今生你遇到了，全國的寺廟很多，到廟上遊玩的，這幾天是國慶日放假了，逛逛寺廟吧！我遇著很多逛寺廟的，他不信，只是逛逛而已。這算不算因？有的到寺廟逛去，見著佛像，有的謗毀，有的還著書立說，破除迷信，信佛叫迷信。我們又如何理解呢？他算不算種因？也算。只要見了佛像，到了寺廟，他腦子裡有這麼一個印象。要信佛很困難的，進進退退的。現在我們三寶弟子就進進退退，這說明他前生的因，種的不大好。我們一投入，信了之後，他很結實的信，之後就增長。求福德、求智慧，他相信。諸位道友相信不相信？現在全國的和尚，有幾十萬，不事生產，可是士農工商，不論哪一行沒有他，有嗎？在哪一行，都憑自己的勞動力去掙，有這麼一行嗎？

我在西藏住了十年，一般的喇嘛怎麼生活？怎麼學法？自己打工，那些貴族專用喇嘛幫他做生意，幫他搖騾幫，他去做半年，又回寺廟來學，這樣再來學法！把掙的錢買上糌粑，經濟好點的再買點茶、買點酥油，吃菜的沒有。他們買些牛肉，我們講資糧道，資糧道是什麼？沒有修道的資糧是不可以的。在西藏喇嘛，你跟上師求法，若是空著手去跟他求法，不會傳給你的，最少得買個哈達，表吉祥；另外還有一個「雪茄」，「雪茄」是什麼呢？我們的紅包，數量不多，三五個銅板都可以，買什麼也買不到，三五個銅板買什麼？西藏用銅板。爲什麼？他說沒有福，你的慧承受不了的，那叫福慧雙修，如來是福慧具足的。大陸漢僧沒有這種風氣，漢僧向老師求法，到那問問老師就行了。現在也有了，要裝個紅包。裝紅包表什麼呢？表示修福，要先供養三寶，而後才求法。

這是根據什麼呢？看佛經，大家都念〈普門品〉，無盡意菩薩供養觀世音菩薩，觀世音菩薩不受，他摘自己的珍寶珠來供養。菩薩跟比丘不同，菩薩你看菩薩像都是珠寶瓔珞，現的是在家相。無盡意就把身上的珠寶供養觀世音菩薩，觀世音菩薩不接受。佛讓觀世音菩薩接受，給四衆天龍八部，乃至在會衆生消災。觀世音菩薩這才接受，接受了，觀世音菩薩又把它分成二份，一份供養釋迦牟尼佛，一份供養多寶佛塔。

有的法師就是這樣學的，給法師供養紅包，我們給他轉移，供養三寶，供養佛，主要是供養僧，再轉移供養給衆生。這樣轉移了使他福報增長，這樣有福了，才開智慧，叫福慧兩足尊。你說佛需要什麼？佛什麼都不需要。我們一天供養花、供養燈、供養香，這是迷信？還是智信？是智慧信？是迷信？普賢菩薩十大願，第三大願，廣修供養。這只是世間相供養，還要法供養。你修法供養、行法供養、說法供養，我給大家說，你觀想說法供養，將說之前，觀想文殊師利菩薩加被，讓我別說錯了，就是這個涵義。有福德有智慧，才能夠得到利益。佛隨著每一個衆生的智慧，應機說法，給他說法，勸誘他、引誘他，讓他得到法的利益。得到法的利益生起信心，有了信心，你還得去學，信是個基礎而已。信而後學，學就是解，信了，你得知道佛門是怎麼回事，等你了解之後，眞正投入了，你才懇切去作，作了之後，你才能得到。

我們四衆道友都感覺業障很重，不錯，是業障很重。業不重不生娑婆，業不重，怎麼會生到這個世界來？這叫五濁惡世。現在你有了這個肉體，四大假合，常時生病，病苦逼迫你，事事都不如意。任何人，不論多高貴、多大的財富，包括各國總統，煩惱不煩惱？生到娑婆世界的人，沒有說沒煩惱的人，不過煩惱的大小、輕重的不同！爲什麼？他沒有智慧。並不是有財富就有智慧，並不是有地位就有智慧。他知道他造好多業吧？過去中國俗話說，半世的功名，當然他得到功名，得到富貴了，得到權勢了，得到地位了，你得好幾十歲，只是後半生，是半世。這一半世所得到的要還債，一百世也還不完，「半世功名百世愆」，所結的怨家罪業，一百輩子也還不完。

這個道理誰又肯信呢？知道不知道？儒家、道教，這個道理都講的，善惡的因果都講的，說是一回事，做又一回事，怎麼解決這個問題？沒有方法。儒家、道教，道教稱神仙，神仙還得還債，你出不去六道，神仙不如天人。這是地仙，地仙是佛經也說，但是是沒有智慧的。這個智慧就是〈菩薩問明品〉主要的明。智慧有大小，要想了解佛的智慧，你得成佛，不成佛了解不到的。為什麼文殊師利菩薩能說、能了解？大家知道文殊師利菩薩是古佛，他成了佛又來示現菩薩度眾生。觀世音菩薩也是古佛，現在釋迦牟尼佛又示現哪一類眾生度眾生？我們沒有這個智慧不知道。這句話根據什麼呢？釋迦牟尼佛自己說的。大家讀《地藏經》，釋迦牟尼佛跟地藏菩薩說，我並不是光以佛身來度眾生，我是以菩薩身、聲聞身，乃至現一切眾生身去度眾生。

每一位道友隨著所學的，學多學少都可以，說多說少都沒有關係，只依著佛教，勸人家念佛、信佛、讀經。勸他，看破了！放下吧！世間上沒有眞實的，你會老的，你會死的。這是講善惡因果法，這是基礎，智慧從此開始。佛度一切眾生的時候，讓一切眾生究竟達到成佛，不是像我們求求佛，給我消消災、免免難，我的爸爸媽媽過世了，你給我迴向迴向，讓他生到好處去吧，不是這個涵義。佛教有沒有加持呢？沒有加持誰還求佛菩薩幹什麼？有加持。但是這種加持不如自己修。人家說公修公得，婆修婆得，不修不得，你不修能得到嗎？加持力是暫時的，不是永久的，眞正的還得自己去修。佛就如是度衆生、如是自己修，佛的智慧是不可思量的。所以，「如是度衆生，諸佛之境界」。

世間諸國土　一切皆隨入
智身無有色　非彼所能見

佛到一切世間度衆生的時候，隨著什麼國土，隨著衆生的類型，隨著衆生的方言，一切都能示現，他示現是假的，眞的是什麼呢？是他的智慧身。

誰能看得到誰的聰明？說這小孩很聰明，聰明是表現有形有相的，無形無相你能看得到？光明，每個人都具足有光明，明就是智慧。這個智慧表現在事物上，你知道有智慧，智慧哪來的呢？你也不知道。惑業沒有了，明了，你就知道了。現在我們每位道友，自己認識自己不？現在我入了佛門，現在自己的智慧到什麼程度？我現在在佛所說的地位，在什麼地位？信還沒有完成，那天我們是講十信，具足信心的菩薩，能覺知前念起惡，止其後念不起，能止惡念就是智慧。

我在廈門曾經遇見幾個人，他們到南普陀寺，有一個見著就很投入，他看人家往功德箱裡擱錢，他也去擱錢。有一個批評：「你眞傻瓜，往那裡投錢幹什麼？」

這一個是這樣的態度。另一個說：「願意當傻瓜，他自己當去吧！」後來這三個人，想要看看我，我問他們到這裡來有什麼印象嗎？有什麼想法嗎？他們三個就說這麼件事，說這個傻瓜，他往箱子裡投錢。有錢，交給和尚也好，在功德簿子上登個名，表示供養了。有一個是無所謂的。那一個說他是傻瓜。他自己是怎麼想的？他說一見就生大歡喜，不是錢的問題。三個人三種形相，這就是善根。過去的業，今生的緣各各不同。現在我們的道友，華嚴部的同學，以前每個人寫一份自傳，各各不同，每個人所表現的不同。

你過去所種的善根，今生能出家，作爲佛的親弟子。什麼是親弟子？佛法有外護有內護。在家兩衆是外護，出家兩衆是內護。外護，只是供給三寶生活，師父們所需要的。內護可不同了，內護就是護持佛的法，讓這種智慧、這種德、這種光明永遠流傳在世間。現在是末法，不是正法、像法。末法是什麼情況呢？證道的很少，聞了法，證了道，眞正照佛所說的去作，作了完了就成就的，幾乎是沒有，不然怎麼叫末法呢！在佛的像法中，供養的、說法的，大概有十分之三、四證道。正法呢？佛在世的時候，一見佛、一聞法就開悟，開悟就成阿羅漢，證道者多。末法證道者少，信的也不多了，所以，「法將滅矣！」佛法將要滅了，這樣來判斷。

對於佛的明，〈菩薩問明品〉，佛如虛空，像虛空一樣的，形容佛的德。這是釋迦牟尼化佛的境界。

極樂世界阿彌陀佛就不是這樣說，以他的願力生到極樂世界，永遠不退墮，直至成佛。極樂世界也是照著佛的教導去修行而已，不需要佛本身教授，迦陵頻伽、一切的鳥都能說法！七寶行樹、八功德水都能說法，風吹也在說法，都能聞法。那個世界沒有三惡道，沒有六道輪迴。我們都願意生極樂世界，但是你得有那個緣哪。緣有了還不行，聞到了極樂世界殊勝，念佛者多，可生者少。阿彌陀佛、阿彌陀佛都在念，生極樂世界的不多，你的功行、力量、智慧不夠，這個道理，我想大家能懂。因此，一切世間、一切諸佛國土，你若達到、都能入，得有智慧，還得有福德。

讚歎佛的功德，這是文殊師利說佛的境界相，佛的什麼境界？一切世間境界，佛都能進入，而能去度衆生。爲什麼？他的智慧身，不是色相。我們的色相是有障礙的，我們這個身能上天嗎？用這肉體能上天嗎？你能下地獄去旅遊一下，看看去嗎？地藏菩薩當婆羅門女的時候，想救她媽媽，她供養覺華定自在王如來，依仗佛的力量，她到地獄去遊了一下，沒有看到她媽媽。她媽媽因爲她供養覺華定自在王如來生天了，所以沒有見到。因此她發大願，要度盡衆生，度地獄一切衆生，這是智慧身。大家念《地藏經》就知道，婆羅門女是用智慧去的，不是用肉體去的。諸佛現身的時候，利益衆生之間，他是智慧身。我們看著跟我們一樣，可不一樣呢！一樣嗎？一樣不同。人跟人不一樣的哪！看著都是人，智慧不一樣，福德不一樣，從福德智慧來判斷。佛所示現度衆生，不是衆生能所得見，衆生見不到。他也現身，你知道他是聖人嗎？他的生老病苦，沒有！我們看到是一樣的肉身，他的生老病死苦，沒有。我們的生老病死苦脫離不了，作不了主，爲什麼？被業所主，是你所作的業作主，你不能作主。有病了讓它不病，成不成？該死了，不讓他死，讓他再活著，成不成？

文殊師利菩薩說，你要想入佛的境界，佛的境界是什麼樣子呢？是甚深的，因爲他過去殊勝的修行，勝妙因所感的，但是他常時億劫這樣度衆生。隨他自己所證得的智慧誘發一切衆生發信心，行菩薩道，究竟成就佛，如是佛的境界度衆生。在世間國土，佛隨時可以入，隨念可以入！他是智慧身，沒有色相，有緣的就得見，無緣的就見不著，因爲你還有業障作障礙，所以見不到。現在天天有菩薩繞清涼，我們見到了嗎？文殊菩薩的願力，朝五臺山的，到一千里地接你去，你走時送你到八百。我問好多人，他都沒有看到文殊菩薩。爲什麼見不到？文殊菩薩是智慧身，沒有色相的，即使他現色相也不認識他。

唐代杜順和尚在長安，有位徒弟跟他好多年了，最後向他告假要走了。杜順和尚問他：「到哪去？」他說：「到五臺山朝文殊師利菩薩，我這麼多年了，智慧也沒有，我朝文殊菩薩去求個智慧吧。」杜順和尚說好吧，還說首偈子：「遊子漫波波，臺山禮土坡」，他說你要幹什麼？辛辛苦苦的，跑五臺山去求智慧，禮土坡，五臺山是土，是石頭，去禮去吧。「文殊只此是」，你不是要見文殊菩薩嗎？此就是。「何處覓彌陀」，上哪去找彌陀佛。

他聽不懂，業給他障住了。他到五臺山來朝山，五個台都朝完了，寺廟也都朝完了，也沒找著文殊師利菩薩。要走的時候，看見一位老者。老者就問他：「師父，你到五臺山來幹什麼？」他說：「我求見文殊菩薩，增加智慧。」老者說：「和尚不在山上。」他說：「和尚不在山上，到什麼地方去？」他說：「到長安度衆生去了！」那時候的西安叫長安。他說：「我從長安來的，沒有看到文殊菩薩在哪，哪位是文殊菩薩？」老者跟他說：「杜順和尚就是文殊菩薩！」他說：「杜順和尚是我師父。」「你不去跟你師父學，跑到這土山來幹什麼？」這就是你不認得、不了解。他並沒有告訴你：「我就是文殊師利菩薩！」諸佛、諸大菩薩示現度衆生，是你的業障，這就說到業障，你不認識。那他聽到了，就趕緊回到他師父那兒。他走到渭水，西安的城市外有涇水渭水，涇水跟渭水兩股水不同，所以我們寫文章時經常說「涇渭分明」，涇水是涇水，渭水是渭水。一到那兒，渭水漲大水，河過不去了，沒有擺渡。等水消了，他過去了，一問，他的師父圓寂了，早走了，兩頭皆空。

這句話我感覺很有意思，有什麼意思呢？求自己，不要向外求。我跟大家說過，蘇東坡跟佛印禪師到寺廟去參拜、去遊玩，到了觀音殿。他看到觀世音菩薩塑像拿串念珠，蘇東坡很奇怪，就問佛印禪師：「觀世音菩薩拿串念珠幹什麼？觀世音菩薩拿念珠念誰？」「念觀世音菩薩呀！」蘇東坡說：「觀世音菩薩拿念珠念觀世音菩薩？」他不理解。他說：「這可莫名其妙，不知道怎麼回事，你給我解釋解釋。」佛印禪師說：「你自己參吧！」沒理他了，讓他參。禮了這個廟，到了山門，蘇東坡一拍大腿，「我明白了。」佛印禪師說：「你明白什麼？」「求人不如求己。」師父領進門，修行在個人，得自己修行。佛儘管教授很多方法，要明，就在你自己。

諸佛智自在　三世無所礙
如是慧境界　平等如虛空

諸佛的智慧是自在無礙，三世皆通的，過去、現在、未來永遠如是，永遠自在。天人說，佛沒有涅槃，佛在印度沒有圓寂。哪個天人說的？給道宣律師送飯的天人說的。而且這種問答，非常值得你參，值得你思惟。道宣律師問送飯的天人說：「釋迦牟尼佛在印度圓寂以後，又到什麼地方度眾生？」天人就反問道宣律師：「你問的是哪個釋迦牟尼佛？」他說：「就是印度降生的釋迦牟尼佛。」他說：「我看見的釋迦牟尼佛很多，印度的釋迦牟尼佛沒有圓寂！我來的時候看見他還在靈鷲山說《法華經》。」道宣律師是唐朝的人，釋迦牟尼佛那時候已經入滅一千多年，你說哪個釋迦牟尼佛？他還說：「就是這個釋迦牟尼佛也沒入滅。」這個話是正確的，好多經上都證明。

因此，佛身常在，佛常在說法，為什麼有見者、有不見？是自己的障礙，不是佛的障礙。佛的智慧是自在的，不論過去世、現在世、未來世，三世是無障礙的，這是佛的智慧境界，平等平等，像什麼呢？像虛空一樣。你能把虛空，說現在五百年什麼樣？過去五百年什麼樣？未來五百年什麼樣？過去一萬年什麼樣？現在一萬年什麼樣？未來一萬年什麼樣？能分得出來嗎？能把虛空劃得出來嗎？儘管我們劃，這個是美國，這個是英國，這是法國，這是中國，這是日本，虛空有這個界限嗎？你能分出來嗎？衛星上天，美國的衛星探月球，乃至現在到火星上，虛空有差別嗎？虛空是形容詞，假名，沒有實體的，是人安的。虛空也沒有知，也沒說我是虛空，我要給你們作障礙，我不許你們在我這兒走！那人就活不了了，沒有空，人還能活嗎？所以形容諸佛過去、現在、未來是無障礙的，諸佛智慧是平等的。

法界眾生界　究竟無差別
一切悉了知　此是如來境

「法界」就是眞體，依著眞體而產生一切衆生界。而法界跟衆生界是沒差別的，法界即是衆生界，衆生界即是法界，佛都能了知，這就是如來境界。

一切世界中　所有諸音聲
佛智皆隨了　亦無有分別

在一切世界中，所有的音聲，不論是鳥的音聲、畜生的音聲、魚的音聲、走獸的音聲，所有的音聲，只要是音，佛都明白，都能聽得懂，在佛是無分別。佛的音聲，眾生都能解，不管說英語、法語，乃至畜生語，飛禽走獸一切語言、一切音聲，佛能知、能聞，這是智慧。

非識所能識　亦非心境界
其性本清淨　開示諸羣生

知是心體的智慧，知即是心體，即是本體，能知的智慧所證到的法性，佛的性體本來清淨的。把這種道理對眾生說，讓眾生也能如是了解。《華嚴經》是給我們說的這個境界，我們前面講的世界成就、如來出現、普賢三昧，都是說這麼個境界。

非業非煩惱　無物無住處
無照無所行　平等行世間

佛證得究竟的果體，成就如來的勝境，他對這個世間的看法，不受業的繫縛。只有德，德就是化度眾生的德，不是業，不是煩惱，沒業沒煩惱。說佛住哪個世界、哪個宮殿，那是眾生的知，不是佛的本體。也「無照無所行」，照就是觀照，行就是佛利益眾生的事業，這一切都沒有。這就是佛所住的究竟境界，也就是常寂光淨土。古德說「唯佛一人居淨土」，是指著極樂世界說的，那是阿彌陀佛住的是常寂光淨土。極樂世界也分四土，乃至於實報莊嚴土、方便有餘土，那是利益眾生說的。實報莊嚴土是利益大菩薩的。

非煩惱者、無物者、無照者、無行者，佛還有煩惱嗎？沒有了，成了菩提。菩提是什麼？般若智慧，般若智慧沒有體的。無物，虛空相還有物嗎？法身無相。「無住處」，沒有個所在，無相就住在無相上。大家讀過《金剛經》嗎？無住。若見諸相非相，即見如來。所以須菩提問，怎麼樣住心？怎麼樣降伏其心？佛告訴他，無住。「無照」，就證得究竟了，沒有一個能度眾生的佛，也沒有一個所度的眾生，也沒有一個般若來照愚癡、照無明，這都是假名，度眾生假安立的。「無所行」，到了無功用地，我們修道者到了無功用地，無照故無所不照，無行故無所不行，這叫三德密藏。

一切眾生心　普在三世中
如來於一念　一切悉明達

過去、現在、未來無量的眾生心裡想什麼，佛的一念都能知道。《金剛經》也說，過去心不可得，現在心不可得，未來心不可得，三心了不可得，佛的一念悉能照了。

◎現事結通

爾時此娑婆世界中。一切眾生所有法差別。業差別。世間差別。身差別。根差別。受生差別。持戒果差別。犯戒果差別。國土果差別。以佛神力。悉皆明現。

這一段經文是隨著眾生心，你所造的業，在任何國土當中，佛的心都能一目了然，開曉一切眾生的身心世界。以佛的力量，有緣則現、無緣則隱。這兒所說的法，是指眾生的身和心。法就是你所行的法，包括戒定慧三學，各各法不同，看對哪一類根機說，對的機不同。業呢？你所作的，有的是善，有的是惡，有的是有漏的，有的是無漏的。還有果的差別，也就是你所造的業因感的苦果，在因不同，苦果的感受也不同，受生不同，所以身有種種差別。因此，根機有差別，有善根深厚的，有的就是業障深厚的。我們看人類就很不同，有的愚癡到頂點，有的智慧到頂點。那就是佛的智慧，諸菩薩的智慧。

我們幾百人，各各的智力不同，各各的果報不同。那隨緣吧！供養是滿足的，平等的。到齋堂吃飯，你胃口的大小，能吃好多就吃好多。佛是講業平等，佛法講平等不是像世間相，說十塊錢，一人一塊錢，這才叫平等，其實這個是不平等的。

我們到齋堂，行堂師每個人打兩碗飯，平等嗎？每人吃一碗飯的他吃飽了，他胃口不好，脹得不得了，他吃得下去嗎？吃三碗飯的還沒有飽。這個不叫平等。怎樣平等？隨他的業，你一碗飯飽了就吃一碗，兩碗飯飽了吃兩碗，三碗飯飽了吃三碗，你要能吃好多供養你好多，這叫平等。隨你所作的業來講平等，這樣講平等。國土爲什麼有淨有染？爲什麼他那個地方，這一兩個月當中遭三次水災？我們誰也沒有遇到，甚至聽也沒有聽到，因爲沒有這個業。有這個業就受，沒有這個業不受。說法上有差別，不是說者有差別，佛說法是沒差別，而是衆生的業有差別。我們就有差別，因此不能直接跟佛聞到法。

文殊菩薩天天在五臺山說法，他方世界的好多菩薩到這兒來聞法求法，我們怎麼不知道？我們講《華嚴經》，好多的人並沒有來聽，沒有這個緣。在這裡聽的人，結夏安居完了，走了好多，沒有這個緣。不是我們不平等，不是不對他說。再說近一點，以前華嚴部十幾個人，現在剩了七個人。是我們叫他走嗎？不是的。他自己願意走嗎？也不是的。以他的緣，就得走，有病了要看病。這叫平等，依他的業報因緣，平等是這樣講的。

佛說一切都平等，業緣平等，果報平等。你造你的業，你受你的報，這是平等的。我們經常說，要人人平等，怎麼平等得了？那個人一米七，那個人只有一米五，還有一米三的。不行，都平等，一律一米五，恐怕沒有一個人能活著。因此佛所說的法平等平等的，供水，你只有這麼個小杯子，他拿了個大桶，他是灌一桶走了，你是一個小杯子，拿一小杯子就走了。佛說法是平等的，你沒有那麼大的肚量，只能取這些。

如是。東方百千億那由他。無數無量。無邊無等。不可數不可稱。不可思不可量。不可說。盡法界虛空界。一切世界中。所有眾生。法差別。乃至國土果差別。悉以佛神力故。分明顯現。南西北方。四維上下。亦復如是。

這是不可思議的，東方有百億那由他國，這是佛的智慧，我們的智慧不是這樣。佛的智慧，不可知數，無量、無邊、無等，這都是不可知的。不可稱、不可思、不可議、不可量、不可說，盡法界虛空界，虛空界更是不可說。一切眾生差別，乃至於國土果報的差別，佛的神力，一切頓現，大菩薩才能見的到，我們能見到什麼？就見到我們這個世界。

剛才跟大家講，現在我們所處的五臺山，乃至於我們這個地球，南閻浮提，各各不同。以小來論大，都不同。我們同住在五臺山，各各不同，想法不同、思惟不同、生活習慣不同。東方世界如此，「南西北方」，東南、西南、東北、西北也如是，這是四維。還有上方、下方，十方所有世界都如是。情況都是一樣的，沒有這個智慧，了達不到的。我們衆生心很自私，只管自己，沒有想到別人。有些人提倡平等，心量要大一點，要關照別人，這樣的人世界上有嗎？有，但是很少數。有也做不到。

舉水爲例，在這個世界上水很多，爲什麼有些人沒水吃？這不是很奇怪嗎？爲什麼有些水災、風災、火災，到處都有災害，爲什麼有些人從來不知道？他也沒受到，連知都不知，他怎麼會受到呢？種種業不同，種種因不同，種種的果不同，這叫種種差異。

要明白這個道理，得返回觀照自己的心地。觀照自己的心地，這是什麼呢？認識自己。我說這些話，大家可能覺得有點笑話，自己還不認識自己？那是你們的看法。以我的看法，我們這裡頭很少自己認識自己，包括我在內，我就不認識自己。若自己認識自己，我也是大菩薩。不但不認識自己，甚至還不認識爲什麼能活到九十歲？我早就該死了，開刀的時候，醫生告訴我活不到五年，現在我活了十年，醫生的話不可靠。

佛菩薩加持，無形無相，誰也沒有看到佛菩薩加持。有人感受到確實是佛菩薩加持，認得嗎？這是智慧。沒有這個智慧，明明受三寶的加被，而且還在抱怨三寶，怎麼沒讓我發財？你本來就該失掉的。我有位弟子，他開一間公司，本來該關門，能平衡了就不得了，還想發大財？這就是佛菩薩加被。爲什麼？你那訂單已經受了損失，明明告訴你，還不相信。好多衆生不相信，相信嗎？

像我們很多道友，到我這裡來告假，我說：「你沒有什麼要緊的事，起碼把〈菩薩問明品〉聽完。」「不行，放假了，我得走！」我說：「你有什麼急迫事非走不可？」「急迫事倒沒有。」沒有急迫事，是護法把你攆走了，沒能把這一段經文聽完。〈菩薩問明品〉、〈淨行品〉，對初信學《華嚴經》的非常重要，緣不具足，怪他嗎？不怪他，怪他所作的業。我們好多人造業，不認識，這叫自己不認識自己。〈菩薩問明品〉學完了，明沒明？明了好多？對這品經理解好多？這品經教授我們什麼呢？明白。對任何事物，你先要了解、明白。爲什麼我們會煩惱？就是我們不明白，明白了我們就不煩惱。一件事物你放不下，看不破，不曉得這是假的。

現在我們在這個世界上，看見演戲的，耍魔術的，自己把自己看成是中間的一個角色而已，這是假的。爲什麼有這麼多煩惱？自己要生煩惱。不是眞有煩惱，煩惱是沒有的。每回要煩惱的時候，你坐下來，靜靜想，煩惱是怎麼生起的？從什麼地方生起的？消失到什麼地方？當你有病的時候，痛得很厲害。這時候用佛教的功夫，佛告訴你觀四大是假的。雖然不能當時成就，經常這樣用，痛苦能減輕，高燒也能起變化，你可以試試看。

在一切事實當中，當你煩惱的時候，黑夜睡不著覺，在床上烙餅。不要再睡了，起來靜坐一下，盤腿想一想，問問自己，爲什麼？最痛苦的時候，最煩惱的時候，最不如意的時候，這正是你學佛學下手的地方。

前年，有一位俄羅斯女孩子，她會說中國話，在中國讀大學，她很愛玩。她問我：「佛學有什麼好處？」我說：「當你玩得最快樂的時候，馬上停下來，別再玩了。」她說：「爲什麼？」我說：「每次玩的最快樂的時候，回去，有沒有痛苦？」她想想，「有。」我說：「都有哪些痛苦？」腰酸背痛，腿也不好，倒在床上很久都恢復不過來。那個樂是樂過頭了，樂是苦因，因爲樂，所以妳才痛苦，以後不要玩得太過分。

人在社會上做一切事都是這樣，適可而止，這是初入門的修道方法。你不明白、糊塗了，找找糊塗的原因。根據佛教授的這些方法，你用一下，怎麼樣的明？明怎麼樣下手？下手的工夫怎麼用？讓你認識當前現實的事物，對這個事物明不明？這朵花，大家看著都喜歡，因爲你把它保護到室內。拿到外頭去，明天讓它凍一宿，你看它還這樣精神不精神？它就消萎了。懂得這種道理吧？多起觀照，觀就是思惟修，思惟修就產生智慧，就產生明，智慧就是明。明了，你再作修行也好、看問題也好，要追查到底，才能達到明。不然，你的智慧生不起來。

找因緣、找因果，想想你的周圍環境，每個大小問題都如是觀。先觀這個身體是假的，自己看看是假的？是眞的？爸爸媽媽、祖父祖母，一百年以前的人，還有幾個？從建國初期到現在，好多人不在了，那個時候我們國家是什麼樣子？三反五反的時候，我們國家又是什麼樣子？就這個變化，你可以觀察。一切事物都在運動變化當中，一百年前的事物沒有了。我們現在更快，五十年前的都沒有了。相信嗎？相信一切事物是無常，你就會生起智慧。

任何事物別把自己擺進去，這個事物沒有我，證入無我觀，這就靠智慧。沒有明，什麼都想得到，得不到的，得到了還是會失掉。能這樣認識，漸漸就明了。遇到煩惱了，需要用你的明一照，煩惱沒有了，沒什麼了不得的。現在我這身體再過幾年就會消失！這樣一觀想，你那個煩惱像燒火一樣的，馬上就清涼。一想到死，什麼事都沒有，死了死了。過去說死了，佛教可死不了。死了若能了了，可幸福了！死了並不了，而是業隨身，業還跟著你，還得受報。

懂得這個道理就明了，希望大家都能明了，開智慧。

菩薩問明品　竟

國家圖書館出版品預行編目資料

菩薩問明品 / 夢參老和尚主講 ; 方廣編輯部整理.
— 初版. — 臺北市 : 方廣文化, 2016.04
面 ; 公分. —(大方廣佛華嚴經 ; 7)
ISBN 978-986-7078-74-2(精裝)

1.華嚴部
221.　　22105002574

大方廣佛華嚴經《八十華嚴講述》

菩薩問明品 第十

主　　講：夢參老和尚
編輯整理：方廣文化編輯部
封面攝影：仁智
美編設計：隆睿
印　　製：鎏坊工作室
出　　版：方廣文化事業有限公司
住　　址：台北市大安區和平東路
電　　話：02-2392-0003
傳　　真：02-2391-9603

◎地址變更：2024年已搬遷
通訊地址改爲106-907
台北青田郵局第120號信箱
(方廣文化)

劃撥帳號：17623463　方廣文化事業有限公司
網　　址：*http://www.fangoan.com.tw*
電子信箱：*fangoan@ms37.hinet.net*
裝　　訂：精益裝訂股份有限公司
出版日期：公元2021年1月　初版2刷
定　　價：新台幣360元(軟精裝)
經 銷 商：聯合發行股份有限公司
電　　話：02-2917-8022
傳　　真：02-2915-6275
行政院新聞局出版登記證：局版臺業字第六〇九〇號
ISBN：978-986-7078-74-2
No.H213　　*Printed in Taiwan*

夢參老和尚系列
書 籍

方廣文化出版品目錄〈一〉

● 八十華嚴講述

HP01 大乘起信論淺述 (八十華嚴導讀一)
H208 淺說華嚴大意 (八十華嚴導讀二)
H209 世主妙嚴品 (第一至三冊)
H210 如來現相品・普賢三昧品 (第四冊)
H211 世界成就品・華藏世界品・毘盧遮那品 (第五冊)
H212 如來名號品・四聖諦品・光明覺品 (第六冊)
H213 菩薩問明品 (第七冊)
H214 淨行品 (第八冊)
H215 賢首品 (第九冊)
H301 升須彌山頂品・須彌頂上偈讚品・十住品 (第十冊)
H302 梵行品・初發心功德品・明法品 (第十一冊)

● 華 嚴

H203 華嚴經淨行品講述
H324 華嚴經梵行品新講 (增訂版)
H205 華嚴經普賢行願品講述
H206 華嚴經疏論導讀
H255 華嚴經普賢行願品大意
H624 登歡喜地：華嚴經十地品歡喜地淺釋

● 天 台

T305A 妙法蓮華經導讀

● 楞 嚴

LY01 淺說五十種禪定陰魔—《楞嚴經》五十陰魔章
L345 楞嚴經淺釋 (全套三冊)

方廣文化出版品目錄〈二〉

夢參老和尚系列
書　籍

● 地藏三經

地藏經

D506　地藏菩薩本願經講述 (全套三冊)
D516A　淺說地藏經大意

占察經

D509　占察善惡業報經講記 (附HIPS材質占察輪及修行手冊)
D512　占察善惡業報經新講

大乘大集地藏十輪經 D507 (全套六冊)

D507-1　地藏菩薩的止觀法門 (序品 第一冊)
D507-2　地藏菩薩的觀呼吸法門 (十輪品 第二冊)
D507-3　地藏菩薩的戒律法門 (無依行品 第三冊)
D507-4　地藏菩薩的解脫法門 (有依行品 第四冊)
D507-5　地藏菩薩的懺悔法門 (懺悔品 善業道品 第五冊)
D507-6　地藏菩薩的念佛法門 (福田相品 獲益囑累品 第六冊)

● 般 若

B411　般若波羅蜜多心經講述 (合輯本)
B406　金剛經
B409　淺說金剛經大意

● 開 示 錄

S902　修行 (第一集)
Q905　向佛陀學習 (第二集)
Q906　禪・簡單啟示 (第三集)
Q907　正念 (第四集)
Q908　觀照 (第五集)

方廣文化出版品目錄〈三〉

地藏系列

D503 地藏三經 (經文版)
(地藏菩薩本願經、大乘大集地藏十輪經、占察善惡業報經)

D511 占察善惡業報經行法 (占察拜懺本) (中摺本)

華嚴系列

H201 華嚴十地經論
H202 十住毘婆沙論
H207 大方廣佛華嚴經 (八十華嚴) (全套八冊)

般若系列

B402 小品般若經
B403A 大乘理趣六波羅蜜多經
B404A 能斷金剛經了義疏 (附心經頌釋)
B408 摩訶般若波羅蜜經 (中品般若) (全套三冊)

天台系列

T302 摩訶止觀
T303 無量義經 (中摺本)
T304 觀普賢菩薩行法經 (中摺本)

部派論典系列

S901A 阿毘達磨法蘊足論
Q704 阿毗達磨俱舍論 (全套二冊)
S903 法句經 (古譯本) (中摺本)

瑜伽唯識系列

U801 瑜伽師地論 (全套四冊)
U802A 大乘阿毗達磨集論
B803 成唯識論
B804A 大乘百法明門論解疏
B805 攝大乘論暨隨錄

憨山大師系列

HA01 楞嚴經通議 (全套二冊)

方廣文化出版品目錄〈四〉

密宗系列

M001　菩提道次第略論釋 (全套四冊)
M002　勝集密教王五次第論
M003　入中論釋
M004　大乘寶要義論(諸經要集)
M006　菩提道次第略論
M007　寂天菩薩全集
M008　菩提道次第廣論
M010　菩提道次第修法筆記
M011　白度母修法(延壽法門修法講解)
M012 A　中陰–死亡時刻的解脫
M018　菩提道次第廣論集註 (卷一～卷十三)
M019　佛教的本質–《佛教哲學與大手印導引》
M020　業的力量–(與死亡的恐懼共處)

能海上師系列

N601 般若波羅蜜多教授現證莊嚴論名句頌解
N602 菩提道次第論科頌講記
N345 戒定慧基本三學
N606 能海上師傳
N607 現證莊嚴論清涼記
N608 菩提道次第心論

論頌系列

L101 四部論頌(釋量論頌 現證莊嚴論頌 入中論頌 俱舍論頌)
L102 中觀論頌 (中摺本)
L103 入菩薩行論頌 (中摺本)
L104A 彌勒菩薩五部論頌
L105A 龍樹菩薩論頌集
L106 中觀論頌釋
R001 入中論頌 (小摺本)